François Go

QUE VEUT LA CHINE ?

De Mao au capitalisme

Odile
Jacob

15, rue Soufflot, 75005 Paris

ISBN : 978-2-7381-2861-4

www.odilejacob.fr

QUE VEUT LA CHINE ?

Introduction

La Chine est la deuxième puissance économique mondiale, et bientôt la première en valeur absolue, sinon en qualité. Elle compte 271 milliardaires déclarés, et probablement plus du double en réalité[1]. Les 70 députés les plus riches à l'Assemblée nationale populaire totalisent 90 milliards de dollars d'actifs – enfonçant absolument tous les autres parlementaires mondiaux. Surtout, un tiers des 50 Chinois les plus riches conseillent officiellement le gouvernement de la République populaire, sur lequel s'exerce le monopole de la direction du Parti communiste. Entre le léninisme et le capitalisme, le mariage semble réussi.

Un mariage réussi

Le Parti qui dirige la Chine a remporté un autre succès : il a éliminé l'histoire et ses aléas. Il a régularisé, ritualisé et sacralisé son fonctionnement au sommet, au point de

1. « Top 50 of the Hurun Rich List », http://www.hurun.net/usen/NewsShow.aspx?nid=151.

sembler exclure toute surprise de son histoire à venir. Lors des grandes échéances publiques, ses dirigeants apparaissent – costumes sombres, cravates rouges et coiffure brillantinée noire – derrière des tables flanquées de tasses de thé. Un des leurs vient de faire une proposition audacieuse : il suggère qu'on mette fin à l'obligation d'applaudir à intervalles réguliers dans les réunions officielles...

Les dirigeants chinois voyagent avec un professionnalisme inégalé de par le monde : le président Hu a même fait une visite d'État aux Seychelles (28 000 habitants, l'équivalent d'un village en Chine). Il est pourtant peu suspect de pratiquer la plongée sous-marine. L'essentiel de la vie des dirigeants et leur pouvoir s'exercent dans un univers parallèle, inconnu de tous. La pékinologie, tiananménologie ou sinologie politique, est devenue si terne que bien rares sont ceux, parmi nos jeunes générations de chercheurs, qui scrutent le système politique chinois : tant qu'à se divertir, autant étudier le cinéma chinois, qui raconte de belles et terribles histoires ; tant qu'à s'ennuyer, autant s'orienter vers l'urbanisation efficiente et les trappes à CO_2 – ce sont des sujets plus faciles et propices à d'inoffensifs accords interuniversitaires.

Les formes du pouvoir ne sont pas anecdotiques par rapport aux succès économiques et aux avancées de l'influence d'un pays à travers le monde. Voilà des siècles, l'Asie orientale a connu l'essor du néoconfucianisme de cour – un bréviaire de recettes et de règles instituant une bureaucratie dominante avec une morale collective contraignante. Quant à la Chine, elle a sécrété le formalisme des dynasties Ming et Qing – l'époque la plus cotée aujourd'hui pour les grandes expositions artistiques internationales montées par la République populaire[2], et une source d'inspiration

2. Comme en témoignait en 2006 une exposition à succès au musée Guimet à Paris : « Les très riches heures de la cour de Chine (1662-1796). »

iconographique inépuisable pour les jeux Olympiques de Pékin et l'Exposition universelle de Shanghai.

Mais la Chine est aussi la société la plus individualiste d'Asie, celle dont les moines érémitiques, les sectes taoïstes et les mémorialistes critiques ont fait l'originalité. Quand Mao a disparu, chacun avait imaginé le retour sur scène du vieil homme de Pékin dans une Chine plutôt anarchique, où les identités familiales, locales et associatives compteraient plus que l'État central, et surtout que l'idéologie importée du communisme. Or le léninisme survit au communisme. Et l'État-parti s'est à la fois régénéré et étendu avec l'aide des technologies modernes de contrôle et de communication.

La Chine incarne donc l'alliance singulière d'un pouvoir léniniste et d'une économie capitaliste – au total, un mode de production original. Longtemps, des observateurs occidentaux naïfs ou intéressés ont voulu croire à la convergence systémique : le communisme serait soluble dans l'économie de marché. L'« effet 1989 », celui d'un Gorbatchev-Cincinnatus déposant sa charrue et dissolvant son régime, et d'un retour des Européens de l'Est à la démocratie, a joué un rôle d'entraînement. L'hypothèse nous dispensait d'une réflexion sur les valeurs, les nôtres et celles du communisme finissant, et elle satisfaisait la paresse intellectuelle qui résumait le devenir de la Chine par le mot « transition ».

Une transition gelée

Immense avantage, l'hypothèse de la transition sans terme est également compatible avec les besoins du régime politique chinois. Elle facilite l'oubli et l'omerta sur l'histoire récente, qu'il s'agisse des drames politiques de l'ère maoïste (les impasses économiques, elles, sont à peu près reconnues) ou de la régression politique de 1989. Une partie du régime avait alors immolé ou sacrifié les factions réformatrices, un peu comme l'impératrice douairière Cixi avait démis le prince Kong et massacré ses suivants réformateurs à l'issue des cent jours de 1898.

C'est bien la fermeture en 1989 de l'hypothèse de la réforme politique qui a laissé le champ libre à l'autre vision, celle de la transition graduelle : l'addition de microchangements dans la gouvernance devait conduire, sans heurts et sans risque, au même résultat que la réforme. Mais croire les dilemmes d'un système politique autoritaire solubles dans une transition sans terme, c'est croire à la disparition de l'histoire.

Sans révolution et sans réforme, la transition ou les microréformes de gouvernance n'ont pas produit les résultats qu'en attendaient les partisans internationaux de la Chine. La réforme politique s'est figée au sommet en 1989, à la base (notamment dans les élections de village) dès le milieu des années 1990. Avec la crise globale de 2008, l'ouverture économique a été stoppée dans de nombreux domaines. Ce coup d'arrêt stratégique tient à la fois à un sentiment de supériorité sur les économies ouvertes de marché, et à une peur des répercussions possibles du ralentissement économique occidental. L'évolution du système légal s'est enrayée également à partir de 2006, et une contre-offensive autoritaire protégeant l'arbitraire du Parti-État est de plus en plus nette à partir de 2009. En 2010, une vague d'expression nationaliste s'est levée, mêlant curieusement le ressentiment du passé et l'arrogance sur l'avenir, en particulier vis-à-vis de l'Asie voisine. Tempérée en 2011, cette offensive s'est alors déplacée sur le terrain du système légal : le thème des détentions secrètes et arbitraires a parasité toute la discussion d'un nouveau code de procédure criminelle.

Une décennie perdue

Tout cela fait de la décennie Hu Jintao, 2002-2012, une décennie perdue pour la réforme politique. Et l'évolution est structurelle : Hu Jintao et certains de ses proches incarnaient au départ une option plus proche de l'ancien camp de la réforme. De par leur expérience personnelle, dans la Chine de l'Ouest, ils avaient identifié la fracture sociale qui s'élargissait avec la paysannerie chinoise, les migrants et les régions de l'intérieur. Mais le succès d'un mode de production l'a emporté.

Cette même décennie est en effet une décennie gagnée sur le plan économique. La Chine a changé d'échelle, en même temps que les déséquilibres de sa croissance s'accentuaient : migrations immenses, épargne forcée par l'absence de protection sociale ou de sécurité financière, croissance et exportations record avec une structure toujours plus inégalitaire, extraversion vers le dollar et des investissements internationaux dispendieux. À plus de 10 % de croissance annuelle, les tensions générées par le changement rapide et par l'absence de maîtrise des citoyens sur leur environnement sont énormes. Les affaires de pollution industrielle, d'empoisonnements alimentaires, de faux médicamenteux, de raréfaction des ressources en eau (bienvenue au nouveau paradis des golfs privés et des villas avec pelouses…), l'attestent régulièrement.

Voilà pourquoi l'heure des interrogations est revenue en Chine. La montée des déséquilibres intérieurs coïncide avec le risque d'un trou d'air mondial.

À cela s'ajoute le renouvellement presque complet de la direction collective chinoise – un groupe humain qui peut compter, suivant les époques et le périmètre adopté (Comité permanent du Bureau politique, Bureau politique et éventuellement ses suppléants et les anciens dirigeants influents), entre 5 et 30 personnes.

Inévitablement, ce renouvellement est l'occasion d'un combat entre la culture léniniste et la nature… humaine. Les rites sont confrontés aux rivalités. Les débats politiques – longtemps tenus sous le boisseau par le principe de direction collective – ressurgissent. Et, confusément, la société d'en bas pressent le flottement au sein de la « boîte noire » d'en haut, tout en trouvant dans les indices qui viennent à la lumière la confirmation de luttes personnelles ou politiques sans merci.

La réforme ressuscitée ?

Ce livre est une tentative pour éclairer avec un projecteur certains de ces recoins obscurs, sans assertion définitive quant au cheminement exact des grandes décisions chinoises : ceux qui prétendent connaître les arcanes et les secrets du Parti communiste chinois bluffent. Comme l'archéologie ou la paléontologie, la pékinologie doit extrapoler un monument ou un animal à partir d'une colonne ou d'un os. Les dernières années, précisément, sont riches en indices et en révélations. Parmi ceux-ci : l'apparition de modèles régionaux publiquement concurrents ; la chute de Bo Xilai, le plus ambitieux des candidats au pouvoir, avec un torrent de révélations et de polémiques ; la volte-face du Parti face à la révolte d'une communauté rurale à Wukan (Guangdong) ; le débat réapparu sur l'accélération des réformes, sur l'internationalisation de la monnaie et une nouvelle ouverture financière ; enfin, l'extraordinaire succession d'incidents, de polémiques et de coups d'arrêt dans la politique étrangère chinoise, en particulier vis-à-vis du voisinage asiatique, et l'apparition de forts courants concurrents dans la pensée stratégique. Nous n'avions pas vu cela depuis 1989 – bientôt un quart de siècle.

Le Parti doit compter aussi avec la société chinoise : même surmontée par le système de pouvoir léniniste et par d'extraordinaires mécanismes de contrôle et de persuasion, celle-ci possède sa propre dynamique. Bien naïfs, pourtant, sont ceux qui peuvent croire qu'elle va où elle veut, entraînant dans son sillage ce qui serait devenu une arrière-garde politique. Non seulement la Chine a besoin d'être dirigée, mais le Parti a tout misé sur sa capacité d'anticipation stratégique – en matière de développement, de risques intérieurs et de stratégie internationale. Ce qu'il décide, y compris au sein d'un cénacle très restreint, est primordial. Le seul vrai obstacle à cette capacité d'anticipation, de décision et de mobilisation, c'est sa propre nature, et celle du mode de production chinois. Les intérêts acquis, les rentes de situation, l'autocontrôle sont les plus grands dangers qui menacent le régime chinois. Et non pas un complot international inexistant, puisque les partenaires de la Chine aspirent tous à la stabilité de celle-ci. Ni d'hypothétiques forces de révolte au sein du pays. Bien que les sujets et les occasions de mécontentement soient innombrables, le monopole du Parti est tel qu'une révolution se manifesterait d'abord au sein même de celui-ci.

Ce qui se décide à nouveau, c'est la direction que le Parti va prendre dans les prochaines années. Entre les hypothèses irréalistes sur un « modèle chinois » ou sur « la chute de la Chine », le Parti va faire face à un choix plus concret.

Se réformer contre soi-même

Il peut tenter de prolonger le mode de production qui a fait son succès depuis le début des années 1990. Cela accentuerait les conflits, d'abord économiques, mais aussi stratégiques, avec le reste du monde. Car l'écart grandirait avec les économies de marché, et l'autodéfense engendre une mentalité de bunker idéologique et stratégique. Et cela rendrait plus difficiles les réformes ultérieures, tant le fossé s'accroît entre dirigeants et dirigés, entre producteurs et nouveaux capitalistes.

Ou bien il peut préparer l'ajustement à une croissance extérieure plus faible, à la limitation des ressources naturelles, et diminuer les inégalités grandissantes en redistribuant croissance et revenus. Il peut aussi rendre acceptable internationalement l'essor d'une vague d'investissements chinois à l'étranger, dénouant l'accumulation de réserves et le surinvestissement en Chine même. Cela suppose une formidable modernisation de l'État chinois – en matière de régulation de ses propres comportements, d'indépendance réelle des entreprises chinoises, et de diffusion des règles et des normes de gouvernement jusqu'à la base, jusqu'aux localités. Parce que c'est un État-parti fort, la Chine en a les moyens et en a donné des exemples ponctuels. En témoigne le boom des énergies alternatives ou le programme massif de logements publics en cours. Mais pour aller plus loin, le Parti-État doit lutter… contre lui-même et contre les intérêts qui se sont coagulés autour du mode de production des dernières décennies.

Voilà pourquoi ce ne sont pas seulement des dissidents isolés, à vocation morale, qui réclament la réforme politique et l'indépendance du système légal. Les réformateurs du

Parti chinois, qu'ils le proclament ou qu'ils le taisent par opportunité, savent que l'échéance d'une réforme politique, longtemps mise en sommeil, frappe à nouveau à la porte. À leur manière, les citoyens chinois, qui font preuve d'une appétence étonnante pour les protestations locales et les mouvements d'opinion sur la Toile, le disent aussi. Tout comme les nouvelles classes aisées chinoises – à commencer par de nombreux dirigeants – qui ont une propension remarquée à envoyer au moins leurs enfants, sinon leur fortune, à l'étranger. Ce n'est pas un phénomène annonciateur de la chute finale, mais un sérieux indice à la fois de l'insécurité d'une gouvernance et de l'ouverture profonde de la société chinoise sur le monde extérieur et sur l'Occident.

CHAPITRE 1

Le chaudron infernal de Chongqing

La Chine est la Chine. Un pays de continuité apparente et de tournants abrupts, où l'individu resurgit et fait craquer tous les vernis policés du collectif. Un pays de parti pris, d'emportements politiques et personnels, bref, un pays à l'image des feuilletons d'arts martiaux que le public chinois dévore.

Alors commençons par un feuilleton invraisemblable, qui est pourtant une histoire vraie de la politique chinoise. Son cadre se situe sur le Yang-tsé, à Chongqing, l'ancienne capitale de la Chine au temps de la guerre sino-japonaise, réputée être un des « trois chaudrons de la Chine[1] » pour son climat insupportablement chaud. Les deux principaux protagonistes du feuilleton sont Bo Xilai, le chef politique de la « municipalité autonome » de 32 millions d'habitants, candidat aux plus hautes fonctions, et son principal homme de main, Wang Lijun, chef de la Sécurité local. Au temps de leur gloire, les deux hommes proposèrent même au président de l'Union des écrivains de Chongqing de tirer de leurs exploits une chronique détaillée, un roman et le scénario

1. Avec Nankin et Wuhan.

d'une série télévisée[2]. Le lecteur nous pardonnera les méandres de cette histoire, chacune d'entre elles révélant un aspect de la politique chinoise.

Un conseil d'ami

En cette fin d'hiver 2011, He Guoqiang, chef de la Commission d'inspection et de discipline du Parti, autrement dit la police interne au Parti, s'adresse au groupe des députés de la municipalité spéciale de Chongqing venus à Pékin pour y participer à la session annuelle de l'Assemblée nationale populaire. En quelques mots prononcés sur un ton patelin, après avoir rappelé les trois ans qu'il a naguère passés à la tête de Chongqing, il met en garde les délégués contre les changements de temps à Pékin, après un hiver très froid : « Le climat est décidément très différent de Chongqing, et les délégués doivent prendre garde à leur santé[3]... »

Ces quelques mots sont aussitôt « tweetés » à l'infini par Weibo, le réseau social chinois. Chacun y cherche la confirmation de ce que l'on subodore dans le monde politique chinois : une féroce lutte factionnelle au sommet du Parti, dont le premier acte public s'est déroulé de façon rocambolesque quelques semaines plus tôt. Dans la soirée du 6 février

---

2. Les projets confiés à Huang Jiren, le président de l'Union des écrivains de Chongqing, ont été relatés de façon laudative par le *Quotidien de Guangzhou* sur son site Web le 12 juillet 2010 (voir http://news.qq.com/a/20100712/000080.htm, consulté le 14 juillet 2012). Le *New York Times* a interviewé Huang Jiren, qui mentionne le projet d'une série télévisée (Didi Kirsten Tatlow, « Gang-Busting Cop Is One for the History Books in China », 2 novembre 2011, sur http://www.nytimes.com/2011/11/03/world/asia/03iht-letter03.html, consulté le 14 juillet 2012). La chute de Bo Xilai a mis fin à ces projets.

3. Reportage photographique de Guo Hong et Du Yuan, agence Xinhua, 3 mars 2012.

2012, Wang Lijun, le redoutable chef de la Sécurité de Chongqing, s'est déguisé en femme pour quitter son domicile sans être reconnu et s'est rendu au volant d'une voiture au consulat américain de Chengdu (Sichuan), à 350 kilomètres de là. Il y est resté une nuit entière, mais en est ressorti « volontairement » le lendemain, selon le communiqué laconique de la diplomatie américaine.

Non sans que le tocsin ait été sonné. Dans la nuit, une nuée de policiers se sont déployés autour du consulat – y compris des dizaines de véhicules de la Sécurité accourus de Chongqing : le maire et numéro deux de Chongqing lui-même, Huang Qifan, a confirmé être parti « en voiture avec son secrétaire » ainsi que deux adjoints pour intervenir au consulat et y parlementer avec Wang Lijun « dans l'intérêt de la sécurité nationale ». Il est aussi avéré que Qiu Jin, vice-ministre de la Sécurité d'État – l'espionnage et le contre-espionnage chinois –, a ensuite pris en charge Wang Lijun à la sortie du consulat, après une altercation directe avec des membres de la Sécurité de Chongqing qui voulaient s'emparer de lui. Les deux hommes – cela ne s'invente pas – ont pris la première classe d'un vol intérieur Chengdu-Pékin en code partagé avec Air Canada : cela aussi est avéré, car les systèmes Internet chinois sont si contradictoires que dans ce pays gouverné dans le secret, les noms des passagers aériens, et même leurs numéros de carte d'identité, apparaissent en temps réel dans le domaine public. C'est, à ce jour, la dernière fois qu'on aura vu ou entendu Wang Lijun, dont la réapparition ne pourrait être que dramatique.

Le policier cow-boy

Que s'est-il passé au consulat ? Wang Lijun a-t-il demandé l'asile politique – une requête qui serait peu réaliste car même les États-Unis ne peuvent s'embarquer dans une épreuve de force autour d'un personnage qui n'est pas un dissident, mais un rouage important et célèbre de la Sécurité ? A-t-il cherché un moyen d'échapper à ses adversaires locaux, et de se livrer directement au gouvernement central ? Faudra-t-il attendre vingt-cinq ans pour avoir la réponse, quand les premières archives diplomatiques américaines s'ouvriront ?

Deux jours plus tard, un communiqué embarrassé du gouvernement municipal de Chongqing fait état de « vacances thérapeutiques » pour Wang. Une rumeur défensive circule, évoquant les bizarreries du personnage, policier cow-boy féru d'autopsies au point de mettre en tête de ses cartes de visite un titre de vice-président d'une association internationale de médecine légale. Maniaque des brevets, Wang en aurait déposé une trentaine, dont l'un pour un uniforme à champ magnétique destiné à protéger chaque policier, et un autre pour une innovation facilitant la transplantation d'organes. Mais Wang avait déjà été traité dans des termes totalement inhabituels par la presse officielle. Dans des reportages d'octobre à novembre 2009, les médias l'appelaient le « héros antimafia », le « parachutiste Wang », « Wang Ciel Pur », couvraient d'éloges son goût des inventions et sa passion pour les autopsies et publiaient sa photo dans des poses avantageuses – accoudé par exemple à sa voiture en tenue camouflée avec un fusil-mitrailleur et un talkie-walkie, ou commandant en imperméable mastic une opération sur le terrain[4].

---

4. Ces différents articles sont repris au bas d'un portrait de Wang publié le 27 mai 2011 par le site Web hongkongais Phoenix News Media lors de sa

Le *Quotidien du peuple* l'aurait même qualifié de « gardien des portes de l'enfer », un hommage étonnamment appuyé pour un policier à la réputation impitoyable[5]. L'Agence Chine Nouvelle avait célébré le spécialiste internationalement reconnu de la médecine légale et de la psychologie du crime organisé[6]. Si Wang semble sorti tout droit d'un roman d'arts martiaux, son cas est bien plus sérieux.

Un ambitieux flamboyant

Il est, depuis dix ans et un premier poste dans le nord-est de la Chine avant d'arriver à Chongqing, le bras séculier de Bo Xilai, secrétaire du Parti de Chongqing. Bo est incontestablement le personnage à l'ambition la plus flamboyante parmi les dirigeants chinois. C'est le fils de Bo Yibo, qu'il faut bien appeler le Souslov chinois, du nom d'un des plus inusables serviteurs de Staline : caméléon dans l'entourage de Mao, Bo a survécu à tous les zigzags de la ligne politique officielle en devenant l'exécuteur politique du Parti dans les grandes occasions. C'est lui qui en août 1959 a sonné la charge contre Peng Dehuai, ministre de la Défense, lequel avait osé émettre des doutes sur le Grand Bond en avant, et qui sera éliminé par la suite. Tout cela ne protège ni Bo ni sa famille d'un destin cruel pendant la Révolution culturelle

nomination comme maire adjoint de Chongqing, http://news.ifeng.com/mainland/detail_2011_05/27/6666545_0.shtml.

5. « Inside China's Greatest Mystery », *New York Times*, 13 février, attribuant au *Quotidien du peuple* la paternité de l'expression « cold-faced Yama », du nom d'un des dieux de l'Enfer bouddhiste. Nous n'avons pu retrouver sa source, qui figure par contre dans des publications liées à la secte bouddhiste Falungong, interdite en Chine.

6. Agence Chine Nouvelle, dépêche du 17 octobre 2009, http://news.ifeng.com/mainland/200910/1017_17_1392177.shtml?_from_ralated.

– Jiang Qing, l'épouse de Mao, l'a alors pris en grippe. Bo Yibo est persécuté (et dénoncé par son propre fils Bo Xilai, un exercice fréquent à l'époque), son épouse est acculée à se suicider. Le vétéran revient en 1978, et deviendra finalement un des « Huit Immortels », ces anciens dirigeants qui continuent à peser sur la direction en place. C'est encore lui qui en janvier 1987 dresse l'acte d'accusation politique contre Hu Yaobang, le lieutenant de Deng convaincu d'avoir poussé à une libéralisation politique. Et lui encore qui encourage la répression en mai-juin 1989, en particulier contre Zhao Ziyang, le secrétaire général du Parti aux options plus libérales. En 1992, Bo fait une proposition inédite : que chaque famille de dirigeant ait droit à placer un de ses enfants (mais seulement un) dans les rouages politiques du Parti. Se faisant en quelque sorte syndic de la famille-Parti, il assure ainsi la multiplication des « fils de prince » au sommet de la politique chinoise. Le Parti communiste devient largement héréditaire. Bo Yibo est mort en 2007 – en laissant derrière lui une longue liste d'ennemis, et aussi d'enfants de ses ennemis qui deviendront parfois les ennemis du fils Bo...

Le jeune Bo Xilai a donc été d'abord acteur de la Révolution culturelle, comme garde rouge à 16 ans, puis victime de celle-ci. Il a ensuite bénéficié de sa parentèle pour une montée rapide dans l'appareil. À la tête de Dalian, la grande cité portuaire de Mandchourie, Bo a déployé des talents d'administrateur – et aussi une réputation de pouvoir personnel, avec un goût prononcé pour la publicité. Devenu ministre du Commerce, il est membre du Bureau politique en 2007, et déjà candidat à son Comité permanent. D'autres lui seront préférés, et Bo Xilai est envoyé à la tête de Chongqing – un poste exposé, tant la métropole du Yang-tsé a la réputation d'être un chaudron d'affairisme public et de gangstérisme. Il va s'y tailler une réputation nouvelle, assise sur deux politiques mises au service de ses relations publiques. D'une part, Chongqing a été désignée avant même qu'il n'y arrive, comme un nouveau modèle expérimental, au service de la politique de développement de l'Ouest chinois, la *xibu kaifa*[7]. L'État et les entreprises d'État, appuyées sur d'énormes investissements comme à Shanghai quinze ans plus tôt, veulent y attirer les investissements internationaux des multinationales. Ils prolongent ainsi à l'intérieur du pays le miracle industriel côtier. Les salaires sont deux fois plus bas à Chongqing que sur la côte. Chongqing doit aussi expérimenter une politique sociale basée sur le logement public (à côté d'immenses développements immobiliers privés) et sur une originale politique de transfert des terres paysannes. Les migrants ruraux peuvent échanger leurs terres d'origine, qui deviennent ainsi aménageables, contre des logements urbains. Les dépenses sont immenses : le réseau autoroutier local doit par exemple atteindre 3 000 kilomètres en 2015[8]. Parcs et avenues sont plantés de ginkgos, l'arbre fétiche de Bo Xilai. Et les résultats sont au rendez-vous : le taux de croissance atteint 15 % par an. Hewlett-Packard, Intel, Foxconn (le fabricant taïwanais d'Apple, entre autres...), Bayer s'installent dans les zones industrielles massivement subventionnées de Chongqing.

Mais le talent de Bo ne s'arrête pas là. Il lance une campagne idéologique moderne – shows télévisés plutôt que meetings politiques – de « chansons rouges », les chansons de l'ère maoïste révolutionnaire, ressuscitant ainsi un répertoire politique défunt, qui tranche avec les slogans – harmonie, civilisation – du gouvernement central. Il conduit sa propre politique de relations publiques en faveur du « modèle de Chongqing », invitant à grands frais notables

---

7. 西部开发.
8. Pour une superficie qui est à peu près celle du Benelux.

politiques, éditorialistes et sinologues occidentaux. Surtout, en 2009, il lance une spectaculaire et brutale campagne antimafia, qui va captiver l'opinion publique chinoise. Bo imite les campagnes « frapper fort » contre la criminalité lancées par Deng Xiaoping en 1983, qui ont mobilisé l'action combinée des cours de justice, des procureurs et de la police (*sifabu*[9]). Mais le gibier est d'une autre envergure : au moyen de milliers – certains disent de dizaines de milliers – d'arrestations parfois spectaculaires, il s'en prend aussi aux hommes d'affaires, promoteurs, cadres locaux, jusqu'à la direction de la Sécurité. Dans une Chine rongée par la corruption publique, Bo Xilai va se tailler un franc succès d'opinion.

Vendetta au sommet

C'est à ce point précis que la campagne antimafia, menée par le chef de la police et bras droit de Bo Xilai, Wang Lijun, rencontre la politique nationale. Deux dirigeants importants ont dirigé Chongqing avant Bo Xilai. L'un, Wang Yang, proche du tandem dirigeant Hu Jintao-Wen Jiabao et issu comme eux des Jeunesses communistes et non d'une grande famille dirigeante, a lancé l'expérience de Chongqing. Il est ensuite parti à la tête de la grande province méridionale du Guangdong, où il se montre partisan de réformes économiques, et y laisse se développer des appels libéraux. L'autre, He Guoqiang, est le chef de la Commission d'inspection et de discipline du Parti. Les cibles de Bo ne peuvent que les gêner, puisque c'est à leurs anciens subordonnés locaux qu'il s'en prend.

9. 司法部.

Peut-être s'est-il agi d'ailleurs d'une guerre réciproque, par éliminations interposées : il se dit en particulier que He Guoqiang aurait tiré en fait le premier, faisant arrêter Wang Yi, l'ancien secrétaire particulier (*mishu* [10]) du propre père de Bo Xilai, devenu vice-président d'une banque d'investissement publique[11], autour d'un conflit d'intérêts concernant une grande entreprise pharmaceutique privée[12]. Arrêté en février 2009, Wang Yi a effectivement été condamné à la peine de mort avec sursis de deux ans (c'est-à-dire en pratique, à la prison à perpétuité) en avril 2010.

Bo Xilai a la réputation d'être personnel et brutal : les anecdotes abondent à son sujet. Jugeant son clan attaqué par He Guoqiang, Bo aurait réagi en lançant la campagne antimafia, et bientôt en abattant le précédent chef de la Sécurité de Chongqing, Wen Qiang : celui-ci est arrêté à sa descente d'avion depuis Pékin en août 2009[13]. Or Wen Qiang est extrêmement proche de He Guoqiang, au point d'être considéré comme un membre de sa famille. Wen Qiang est condamné à mort et exécuté en août 2010.

Quelles qu'aient été les raisons de la campagne antimafia en 2009, il faudra attendre de mars à octobre de cette même année pour voir un dirigeant central approuver la campagne antimafia de Bo Xilai. Le premier à le faire en octobre 2009 est Zhou Yongkang, le responsable suprême de

10. 秘书. La fonction est équivalente à celle d'un chef de cabinet.

11. La China Development Bank, dirigée par Chen Yuan, fils lui aussi d'un des plus grands dirigeants chinois, Chen Yun.

12. Jiuzhitang Ltd., 九芝堂, entreprise du Hunan qui fabrique des produits phares de la médecine chinoise, est cotée à la Bourse de Shenzhen.

13. Le récit de son arrestation à la descente de l'avion Pékin-Chengdu a été fait par le quotidien du soir de Chengdu, dans un récit d'apparence enthousiaste, et pourtant subtilement ironique, des exploits de Wang Lijun : (*Chengdu Wanbao*, « Dahei yingxiong da diao qian "dahei" yingxiong »), car ce titre veut dire : « Le héros de la lutte antimafia abat le précédent héros de la lutte antimafia »... http://news.ifeng.com/mainland/200908/0820_17_1311332.shtml.

la Sécurité publique, membre du Comité permanent du Bureau politique. En un an, la campagne aboutit officiellement à 3 348 arrestations[14], et on le sait aujourd'hui, à une multiplication des sévices, tortures, arrestations de proches. Cela émeut surtout le milieu des avocats et des défenseurs des droits de l'homme. Wang Lijun et Bo Xilai ont aussi fait arrêter Li Zhuang, un avocat venu de Pékin pour défendre Wen Qiang. L'affaire réverbère alors plus loin : Li Zhuang appartient à un cabinet juridique lui-même dirigé par le fils d'un autre dirigeant – Peng Zhen[15]. Les intellectuels, les médias libéraux, mais aussi d'autres familles dirigeantes se demandent jusqu'où ira Bo Xilai.

Le fantôme du maoïsme ?

Bo Xilai a réussi à inquiéter tous ceux qui redoutent pardessus tout un retour du maoïsme et de la Révolution culturelle. Mais ses campagnes spectaculaires ont aussi pris un tour idéologique qui crée un clivage entre les dirigeants. Jusqu'en 2009, c'étaient les dirigeants centraux les plus identifiés à la réforme économique qui rendaient des visites publiques à Chongqing et à Bo Xilai : notamment Wen Jiabao, le Premier ministre, et Li Keqiang, généralement considéré comme son successeur, dont les visites mettent en valeur les thèmes économiques. Au printemps 2009,

---

14. Joseph Fewsmith, « Bo Xilai Takes on Organized Crime », *China Leadership Monitor*, mai 2010, n° 32, p. 3, http://www.hoover.org/publications/china-leadership-monitor/3601.

15. Jean-Pierre Cabestan, « À propos du modèle de Chongqing et de l'avenir de la réforme judiciaire en Chine », *China Analysis*, novembre-décembre 2011, n° 35, p. 25.

Jia Qinglin, conservateur réputé opposé au tandem Hu-Wen, est déjà venu exalter la tradition révolutionnaire. Les visites cessent ensuite. À partir d'août 2010, elles reprennent, mais ce sont surtout cette fois-ci des dirigeants assimilés aux appareils de contrôle politique qui visitent Chongqing : à commencer par Li Changchun, le chef de la propagande (août 2010), puis Zhou Yongkang, responsable de la Sécurité (novembre). À la fin de l'année Xi Jinping, le successeur putatif de Hu Jintao, y fait une visite remarquée, et au printemps 2011 c'est le tour de He Guoqiang lui-même, puis Wu Bangguo, président de l'Assemblée nationale, qui y examine surtout la politique sociale mise en œuvre localement. Mais le numéro un Hu Jintao, qui était allé à Chongqing après la nomination de Bo, n'y est pas retourné depuis, non plus que Wen Jiabao.

Ces visites sont devenues un vote à ciel ouvert pour le « modèle de Chongqing », d'abord dans ses aspects économiques et sociaux, mais de plus en plus pour l'exemple de restauration idéologique et d'opérations coup de poing qu'il a publicisé. Bo Xilai a réussi à s'insérer dans la dynamique de la succession politique avant le 18e Congrès du Parti prévu en novembre 2012. Dans un climat de présuccession, où chacun scrute les faits et gestes des dirigeants, le numéro un Hu Jintao se trouve sans doute soumis aux pressions d'une forte aile conservatrice au sein de la direction collective. 2010 a été l'année où éclatent des déclarations nationalistes en politique extérieure et autour de l'armée. À partir de décembre 2010 et en 2011, c'est la répression politique intérieure qui s'accentue. Le Premier ministre et quelques dirigeants réputés proches, comme Li Keqiang, déjà cité, ou Wang Yang, le secrétaire du Parti du Guangdong, semblent isolés ou en déphasage avec ces tendances.

Le mystère Bo Xilai

Ici s'arrête la limite de ce que nous savons avec un degré de probabilité raisonnable. On le verra, les choix du numéro un Hu Jintao sont parfaitement impossibles à décrypter. Il est souvent mis en cause par des rumeurs au plus haut niveau, pour son indécision ou l'attentisme dont il semble avoir fait de plus en plus preuve, un an avant son départ attendu. Mais cette passivité apparente est-elle véritable, ou bien est-elle feinte ? S'agit-il d'une stratégie attentiste, qui laisse se développer divers courants pour mieux arbitrer sa propre succession ? Quand Xi Jinping – successeur présumé de Hu – rend visite à Bo Xilai alors que leurs pères s'étaient détestés, est-ce une alliance politique ou une manœuvre d'englobement ? La liste des questions est plus longue que celle des réponses. Quelles étaient les chances réelles de Bo Xilai, qui avait tout mis en œuvre pour imposer son entrée au Comité permanent du Bureau politique en 2012, et qui semble avoir influencé certains dirigeants centraux au point de lui rendre des hommages publics ? Était-il vraiment un partisan du retour au maoïsme idéologique, lui qui a envoyé son fils à Harvard et qui cultivait un cercle d'intellectuels publics autour de lui ? Faisait-il peur, comme auteur possible d'une véritable contre-révolution violente, ou est-ce un opportuniste qui vient de se voir rendre la monnaie de sa pièce ? Et tout simplement, savons-nous pourquoi Wang Lijun a explosé en vol ? Comment le redouté chef de la Sécurité d'une ville géante se retrouve-t-il à chercher l'asile politique dans un consulat étranger ? Était-il pris en otage par les adversaires de Bo Xilai, qui auraient déterré des affaires gênantes ? Avait-il été un pion lâché par ce dernier, et se doutait-il qu'il allait connaître le sort de son prédécesseur,

Wen Qiang, exécuté en juillet 2010 ? Wen Qiang, sa femme et son fils aîné avaient été interrogés de façon indécente par des journalistes le jour même de son exécution[16]. Une des propres victimes de Wang Lijun à Chongqing, l'homme d'affaires Li Jun, a raconté à la presse internationale[17] les semaines de torture endurées dans une prison militaire clandestine. Il a confié sa certitude, partagée par d'autres observateurs, que la cible finale de Bo Xilai était son prédécesseur à Chongqing Wang Yang – aujourd'hui patron de la grande province du Guangdong et en pointe dans la promotion des réformes. En tout cas, pour franchir la porte du consulat américain de Chongqing, il fallait que Wang Lijun, le policier « héros antimafieux » de 2009-2011, ait compris qu'aucun espoir ne lui était laissé.

Un tournant politique

On ne peut toutefois pas ignorer un fait. Dans les semaines qui suivent l'abracadabrantesque épisode Wang Lijun, les prises de position pour les réformes se multiplient soudain à Pékin. De la réforme politique avec les élections locales à la libération du contrôle des changes, en passant par un compromis pragmatique de la politique étrangère chinoise envers l'Asie, et par les positions de Wen Jiabao lui-même à la session de printemps de l'Assemblée nationale en faveur des réformes économiques, un basculement s'esquisse. Le 19 février, la presse

16. Toutes ces interviews menées par le *China Youth Daily* le 8 juillet 2010 sont accessibles en anglais sur http://www.zonaeuropa.com/20100713_1.htm (consulté le 12 avril 2012).

17. « Chinese infighting : secrets of a succession war », *Financial Times*, 4 mars 2012, http://www.ft.com/intl/cms/s/0/36c9ffda-6456-11e1-b50e-00144feabdc0.html#axzz1oCGxmHFT.

nationale officielle du Parti a commencé à célébrer le vingtième anniversaire du voyage de Deng Xiaoping vers le sud de la Chine en 1992, quand il avait relancé l'ouverture et les réformes : or cet anniversaire, qui tombe en fait en janvier, avait alors suscité une effervescence favorable aux réformes, y compris les réformes politiques, dans la province méridionale du Guangdong, celle dirigée par Wang Yang… Bien médiocre apparaît, en contrepoint, la campagne de promotion qui revient également à partir du 19 février pour le soldat Lei Feng, un héros de propagande qui remonte à l'ère maoïste. Lei Feng, la « petite vis dans le Grand Tout » qui donne sa vie pour le pays, est mort en 1962 et ne réserve donc plus de surprises. Mais son culte est complété par la glorification d'un mendiant de Nankin qui, après le tremblement de terre de 2008 au Sichuan, aurait fait don du produit de ses aumônes aux victimes de la catastrophe.

À l'Assemblée nationale populaire, Wen Jiabao, répondant à des journalistes sur le cas Wang Lijun, va soudain lui donner une dimension politique tout autre. Il évoque à partir de l'affaire le risque de « répétition de la tragédie de la Révolution culturelle ». Il invite « les dirigeants actuels de Chongqing à tirer les leçons de l'affaire Wang Lijun » et évoque la « libération de la pensée » intervenue en décembre 1978, lors du lancement de la politique de réforme et d'ouverture[18].

Deux courants politiques semblent se faire face. Depuis 1989, nous ne pouvions voir au grand jour les affrontements entre factions ou ailes politiques au sein des 9 membres du Comité permanent du Parti, ou des 25 membres du Bureau politique. Comme une fracture souterraine peut provoquer un tsunami, l'éclatement au pied de la montagne de l'affaire Wang Lijun, un policier cow-boy qui ne voulait pas tomber

18. Conférence de presse du 14 mars 2012, http://www.xinhuanet.com/politics/2012lh/zhibo/zongli/zfw_wz_2.htm (consulté le 14 mars 2012).

tout seul, entraîne un glissement de terrain au sommet du Parti.

Jusqu'où le curseur politique va-t-il bouger, sous l'effet des révélations de Chongqing ? Il y a des points de repère historiques. L'historien de la Chine républicaine (1911-1949) relèvera que ce n'est pas seulement du point de vue du climat que Chongqing est un des trois « chaudrons » de la Chine. Quand le général Chiang Kai-shek y replia sa capitale pendant la guerre sino-japonaise, la ville devint célèbre pour ses « prisons privées » tenues par des services concurrents, pratiquant le kidnapping à qui mieux mieux. L'affaire Wang Lijun pourrait être vue comme une réincarnation de cette époque, sombre mais sans impact sur la politique nationale. Mais l'historien de la Chine populaire, lui, ne peut que remonter à l'affaire Lin Biao. Ce ministre de la Défense et successeur désigné de Mao qui, en septembre 1971, avait pris la fuite en avion, s'écrasant sur le chemin de Moscou en Mongolie. La défection du chef d'orchestre des « chansons rouges » et de la campagne de masse locale a, elle aussi, des implications politiques.

Une affaire sans dénouement

La première réponse est venue à l'issue de la session de mars 2012 de l'Assemblée nationale populaire, peu de temps après la philippique de Wen Jiabao contre la Révolution culturelle et pour la « libération de la pensée ». Bo Xilai est suspendu de ses fonctions, et disparaît de la scène publique, sous le coup d'une enquête interne au Parti pour « violations graves de la discipline du Parti ». Son épouse, Gu Kailai, est arrêtée et accusée d'avoir empoisonné, à Chongqing, un consultant britannique, Neil Heywood, qui travaillait pour les intérêts de la famille. De très précieuses informations, non vérifiées toutefois, vont être fournies à d'influents médias occidentaux – l'agence Reuters et le *Financial Times* au premier rang – ainsi qu'à un site d'information proche du gouvernement de Taïwan, WantChinaTimes[19].

Jalousie, conflit sur les honoraires du consultant à propos de transferts massifs d'argent à l'étranger, neurasthénie d'une épouse largement délaissée : rien n'est épargné à cette famille, y compris à un fils, Bo Guagua, qui étudie dans les meilleures universités internationales (Oxford, Harvard…), tout en menant la grande vie. Les détails qui émergent en mars-avril 2012 sont si nombreux qu'ils tracent une histoire impitoyable. Heywood avait un salaire et des défraiements fixes auprès de la famille, mais voulait plus. La famille aurait voulu faire sortir de Chine plus de 1 milliard de dollars : le montant interpelle, évidemment, même dans un contexte oligarchique. Wang Lijun, le policier amateur d'autopsies, aurait prélevé un fragment du corps de Heywood avant sa crémation, et l'aurait apporté avec lui au consulat de Chengdu – permettant une analyse ADN et une preuve de l'empoisonnement. Les révélations s'étendent à Dalian, où Bo Xilai avait gouverné avant 2007, et à sa vie privée, bien remplie.

Surtout, la rumeur politique implique d'autres dirigeants qui auraient soutenu Bo Xilai. Zhou Yongkang, le chef de la Sécurité, le premier à avoir soutenu la campagne antimafia de Bo aurait été le seul membre du Comité permanent du Bureau politique à s'opposer aussi à sa mise à l'écart. Bo aurait cultivé ses liens dans l'armée, souvent hérités de son père, et aurait ainsi établi un pont avec des éléments ultranationalistes – comme Liu Yuan, le fils de l'ancien

---

19. www.wantchinatimes.com.

président de la République Liu Shaoqi, ou comme le chef local du département logistique de l'armée. Les anciens dirigeants qui pèsent toujours sur le Bureau politique – une tradition de la direction collective chinoise depuis Deng Xiaoping – seraient intervenus pour stopper les interprétations politiques de l'affaire. Bo et son clan seraient ainsi renvoyés à leur destin criminel, mais les réformateurs politiques n'en gagneraient pas de terrain pour autant.

L'épouse de Bo Xilai, Gu Kailai, a certes été jugée et condamnée en août 2012 pour l'empoisonnement du consultant britannique Neil Heywood. Tenu en sept heures, devant un public trié sur le volet et loin de Chongqing et de Pékin, le procès n'a jamais évoqué Bo Xilai, ni même le rôle de Wang Lijun. Quatre policiers ont reçu des peines mineures pour leur complicité, et Gu Kailai a été condamnée à la peine de mort avec un sursis de deux ans – ce qui ne présage rien de son avenir : l'application des peines est presque entièrement à la carte. Bien que le motif du meurtre ait été attribué lors du procès à une querelle sur des investissements à l'étranger, rigoureusement aucun lien n'a été établi avec la corruption ni avec les « manquements à la discipline du Parti » reprochés par ailleurs à Bo Xilai. À l'évidence, le pouvoir a avant tout voulu dissocier un crime de droit commun de ses implications politiques, même quand elles étaient évidentes.

Rien n'est acquis. La question du jugement d'un grand dirigeant autour d'une affaire criminelle impliquant aussi une corruption visible (sinon exceptionnelle) est explosive. La priorité relative qui existe entre le système légal, inachevé, et la loi du Parti, qui est sans appel, est posée une fois de plus. Soulever, comme l'a fait Wen Jiabao, le spectre de la Révolution culturelle, c'est remettre l'histoire à sa place centrale. Tous les efforts de la direction collective pendant près d'un quart de siècle, et de la politique « harmonieuse » pratiquée par Hu Jintao, visent à éliminer l'imprévu, gommer les conflits au sommet, bref préserver la « boîte noire » qui est devenue la caractéristique la plus remarquable de la gouvernance en Chine populaire. Mais les implications de l'affaire Bo Xilai, et le parallélisme avec d'autres personnalités aux clans familiaux enrichis, déchirent le voile qui entoure le cercle des dirigeants. La presse officielle s'est récemment emparée de l'expression « officiels nus » (*luoguan*[20]) pour désigner les cadres qui ont envoyé famille et fortune à l'étranger, tout en conservant leurs fonctions en Chine.

À partir de début mai 2012, le couvercle retombe sur cette affaire. Les rumeurs se raréfient. Un roman de politique-fiction paru à Hong Kong en 2009 racontait comment le Parti, pour dissimuler la disparition en février 2011 d'un de ses hauts cadres, avait décidé d'effacer le mois de février, tous les mois de février, du calendrier et de la mémoire des Chinois[21]. On peut parier que bien des aspects de l'affaire Bo Xilai sont aussi encombrants que le souvenir de la Révolution culturelle ou de Tiananmen. Ils ont accidentellement révélé débats et rivalités au sommet. C'eût été si commode si ces personnages n'avaient existé que dans la fiction d'un roman d'arts martiaux...

---

20. 裸官.
21. Chan Koonchung, *Les Années fastes*, Paris, Grasset, 2012.

CHAPITRE 2

Pays riche, peuple pauvre

À Pékin, un quartier d'appartements de standing porte, gravée dans la pierre de son mur d'enceinte, une maxime empruntée à Friedrich Engels : « L'infrastructure commande à la superstructure. » Ses promoteurs ont sans doute compris l'idée au premier degré, comme une glorification de l'immobilier. La réactivation de mécanismes chimiquement purs du développement capitaliste constitue bien sûr l'ironie principale du postmaoïsme chinois : le Parti communiste est au pouvoir, et c'est le capital qui règne, le plus souvent avec ostentation. Des détails révèlent parfois le tout. Dans la tempête qui a emporté Bo Xilai, membre du Bureau politique du Parti, une micropolémique a agité les correspondants étrangers : son fils, qui avait dîné à Pékin avec la fille de l'ambassadeur américain, était-il vraiment allé la chercher avec une Ferrari rouge ? Les opinions divergent, mais le témoignage le plus pondéré apporte un démenti rassurant : la fille de l'ambassadeur aurait été véhiculée dans la voiture familiale des Bo à Pékin. Une Bentley grise[1]...

Si Marx ressuscitait en Chine, il rédigerait fiévreusement un livre III du *Capital*, car rarement une société, et

1. Officiellement, Bentley a vendu 1 839 véhicules en Chine en 2011.

moins encore une société communiste, n'a exhibé aussi brutalement les ressorts d'une économie d'accumulation, de profit et d'inégalité sociale. Mais en dépit d'une « gauche » populiste et néoautoritaire, Marx est peu lu en Chine. Ce n'est pas faute pour le Parti d'avoir appliqué, à sa manière, le matérialisme historique.

Une croissance explosive

Parler de la Chine sans partir de sa croissance explosive est un exercice aussi difficile que d'écrire un roman sans la lettre la plus utilisée de l'alphabet – la lettre « e », « e » comme économie. Le monde a certes connu d'autres « miracles » depuis 1945 – de l'Europe méridionale au Japon et aux tigres et dragons asiatiques. Ce qui distingue la Chine de ces précédents « miracles », c'est l'échelle géante de la croissance, son accélération constante depuis trois décennies, et l'extraordinaire inégalité de la richesse qui en a résulté. Si les 31 provinces, régions et municipalités spéciales chinoises étaient des nations indépendantes, elles constitueraient 31 des 32 pays dont la croissance a été la plus rapide en 2010 et 2011.

Et cependant ni l'échelle ni les emballements ne sont en rupture complète avec l'ère maoïste, qui a précédé avant 1978 celle des réformes. De 1949 à 1978, la croissance avait atteint 6 % par an, malgré les catastrophes du Grand Bond en avant (1958-1961) et de la Révolution culturelle (1966-1971 pour l'essentiel). Et l'économie maoïste connaissait des emballements et des records, pas tous factices. En apparence, tout sépare pourtant l'ère maoïste de celle qui a suivi après 1978. À la première, on trouve la planification et l'économie de commandement, le rationnement et le contrôle spatial de la population. Les dirigeants politiques et Mao, d'abord *primus inter pares* puis tyran, ont alors un pouvoir absolu et une existence entièrement séparée de celle du peuple : c'est l'omnipotence, jointe à l'aveuglement, qui explique les 37 millions de morts attribués au Grand Bond en avant (le bilan de la Révolution culturelle, très variable selon les sources, ne sera peut-être jamais connu). Mais les dirigeants ne sont riches que de la propriété d'État et des privilèges politiques qu'ils utilisent. Mao était, là comme ailleurs, une exception en raison des droits d'auteur qu'il percevait sur ses œuvres publiées *ad nauseam* ; son âme damnée de la Sécurité, Kang Sheng, est réputé avoir – mal – acquis une grande collection de peintures classiques. Sur le tard, Jiang Qing, l'épouse officielle du président Mao, aimait les trajets en avion (un Trident importé du Royaume-Uni) entre Pékin et Hangzhou, la cité du lac de l'Ouest. Mais le médecin personnel de Mao rapporte des disputes à la cour autour d'allocations de pantalons[2]... Quant au peuple, son labeur lui permettait au mieux d'économiser en vue de l'achat d'une bicyclette, d'une montre. La corruption des cadres, c'étaient alors essentiellement les banquets – *dachi dahe*, littéralement « grande bouffe et grande beuverie » aux frais de leurs unités collectives. La jouissance du pouvoir était ailleurs – dans la domination absolue sur autrui, dans le culte de la personnalité au sommet, ou dans les passe-droits et les abus d'autorité à la base. L'intensité des haines recuites au sein du milieu dirigeant s'expliquait aussi par l'absence de l'argent – une absence qui laissait aux sentiments la place de s'exprimer...

Quel contraste avec la Chine d'aujourd'hui ! L'affaire Bo Xilai révèle des enjeux tout autres : non seulement la famille

2. Li Zhisui, *La Vie privée du président Mao*, Paris, Plon, 1994.

a acquis des appartements à Londres[3], mais elle aurait, au fil des années, transféré à l'étranger une fortune qui pourrait atteindre 6 milliards de dollars[4]. Certes, on ne prête qu'aux riches, mais le chiffre doit tout de même être considéré avec précaution : plus tôt, l'assassinat de l'intermédiaire britannique de la famille avait déjà été attribué à un différend portant sur sa commission pour placer à l'étranger 1 milliard de dollars. Au vu de la surface sociale assez limitée de cet intermédiaire malencontreux, ces montants semblent improbables, et en tout cas à démontrer. Bien plus modeste, par contraste, apparaît la fortune attribuée à tort ou à raison à la famille de Xi Jinping, le successeur probable de Hu Jintao, par une enquête minutieuse de l'agence Bloomberg : 345 millions de dollars, éparpillés dans une nombreuse parentèle[5]. Mais cela représente tout de même 70 000 ans de revenu moyen en Chine…

Le travail, ressource inépuisable

Ces échelles de grandeur impressionnent – d'autant que la Chine n'est pas un grand pays producteur de pétrole ou de matières premières, où la cleptomanie trouve des voies naturelles. Il n'existe pas de rente naturelle de situation, au

---

3. « Bo Family Bought Luxury Flats in London », *Financial Times*, 27 juin 2012, http://www.ft.com/intl/cms/s/0/6dd9307c-bed3-11e1-bebe-00144feabdc0.html#axzz1zOMNWNPI.

4. Kenji Minemura, « Investigators Say Bo Xilai's Wife Admits to Killing Briton », *Asahi Shimbun*, 22 juin 2012, à http://ajw.asahi.com/article/asia/china/AJ201206220040.

5. « Xi Jinping Millionaire Relations Reveal Fortunes of Elite », *Bloomberg News*, 29 juin 2012, http://www.bloomberg.com/news/2012-06-29/xi-jinping-millionaire-relations-reveal-fortunes-of-elite.html.

contraire : la Chine prospecte ses ressources naturelles aux quatre coins du globe, à l'exception du charbon et de certains métaux. En fait, les détails, et non plus seulement les rumeurs, qui émergent soudain sur la fortune de familles dirigeantes sont une conséquence, parmi d'autres, de l'économie politique chinoise. Sa matière première principale, c'est le travail, et son mode de croissance, c'est l'extraction de plus-value. Avant d'être une économie de la demande, l'économie chinoise est une économie de l'offre : celle de la force de travail, et celle des marchandises de l'« atelier du monde ». Un tel mode de production suppose une économie hybride – où la mobilisation de la main-d'œuvre prime sur l'économie de marché, et où les intermédiaires et gardiens de cette organisation bénéficient d'énormes rentes de situation.

Ce n'est pas l'ère de la réforme qui a posé ces bases, mais bien celle de la révolution qui l'a précédée. La Chine maoïste a été un système de mobilisation invisible de la plus-value, pratiquant un transfert gigantesque depuis la population paysanne vers l'économie planifiée, les entreprises d'État et par ricochet leurs salariés, pourvus d'un « bol de riz en fer », c'est-à-dire d'un emploi à vie. Ce transfert reposait sur le système des prix, et non sur l'imposition fiscale des individus. En laissant pratiquement inchangés les prix des biens de consommation depuis le début des années 1950, alors que leur production augmentait considérablement, et en fixant des prix très bas, ou des livraisons d'office, pour les récoltes, la planification a pratiqué une ponction invisible sur la population paysanne, et permis à l'économie d'État de pratiquer un niveau d'investissements très élevé : jusqu'à un tiers du PIB à la veille de l'ère des réformes de 1978. L'accumulation primitive chère à Marx, celle qui construit le capitalisme industriel sur le travail des prolétaires, a été permise en Chine maoïste par le travail des paysans collectivisés. La Chine des réformes a appliqué la même recette au travail salarié dans les industries d'exportation.

Une frénésie d'investissement

Tout devrait séparer l'ère des réformes de ces origines du régime, et pourtant certains traits demeurent. Deux paramètres essentiels ont été conservés, et même accentués. L'un est précisément le taux d'accumulation (c'est-à-dire l'équivalent du taux d'épargne, à condition d'y intégrer la formation de capital brut des entreprises, soit en pratique leurs investissements). Ce taux devait diminuer dans la première décennie de la réforme. Mais il n'a cessé de remonter depuis, au point de dépasser aujourd'hui 50 % du PIB : un niveau sans aucun équivalent international, qui traduit une frénésie d'investissement. L'objectif affiché dans les premières années de la réforme – très exactement en 1979 – était de le ramener à 25 %. Cet objectif est complètement oublié. Mieux, ou pire, les prédictions ou prévisions économiques, qu'elles émanent des institutions financières internationales comme la Banque mondiale ou des dirigeants chinois eux-mêmes qui ont, à partir de 2008, affiché la volonté de rééquilibrer la croissance vers la consommation intérieure, sont régulièrement démenties par les faits. On en voudra comme preuve le tout récent rapport de la Banque mondiale, *China 2030*[6], intéressant à bien des égards puisqu'il constitue un manifeste pour la réforme économique et institutionnelle endossé par au moins un courant de la direction chinoise. Paru en mars 2012, il est fondé sur des chiffres officiels jusqu'à la fin 2010, puis sur des prévisions pour les années suivantes. Ce rapport identifie l'investissement excessif comme le premier problème de l'économie chinoise, et situe

6. Banque mondiale, *China 2030 : Building a Modern, Harmonious, and Creative High-Income Society*, 27 février 2012, accessible sur http://www.worldbank.org/en/news/2012/02/27/china-2030-executive-summary.

son niveau à 49 % du PIB en 2010. Et il prévoit une baisse marquée à partir de 2011.

Or ce n'est pas du tout ce qui se passe. Pour contrer la crise mondiale de 2008, les dirigeants chinois ont lancé un énorme plan de relance de leur économie, très amplifié par le relais du crédit bancaire à l'échelle nationale, et plus encore dans les localités. Au total, c'est plus de 1 500 milliards de dollars qui ont été injectés dans l'économie intérieure en 2009, un montant qui se compare avec l'émission de liquidités monétaires par la Réserve fédérale américaine, ou les facilités de crédit bancaire de la Banque centrale européenne à la même époque. Cette relance par les dépenses publiques et le crédit a abouti à une accélération de l'investissement et non à une stimulation de la demande intérieure par la hausse des revenus des ménages.

L'abondance des surplus commerciaux et financiers chinois en provenance de l'étranger constitue une autre source de financement du crédit et des investissements. Avec un surplus extérieur qui a atteint un record historique de 10 % en 2008, et qui dépasse encore 5 % du PIB aujourd'hui, la banque centrale chinoise est obligée de racheter aux entreprises et financiers chinois leurs dollars, pour les placer aussitôt à l'étranger : sans quoi la pression à la réévaluation de la monnaie chinoise serait irrésistible. C'est ce qu'on appelle la « répression financière » : un taux de change maintenu artificiellement bas, l'État réexportant aussi vite que possible les devises qui entrent en Chine. Mais pour acheter les dollars détenus par les exportateurs et financiers chinois, la Banque de Chine doit leur vendre des renminbis, et donc créer de la monnaie. Ceci implique une politique monétaire systématiquement expansionniste et des taux d'intérêt extrêmement bas. Cette surabondance monétaire alimente à son tour investissements et spéculations, et d'abord de la part des acteurs qui sont le plus proches des autorités : entreprises d'État subventionnées ou emprunteuses à d'excellentes conditions, autorités locales qui financent des plans de développement vertigineux, et promoteurs immobiliers qui sont souvent les prête-noms des dirigeants et cadres publics. Tant que les flux du commerce extérieur et de la balance des comptes courants restent largement excédentaires, les pouvoirs publics chinois ne peuvent pas contrôler les investissements dans l'économie intérieure.

Les résultats défient l'imagination. La Chine a toujours été le recordman de l'accumulation et de l'investissement dans son économie, même par rapport aux autres économies asiatiques. Mais cette caractéristique s'est encore accélérée : officiellement, le taux d'investissement atteint 49 % du PIB en 2011 au lieu de ralentir. Depuis 2005, l'investissement augmente d'au moins 15 % par an. Au deuxième trimestre 2009, cette croissance atteint même 42 %. Au premier trimestre 2012, elle est encore de 19 % : soit plus du double de la croissance économique[7]. Au cours des trois années 2009, 2011 et 2012, la Chine a investi autant que durant les soixante années qui avaient précédé depuis la fondation de la République populaire.

Revenus individuels : la course vers le bas

Symétriquement, la part de la consommation des ménages chinois dans le PIB n'a cessé de baisser – jusqu'à ne représenter que 34 % du PIB, un autre record mondial. Le rapprochement de ces deux chiffres suffit pour comprendre pourquoi la Chine fait la course en tête dans la globalisation.

7. Gavekal Dragonomics, *China Macro Chartbook*, mai 2012, p. 9.

Elle finance sans limites des capacités de production ou des infrastructures économiques ; elle est la championne internationale du mouvement de baisse relative des salaires, loin devant l'Allemagne et le Japon, les deux autres économies mercantilistes qui ont opéré un partage de plus en plus défavorable aux salaires dans l'économie nationale.

Ce dernier chiffre, concernant la part des revenus individuels dans le PIB, est à la fois surprenant et contesté. La perception qu'ont les étrangers de l'économie chinoise est que « les salaires montent », une évolution indéniable si on considère les financiers, ingénieurs ou assistants trilingues que pratiquent les expatriés. Mais si on élargit la vision pour y inclure l'ensemble des ouvriers d'industrie, y compris dans les zones de l'intérieur, alors le niveau des salaires réels avait très peu évolué avant 2008. L'hypercroissance en 2008 – juste avant la crise financière mondiale – et à nouveau en 2010-2011 a pour la première fois généré des pénuries de main-d'œuvre dans les régions côtières et à Pékin. La hausse des salaires qui en résulte doit être rapportée à l'inflation, considérable, de l'alimentation et de l'immobilier, ainsi que de l'accès à la santé.

Prenons l'exemple de Shenzhen, la ville-champignon de l'industrie d'assemblage en arrière de Hong Kong : un village en 1978, 16 millions d'habitants aujourd'hui. Shenzhen a institué très tôt un salaire minimum. D'environ 280 yuans en 1996, il est aujourd'hui de 1 500 yuans par mois (environ 180 euros au taux de mai 2012). Mais ce salaire minimum est bien celui que paient pour 40 heures de travail les plus grandes entreprises, telles Foxconn jusqu'aux incidents de 2010 : le géant sous-traitant d'Apple emploie 200 000 ouvriers sur un seul site à Shenzhen, et plus de 800 000 employés en tout. Or les prix ont explosé, bien au-delà de l'indice officiel : le mètre carré de logement vaut ainsi 2 200 euros à Shenzhen, où pourtant la construction est hypertrophiée, et bien plus encore à

Canton, Pékin ou Shanghai. Les hausses de revenus dont parlent la presse ou les rapports internationaux, s'appliquent à des horaires de travail bien plus élevés. De plus, les travailleurs migrants – 250 millions de salariés qui constituent 40 % de la main-d'œuvre urbaine, les deux tiers de la main-d'œuvre industrielle et 80 % des chantiers de construction – sont souvent payés en dessous du salaire minimum légal[8]. De plus, la hausse de productivité (due aux investissements et au transfert de main-d'œuvre d'un secteur agricole arriéré vers le secteur industriel) et la croissance de l'économie, de plus de 10 % par an, vont encore plus vite que les salaires. Même une hausse importante en valeur absolue de ceux-ci peut coïncider avec une baisse de leur part relative dans l'économie chinoise. L'essor foudroyant de l'industrie exportatrice, combiné au renforcement des acteurs étatiques et au maintien de la discipline sociale, a créé une économie duale.

Le premier marché du luxe

Un coup d'œil sur la Chine d'aujourd'hui suffit pour comprendre l'ampleur du changement, et aussi pour confirmer la montée des inégalités. La Chine est le premier marché au monde du luxe. Lamborghini, par exemple, y passe de six à vingt points de vente en 2012, et l'industrie chinoise rachète le fabricant italien de yachts de luxe Ferretti (détenteur entre autres des célèbres canots Riva). Les marques de luxe font d'ailleurs une bien plus grande proportion de leur chiffre d'affaires en Chine que les entreprises de

8. Standard Chartered Special Report, « On the World's Factory Floor : How China's Workers Are Changing China and the Global Economy », janvier 2008.

consommation de masse dans les mêmes secteurs. Une publication chinoise estime à plus de 1 million le nombre de millionnaires chinois en dollars. Une autre étude indépendante chinoise (quoique financée par le Crédit suisse, qui y cherchait des indications sur le marché des clients « à haut potentiel » !) réévalue les revenus réels de la population urbaine, en tenant compte des revenus non déclarés. Les 10 % les plus riches des foyers urbains – soit environ 70 millions de personnes – disposent d'un revenu réel qui est trois fois supérieur à ce qu'indiquent les statistiques publiques. Leur revenu nominal est celui des Européens aisés, mais sans impôts, et avec un coût de la vie et de la main-d'œuvre à leur service beaucoup plus bas. La sous-estimation des revenus ne concerne au total que les 30 % d'urbains les plus aisés, soit 200 millions de personnes. Et elle ne porte pas sur les salaires, mais sur les autres sources de revenus. Au sommet, 2 % de la population concentre 32 % des revenus. Cette fraction de la population bénéficie même d'un effet de ciseau : elle acquitte des prix plus bas que dans les pays développés, non seulement pour les biens mais surtout pour les services à la personne, et est très faiblement imposée. Elle peut épargner ainsi 63 % de ses revenus, près des deux tiers. Ironie suprême, la Chine a gardé la trace de l'ère maoïste : la propriété et l'héritage n'y existaient pas. Aujourd'hui, c'est l'impôt sur l'héritage qui est inconnu, et les taxes immobilières commencent seulement à être introduites de façon expérimentale. Wang Xiaolu, l'auteur de cette étude, estime que les revenus cachés représentent en 2008 environ 15 % du PIB chinois[9]. Une fois réintégrés, ces

9. L'étude de Wang, accomplie par la Fondation pour la réforme chinoise et soutenue par le Crédit suisse, est disponible sous diverses formes. Sa meilleure présentation statistique est : Credit suisse, « Analysing China's Grey Income », *Equity Research*, 6 août 2010. Une version incluant les aspects politiques – et notamment la part estimée de la corruption dans les revenus

revenus « gris », qui sont l'apanage d'une toute petite fraction de la population, expliquent que la Chine soit le premier marché mondial du luxe.

Fracture sociale : un gouffre

On trouve ici la solution d'un mystère apparent : la faiblesse des revenus individuels dans l'économie, selon les chiffres officiels, ne cadre pas du tout avec la consommation florissante et même parfois effrénée que chacun peut observer. En résumé, la Chine est certes devenue un « pays riche avec beaucoup de pauvres » – *fuguo qiongmin*[10], comme le disent des internautes chinois qui détournent la maxime la plus célèbre de la première modernisation chinoise au XIXe siècle (*fuguo qiangbing*[11] – « un pays riche, une armée puissante »). À l'échelle de la démographie chinoise, cela laisse tout de même apparaître une classe dite « moyenne » – en réalité très au-dessus de la moyenne – et une superclasse fortunée qui sont au niveau d'un grand pays développé. À l'autre extrémité, on trouve les migrants et les laissés-pour-compte des campagnes chinoises. 5 millions de migrants à Pékin – y compris des chauffeurs de taxi sous-prolétarisés par le gel de leurs tarifs, et qui dorment souvent dans leurs véhicules –, 10 millions à Shanghai, 50 millions pour la seule province du Guangdong, locomotive des exportations industrielles de la Chine. Même quand ils

cachés – est aussi disponible : Wang Xiaolu et Wing Thye Woo, « The Size and Distribution of Hidden Household Income in China », 25 décembre 2010, accessible sur www.econ.ucdavis.edu%2Ffaculty%2Fwoo%2F9.Wang-Woo.Hidden%2520Income%2520in%2520China.2010-12-25.pdf&ei=9bbDT_GIAeq20QXX3qy_Cg&usg=AFQjCNE8fmmz9PWOAbZOPMVEod4aR1urcQ.

10. 富国穷民.

11. 富国强兵.

commencent à obtenir le permis de résidence – le *hukou* – sur leurs lieux de travail, la Sécurité sociale dont ils relèvent reste celle de leurs localités d'origine. Leurs enfants sont le plus souvent exclus du système scolaire public, si bien que 30 millions d'enfants de migrants, séparés de leurs parents, vivent au pays chez des proches ou des nourrices.

De longue date, d'autres indicateurs montrent un immense fossé qui se creuse. Dans le domaine de la santé – 2 % seulement des dépenses publiques, mais avec des hôpitaux et des médecins qui perçoivent partout des enveloppes, si bien que le prix des médicaments peut être plus élevé en Chine qu'en France ou dans les pays où il existe un acheteur public qui fait pression sur les prix ; en moyenne, la population rurale consacre plus de 10 % de ses revenus à la santé. Dans l'enseignement supérieur, des indicateurs montrent la montée récente de l'inégalité sociale. Les universités d'élite se hissent dans le peloton de tête du fameux « classement de Shanghai » de l'Université Jiaotong, mais l'accès à l'éducation de base reste difficile, et surtout la commercialisation de l'éducation (cours du soir et écoles privées) crée de nouvelles barrières économiques. Une étude récente illustre la mutation en cours du système éducatif : elle recense les origines sociales des étudiants de Beida, l'Université de Pékin (la plus prestigieuse du pays) et de l'Université de Suzhou (ville moyenne aisée) de 1952 à 2002 (à l'exclusion de la période 1966-1972, quand la Révolution culturelle a éradiqué l'enseignement supérieur). L'étude montre la prédominance jusqu'au milieu des années 1990 des recrutements dans les familles paysannes et ouvrières (37 %), mais surtout chez les cadres (31 %), et en particulier les cadres « politiques » sous le maoïsme. Les auteurs y voient à juste titre une diversité sociale sans équivalent dans les universités de pointe d'Occident.

Toutefois, au cours de la dernière décennie de l'enquête (qui inclut les entrants jusqu'en 1999 à Beida, et jusqu'en

2003 à Suzhou), le tableau change. Certes, le pourcentage d'entrants issus de familles ouvrières se maintient ou augmente, celui en provenance de foyers paysans baisse à Beida, mais pas à Suzhou : la diversité sociale reste étonnante. Et le pourcentage d'enfants de cadres monte à Beida (de 31 à 39 %). À l'intérieur de cette catégorie phare, le pourcentage issu de cadres « politiques » (Parti et État) s'effondre, tandis que celui issu de familles de cadres « économiques » vient les remplacer[12]. Celui des catégories intermédiaires – décrites comme « personnel technique spécialisé » (*zhuanye jishu renyuan*) s'effondre lui aussi. Cette étude a suscité un fort débat – plus de 1 100 forums Internet – tant la question de l'éducation et de l'accès générationnel à l'emploi est devenue sensible. On pourrait bien sûr y relier le thème des *haigui*[13] ou « tortues de mer », c'est-à-dire des étudiants chinois qui font le détour par les universités étrangères, parfois autant pour le prestige que pour la formation. C'est le cas des enfants de nombreux très grands dirigeants, qui vont généralement dans les grandes universités américaines mais aussi dans les *public schools* (c'est-à-dire les écoles privées…) les plus exclusives du Royaume-Uni, comme Eton ou Harrow : il n'est donc pas étonnant qu'on ne les trouve pas en grand nombre dans les institutions d'élite chinoises, puisqu'ils ont trouvé mieux… Le cas de Bo Guagua a exposé le problème de leur financement, pour des études très coûteuses, par des « fondations » opaques. Mais les meilleurs étudiants des universités chinoises poursuivent eux aussi leurs études à l'étranger.

12. L'ensemble de ces chiffres sont tirés de Liang Chen, Zhang Hao, Li Lan, Ruan Danching, Cameron Campbell, Yang Shanhua, James Z. Lee, « 无声的革命 : 北京大学与苏州大学学生社会来源研究 (1952-2002) » (« Silent Revolution : Research on the Social Origins of Students at Peking University and Suzhou University, 1952-2002 »), 中国社会科学 (*Chinese Social Science*), 2012, nº 1, p. 98-118.

13. 海鬼.

À vrai dire, cette évolution chinoise ne fait qu'imiter le choix des élites dirigeantes d'Asie du Sud-Est, par exemple, d'envoyer leurs enfants aux États-Unis ou au Royaume-Uni (le Japon étant largement exempt de cette tendance à cause de la barrière insurmontable de la langue japonaise, qui rend plus difficile les études à l'étranger – et pénalise le retour de ceux qui y ont réussi !). Mais il s'agissait d'États capitalistes autoritaires. Aujourd'hui, les élites chinoises et le Parti communiste se privatisent – alors que la légitimité du régime reste aux yeux de beaucoup la justice sociale et la capacité de promotion éducative et sociale qui lui est prêtée.

Le plus grand transfert de propriété de l'histoire

Rien n'illustre aussi bien la révolution sociale en cours que la terre et l'immobilier. L'un comme l'autre ont connu une mutation radicale – et sans doute irréversible – qui a bénéficié à une génération et nuit à la suivante. Commençons par la terre agricole : après la dissolution des collectifs de 1978 à 1984, qui s'était accompagnée de la hausse historique des prix d'achat de leurs récoltes, la paysannerie est entrée dans une ère beaucoup moins triomphante. Sous la pression de l'industrialisation et de l'urbanisation, avec la concurrence des marchés mondiaux après l'ouverture à l'OMC, elle a souvent vu les terres rachetées, de gré ou de force, par les gouvernements locaux en quête de projets rentables. Or, dans la quasi-totalité des cas, ces rachats se sont faits sur la base de la valeur des terres agricoles, et non sur leur valeur comme terrains à construire. L'exemple récent de la révolte de Wukan (Guangdong) montre que la plupart des paysans y avaient vendu leurs terres pour 500 yuans par *mu*[14], une somme aujourd'hui dérisoire[15]. Le gouvernement a tiré les conséquences de cette évolution en autorisant, en octobre 2008, les paysans qui quittent leurs terres à revendre la propriété (en théorie, le droit d'usage pour cinquante ans...) des parcelles qui leur avaient été allouées : cette disposition libérale doit favoriser l'exode rural. En fait, comme dans l'Europe méridionale de la Révolution industrielle, un grand nombre de terres situées dans des régions montagneuses, ou sur des flancs de colline, ne trouvent plus preneurs, et les villages moins favorisés n'abritent plus que la population âgée.

Le logement urbain a lui aussi connu une révolution, à partir de la décision, prise par le Premier ministre Zhu Rongji en 1998, de vendre les logements publics à leurs habitants : cette réforme est parfois qualifiée de plus grand transfert de propriété de l'histoire, tant elle a été saisie avec enthousiasme. Bénéfique pour la première génération d'acquéreurs, souvent à bon compte au vu de l'évolution ultérieure des prix, la réforme est le point de départ d'un immense mouvement d'investissement dans la construction et le logement privé. Tout y a contribué : d'abord, l'insuffisance des recettes fiscales des gouvernements locaux, qui ont trouvé là un moyen de remplir leurs caisses en créant de la richesse. Ensuite, l'absence quasi complète de marché financier et de moyens de placement sûrs pour les Chinois, ainsi que la faiblesse des taux d'intérêt : avec toutes les formes de thésaurisation pour lesquelles la Chine est devenue première au monde (or, argent, ivoire, jade...), l'immobilier est devenu le premier placement des Chinois. Les statistiques officielles indiquent d'ailleurs 80 % de propriétaires de leur logement – une statistique peu sûre puisqu'elle inclut aussi bien les résidents ruraux dont la demeure n'a

14. Soit environ 60 euros pour 1/15 d'hectare.
15. Entretien à l'Université Sun Yatsen de Guangzhou, mai 2012.

aucune valeur marchande. Cette préférence accroît la propriété multiple d'appartements, au besoin vides, et devient un critère fondamental des choix matrimoniaux : pas d'appartement, point d'épouse…

Cette évolution a deux conséquences : l'une est la formation de bulles immobilières, et la surproduction de logements. L'autre porte sur la dette publique, car les autorités locales tirent des revenus énormes, mais vulnérables, de cette spéculation.

La spéculation est d'autant plus spectaculaire que l'offre n'est pas forcément là où réside la demande : en quête de recettes fiscales, nombre de gouvernements locaux ont créé des compagnies qui empruntent massivement pour créer des cités qui restent parfois vacantes, et l'absence d'impôts favorise aussi la détention d'appartements vides. Mais le phénomène doit être vu en perspective : avec une immense montée de la population urbaine, qui a dépassé 50 % en 2010, et la dégradation rapide des logements anciens, la demande globale reste beaucoup plus forte que l'offre, et tout particulièrement dans les grandes villes. Shanghai rejoint ainsi les prix parisiens, Pékin est aux deux tiers du trajet, Canton au tiers : cette évolution s'est faite de façon foudroyante, en une décennie. Comme beaucoup d'aspects de l'économie chinoise, elle est complètement sous-estimée dans les statistiques officielles. On relèvera que les analyses de la différenciation des revenus en France pointent généralement le rôle de l'héritage et celui de l'inflation des prix immobiliers – depuis le point bas de la richesse française, en 1945[16]. En matière d'inégalité, la Chine a parcouru un chemin bien plus grand depuis 1998, à partir d'une réforme décisive, celle de la

---

16. Thomas Piketty parle d'une phase d'« accumulation primitive » en France après 1945 (*Les Hauts Revenus en France au XXe siècle*, Paris, Grasset, 2001, p. 64).

privatisation du logement : elle joue un aussi grand rôle que le mouvement des enclosures dans l'Angleterre du XVIIe siècle.

La conséquence directe de cet emballement est plus sociale qu'économique. Les particuliers empruntent peu en Chine pour acheter l'immobilier : ils se servent en fait de ces placements comme d'un substitut à un marché financier inexistant ou truqué. Ce facteur, joint à l'absence d'imposition, explique l'importance du boom de la construction. À Shanghai en 1978, chaque habitant disposait de 4 m^2. Aujourd'hui, c'est près de 30 m^2, un chiffre comparable à celui de Paris. Mais on peut observer des tendances plus extrêmes : près de Hangzhou, dans une région agricole prospère, des maisons-champignons de plusieurs centaines de mètres carrés poussent sur des terrains minuscules, alimentées par l'épargne des anciens paysans. Comme les familles ont très peu d'enfants, ces villas verticales sont surtout peuplées d'écrans géants et autres gadgets. À Chongqing – où l'investissement public dans l'immobilier a été immense depuis deux décennies –, il n'est pas de cadre dirigeant qui ne reçoive sa villa ou son appartement de luxe de plusieurs centaines de mètres carrés. Pour les superriches, ce sont les marinas, où le yacht et son ancrage forment un paysage de carte postale devant des villas palatiales, qui sont devenues la norme : Hainan, vieille île méridionale naguère peuplée de clans paysans ou pêcheurs, est devenue l'éden national de la superclasse chinoise.

Pour la première fois en 2010, le gouvernement a mis des limites concrètes à la spéculation immobilière – en restreignant par exemple le crédit pour les acquisiteurs de multiples appartements. La mesure n'a pas suffi, et la construction immobilière a continué de s'emballer. Fin 2011, des craquements surviennent : notamment dans la région de Wenzhou (Zhejiang), celle-là même qui est connue pour le dynamisme de ses émigrants et exportateurs à travers le monde. Mais l'intensité de la crise y est une exception : à Wenzhou, le crédit « informel » (c'est-à-dire souterrain) est beaucoup plus développé qu'ailleurs. La pause ou le recul des prix de l'immobilier perceptibles début 2012 ne menacent pas directement le système financier, car il n'existe pas la même pyramide d'endettement qu'aux États-Unis ou en Espagne, par exemple. Comme les crises boursières de la Chine traditionnelle à Taïwan ou à Hong Kong, les cycles immobiliers chinois punissent les petits investisseurs mais n'ont pas le même impact financier qu'en Occident. Une baisse de la consommation d'acier, de ciment, d'aluminium et de cuivre serait même bénéfique, non seulement au reste de l'économie chinoise, mais aussi à l'économie mondiale.

Administrations locales et finance : liaison fatale

Il existe pourtant une liaison fatale avec l'économie dans son ensemble : celle qui existe avec les finances locales. Depuis 1994, date où les recettes fiscales ont été centralisées, provinces, municipalités et districts dépendent beaucoup de la vente de terres et de droits à construire pour financer leurs – énormes – budgets d'expansion. Alors que les administrations provinciales et locales représentent 80 % des dépenses publiques, elles dépendent largement depuis 1994 de transferts de recettes par le gouvernement central – ou de leur créativité pour inventer des ressources nouvelles. Les localités chinoises n'ont pas le droit d'emprunter. Alors elles créent des sociétés d'investissement qui multiplient aussi les occasions de corruption. Indirect et par le biais du *shadow banking* (crédit non bancaire), l'endettement public local a atteint un niveau élevé (26 % du PIB selon des estimations prudentes) – loin d'un budget central en apparence très conservateur. Une étude chinoise évoque ainsi un endettement équivalent à 150 % des recettes budgétaires locales annuelles[17]. Pour la seule année 2009, les administrations locales ont emprunté environ 600 milliards de dollars. En 2010, le volume des transactions sur la terre explose, à 4 000 milliards de dollars. Ce sont ces chiffres qui expliquent la profusion d'investissements publics, des autoroutes aux aéroports ou aux bâtiments de prestige… Mais c'est aussi un financement pyramidal. S'il existe une bombe financière chinoise, elle est dans cette connexion entre des recettes incertaines – car liées au cycle des prix fonciers – et des dépenses ou des dettes à plus long terme contractées par les administrations locales et leurs prête-noms.

La « nouvelle gauche » face aux inégalités sociales

C'est ici que les inégalités saisissantes dans la croissance rapide chinoise dépassent les explications les plus faciles – celles par la corruption et l'inefficacité d'un État qui serait dépassé par le marché et la globalisation. Ces explications sont pourtant fréquentes en Chine, notamment de la part de ce qu'il est convenu d'appeler la « nouvelle gauche ». C'est un des seuls courants d'opinion qui soit autorisé à s'exprimer dans la presse officielle, sur les campus de grandes universités et les forums Internet. Pour celle-ci, c'est

17. Huo Kan et Wang Changyong, « Enquête sur le trou noir de l'endettement local », *Xin Shiji*, 7 mars 2011, n° 440, cité par Thomas Vendryes, « L'endettement des collectivités locales chinoises : les prémices d'une crise ? », *China Analysis*, été 2011, n° 34, p. 24.

la libéralisation économique et l'économie de marché qui ont entraîné l'explosion des inégalités et les déséquilibres de la croissance. Les réformateurs chinois, qui voudraient rééquilibrer la croissance vers l'économie intérieure et achever la transition vers l'économie de marché, seraient d'autant moins crédibles qu'ils auraient partie liée avec une nouvelle classe capitaliste. En critiquant tous les défauts de la situation actuelle, la « nouvelle gauche » réhabilite en creux l'État démiurge de l'ère maoïste, qui fabriquait la société à l'image, vraie ou factice, de son idéologie.

Mais ce qui ne peut continuer longtemps, c'est une croissance fondée sur le surinvestissement dans les capacités de production et dans les infrastructures, avec l'espoir de rentabiliser celles-ci par l'exportation. Or ce modèle est une conséquence de l'organisation politique de l'économie. Les tentatives n'ont pas manqué, au cours de la décennie Hu-Wen, de réorienter la croissance vers la consommation intérieure et les dépenses sociales. Elles donnent des résultats respectables, mais qui pâlissent devant la fuite en avant des investissements et l'accumulation des inégalités.

Réformer : à quel prix pour le Parti ?

Une superclasse nécessairement issue du Parti-État ou cooptée par celui-ci. Une classe supérieure qui a su saisir la chance historique de l'hypercroissance conjuguée à la privatisation. Une classe moyenne dont le sort est beaucoup moins assuré, face à la hausse de l'immobilier et de la santé. Enfin une force de travail dont les revenus font la course avec l'inflation des produits de base, et qui subit la concurrence des migrations et de la délocalisation intérieure : ces clivages sont apparus en un tiers de siècle, après la fin du système de castes de l'ère maoïste. Aucune politique publique ne les a pour l'instant enrayés, et ils annoncent des contestations bien plus fortes que dans les premières décennies de la réforme. On comprend pourquoi un dilemme redoutable se pose aux dirigeants : assumer un capitalisme hybride et la reconduction de l'expansion internationale, et défendre la stabilité politique à tout prix ; ou bien réformer de fond en comble l'économie politique chinoise, avec le risque de saper les bases du pouvoir politique.

Au cours des premières décennies de la réforme, la Chine a défié avec succès le dilemme de Tocqueville, pour qui le moment le plus dangereux pour un pouvoir est celui où il commence à se réformer. L'abandon de toute réforme politique majeure a laissé se poursuivre la croissance par l'accumulation, et a abouti à la formation de rentes de situation sans précédent.

C'est ce résultat qui bloque aujourd'hui la réforme économique. Ce ne sont pas seulement les dirigeants individuels et leurs familles qui ont partie liée avec un modèle de développement sur lequel ils prélèvent leur dîme. Grandes entreprises d'État, banques publiques, autorités locales et classes urbaines aisées ont assis leur prospérité sur ce modèle. L'inégalité chinoise a atteint le niveau qui est traditionnellement celui du Brésil. Le Parti communiste chinois peut-il trouver un Lula en son sein ? A-t-il la vision qui lui permettrait de se séparer de ceux-là mêmes qui sont ses piliers ?

CHAPITRE 3

Des mondes séparés

La Chine est bien loin en apparence de la stagnation brejnévienne qui caractérisa les dernières décennies de l'Union soviétique. Elle se métamorphose physiquement, à mesure qu'elle devient, littéralement, le plus grand producteur d'objets au monde. Pour bien rendre compte de l'affaire de Chongqing, il faudrait aussi évoquer son cadre : une ville-champignon tentaculaire, où arrestations et suicides se déroulent au sein de luxueuses villas et appartements de fonction, où grands hôtels et boîtes de nuit pullulent. Mais où le chef local du Parti vit dans un casernement militaire, tout de même.

Un succès éclatant

La Chine a largement échappé aussi jusqu'ici aux premières conséquences de la grande crise de la finance globalisée. On ne peut pas ne pas y voir une conséquence du contrôle de son économie et de ses comptes extérieurs. Indiscutablement, le pays est dirigé par en haut, tenu par un Parti-État qui doit bien avoir une part de responsabilité dans ces succès. Et, d'ailleurs, dans quel pays le chef de gouvernement se voit-il contraint de promettre à ses partenaires étrangers une *diminution* des excédents commerciaux ? Dans quel pays doit-il exiger une *réduction* de la croissance économique ? Le Premier ministre Zhu Rongji (1998-2002) a souvent été dans le premier cas, Wen Jiabao s'est trouvé dans le second en 2011. Quand il s'est engagé ainsi, les observateurs doutaient qu'il parvienne à diminuer la croissance à 7 % par an pour le 12e Plan chinois (2011-2015). Le régime manifeste par ailleurs avec éclat son ascension internationale, des jeux Olympiques aux lancements spatiaux. Et il se définit de plus en plus souvent par les caractéristiques chinoises de sa gouvernance : le monopole du Parti communiste accompagné de mécanismes internes de contrôle, une gestion hybride qui associe l'action publique et l'appel aux intérêts privés et aux mécanismes du marché, le guidage de l'opinion publique et la réactivité aux tensions qui traversent la société. Des sondages internationaux semblent indiquer que les Chinois sont satisfaits à 82 % de « la direction dans laquelle vont les choses dans leur pays[1] ». Le pourcentage est stable depuis 2005. On peut douter de la fiabilité de résultats dépourvus de méthodologie explicative. Mais comment ne pas relever que de tous les pays du G20, seule l'Allemagne atteint 50 % de satisfaits ? En France et aux États-Unis, ce pourcentage est en 2012 de 29 %, d'après la même étude. En somme, grâce à l'hypercroissance économique, le Parti communiste chinois serait bien plus populaire que les gouvernements démocratiques.

1. Sondage 2011, Pew Global Attitudes Project, Pew Research Center, http://www.pewglobal.org/database/?indicator=3http://www.pewglobal.org/database/?indicator=3&group=11&response=Satisfied.

Les doutes de l'opinion publique

Et pourtant, à l'occasion de l'agitation patriotique d'août 2012 autour des îles disputées par la Chine au Japon, un internaute chinois pose une question simple sur Weibo, le Twitter chinois : « Préféreriez-vous que votre enfant, s'il était né aux îles Diaoyutai, soit japonais, taïwanais, hongkongais ou chinois continental ? » Avant que la censure n'intervienne, des milliers de réponses déferlent, qui placent Taïwan en premier et la Chine continentale en dernier, derrière le Japon ! La conscience patriotique n'exclut pas un très fort sentiment d'insatisfaction et d'infériorité[2]. C'est dire que les sondages effectués par des organismes internationaux bien encadrés en Chine restent sujets à caution.

En fait, le sentiment se répand en Chine que chaque génération de dirigeants est de moindre qualité et possède moins d'autorité que celle qui l'a précédée. Quant aux dirigeants, ils déploient une obsession sécuritaire à la mesure de leurs moyens budgétaires. C'est souvent dans leurs discours que se lit le sentiment d'insécurité d'un pouvoir qui veut parer à toutes les éventualités. Les « trois maux » – séparatisme, terrorisme et extrémisme religieux –, mais aussi le complot occidental pour subvertir le régime, semblent menacer la Chine. Le budget de la sécurité, à 702 milliards de yuans[3] en 2012, a dépassé le budget militaire (670 milliards

---

2. Le sondage, accessible sur http://vote.weibo.com/vid=1960887&source=feed (consulté le 23 août 2012) a également été rapporté par Helen Gao dans *The Atlantic* (http://www.theatlantic.com/international/archive/2012/08/diaoyu-in-our-heart-the-revealing-contradictions-of-chinese-nationalism/261422/).

3. Ce chiffre englobe à la fois les dépenses policières et celles, plus larges, pour la « préservation de la stabilité ou *"weiwen"* » : par exemple, la surveillance d'Internet et de l'opinion publique. Il inclut aussi les dépenses des administrations locales.

de yuans), lui-même en hausse rapide et régulière depuis une génération.

Pourquoi tant de certitudes sont-elles accompagnées par un si vif sentiment d'insécurité ? Pourquoi une croissance qui, en trente-quatre ans, a porté le produit national par habitant de 278 dollars à plus de 5 000 dollars s'accompagne-t-elle d'un tel sentiment de précarité, et d'une telle déconsidération des dirigeants actuels ? Cela s'explique par deux raisons. Le pouvoir central est moins omniprésent, laissant des marges de manœuvre à la société comme aux cadres locaux. Et, de plus, il pratique la « direction collective » : il est donc bien plus anonyme que dans le passé.

Ce pouvoir – et c'est profondément positif – est moins intrusif qu'autrefois dans la vie quotidienne des Chinois, et surtout leur vie privée. Il peut par conséquent être plus souvent ignoré, pour qui n'a pas de volonté d'expression ou d'action particulière. La Chine a connu les redoutables « mouvements de masse », les dénonciations mutuelles, les autocritiques, l'interdiction quasi complète des intérêts et même des sentiments individuels à l'ère totalitaire. Désormais, dans de nombreux domaines de leur vie, les Chinois ne rencontrent plus visiblement la main du politique. Leur vie privée, leur consommation, leurs distractions et leur culture comportent des choix impensables il y a seulement vingt ans, y compris pour les habitants des régions urbaines la liberté de voyager à l'étranger. La liberté de parole hors des lieux et enceintes publiques est totale. Il est possible de vivre en oubliant à la fois le régime et ses zones sensibles, à condition de ne pas s'en approcher et de ne pas avoir d'activité publique concernant ces zones sensibles : critique politique et dénonciation des abus, religions révélées indépendantes, syndicalisme non officiel, et bien sûr apologie d'autres systèmes ou partis. L'analogie avec la phase de dégel vers des régimes semi-autoritaires est évidente[4].

Du coup, dirigeants et dirigés peuvent vivre dans deux mondes séparés. En 2004, lors d'un banquet officiel en France, une personnalité politique française interroge Hu Jintao sur les avantages qu'il y aurait, en Chine aussi, à instaurer l'élection du président chinois au suffrage universel. Hu répond sobrement que c'est impossible, car la plupart des Chinois ne connaissent pas son nom… À l'inverse, il était devenu fréquent, après la mort de Deng Xiaoping en 1997, d'entendre des interlocuteurs chinois, cadres locaux en particulier, exprimer leur indifférence pour les affaires des dirigeants nationaux : ceux-ci n'influençaient pas vraiment leur propre existence, et leurs débats ou conflits, tenus à bureaux fermés, ne rejaillissaient plus sur les échelons inférieurs. Entre les échelons locaux et le pouvoir central, il existe une multitude d'échelons intermédiaires, notamment pour la désignation des responsables. C'était une nécessité vitale que d'avoir des « parrains » et d'appartenir à un réseau de clientèle politique sous le système maoïste, où les affrontements factionnels se propageaient du sommet à la base. Le clientélisme et le réseau relationnel – *guanxi*[5] et *xitong*[6] – sont toujours importants en Chine. Ils restent, à un niveau élevé qui est celui de l'accès au Comité central, plus déterminants que les critères de performance mis en place par le Département à l'organisation du Parti[7]. Mais il est beaucoup plus rare qu'ils engagent la survie physique ou même politique.

---

4. Juan Linz, pape de l'école de sciences politiques de la transition, a bien décrit cette évolution lente de régimes européens : Juan J. Linz, *Totalitarian and Authoritarian Regimes*, Boulder, Lynne Rienner, 2000.

5. 关系.

6. 系统.

7. Victor Shih, Christopher Adolph et Mingxing Liu, « Getting Ahead in the Communist Party : Explaining the Advancement of Central Committee

Loin du centre, la libéralisation par défaut

Le pouvoir central a toujours dû lutter pour surveiller et contrôler les échelons locaux. Naguère, c'était avec des campagnes de masse où l'on encourageait la dénonciation des abus, et où l'on « rectifiait » les cadres locaux. Aujourd'hui, c'est avec l'instauration de critères quantitatifs que l'on juge de l'action des cadres. Les commentaires présentent souvent cette méthode comme nouvelle – elle serait née de la constatation de l'impréparation des administrations locales lors de la célèbre épidémie du SRAS, la grippe aviaire, en 2003. Bien plus fondamentalement, l'action de l'État-parti – qu'il s'agisse d'objectifs économiques ou de « campagnes de masse » – s'est toujours appuyée sur des objectifs quantitatifs. Mais la création d'une évaluation des cadres à partir de plusieurs critères pondérés est bien une nouveauté. Le célèbre Département à l'organisation du Parti adopte les méthodes d'une direction des relations humaines, comme pour une grande entreprise. Cette modernisation a ses limites : ainsi, la Commission d'inspection et de contrôle du Parti peut décider d'elle-même pour les cadres d'une garde à vue sans statut légal, plaçant alors des suspects sous « double régulation[8] », au secret et hors du système judiciaire.

L'apparente indifférence des cadres locaux aux débats politiques nationaux est aussi une forme d'autodéfense, et une façade vis-à-vis des interlocuteurs étrangers. Mais elle est partagée par une nouvelle vague de chercheurs étrangers,

---

Members in China », *American Political Science Review*, 2012, vol. 106, n° 1, p. 166-187.

8. *Shuanggui*, 双规.

politologues ou sociologues, qui vont chercher le changement en Chine sur le plan local, et qui y retrouvent une très vieille thèse sur la bureaucratie chinoise : la présence et l'influence de celle-ci, très fortes au sommet, s'affaiblissent et même disparaissent à la base.

L'essor de l'économie et de la société locale favorise en effet la fragmentation[9] des administrations, et une tendance centrifuge au profit des pouvoirs locaux. Celle-ci n'a rien de nouveau dans l'histoire chinoise. Un des plus grands dilemmes de la bureaucratie impériale était le contrôle des magistrats locaux, et leur capacité d'action sur une société trop vaste pour être administrée directement. Sous le maoïsme, le pouvoir central a souvent lutté contre le « localisme » (*difangzhuyi*[10]) et fait face à des phases de débâcle (fin du Grand Bond) ou d'anarchie (apogée de la Révolution culturelle) quand l'État s'effondrait sur le plan local. Mais cette fois-ci, le succès même de la réforme et de l'ouverture économique ainsi que le retrait de l'État-parti de nombreux domaines de la vie ont modifié l'équilibre entre État et société. Si l'État central a gardé ou même élargi ses capacités de décision et d'action, l'enrichissement local a créé une marge immense qu'utilisent les autorités locales : à elle seule, la vente des droits à construire leur a créé un formidable revenu. Sous le maoïsme, l'individuel était l'exception à la règle collective. Depuis 1978, ce qui n'est pas explicitement revendiqué par l'État est du ressort de la société et de l'initiative individuelle. La situation actuelle est à la fois le résultat d'une libéralisation économique à la base, et celui d'une limitation croissante des possibilités de contrôle par en haut.

9. Kenneth G. Lieberthal, « The "Fragmented Authoritarianism" Model and Its Limitations », *in* Kenneth G. Lieberthal, David M. Lampton (dir.), *Bureaucracy, Politics and Decision-Making in Post-Mao China*, Berkeley, University of California Press, 1992.

10. 地方主义.

Négativement, cela veut dire que corruption et arbitraire menacent l'administration locale, ressuscitant ce que Mao appelait déjà en 1927[11] les « tyrans de village » (*tuhao*[12]). Mais de façon positive, cela signifie que la rétraction du pouvoir politique central a ouvert la voie à une vie locale diversifiée, animée par des acteurs plus autonomes : cadres locaux élus, juges et avocats, associations trop nombreuses pour être entièrement contrôlées d'en haut.

Un théâtre d'ombres

Dans les deux cas – décomposition ou au contraire renaissance de la sphère locale –, le pouvoir politique central s'en trouve dévalorisé. Il ne contrôle plus ses relais administratifs locaux trop complexes, ni l'effervescence de la société civile renaissante. La Chine est un pays très fragmenté plutôt que décentralisé, qui a même failli jusqu'en 1994 laisser ses recettes fiscales échapper à l'État central au profit des localités. Bien des analyses, à commencer par celles de conservateurs chinois[13], ont alors prédit un éclatement de l'État ou même du pays, sur le modèle de la Yougoslavie. L'État a pourtant repris la main sur les impôts, comme sur d'autres sujets essentiels : l'idéologie et la censure, la politique territoriale, les principaux leviers économiques. Mais la quasi-totalité des carrières, et d'abord celles des cadres qui ne sont pas au sommet de la pyramide, se déroulent toute leur vie dans une seule et même province. Il n'est pas étonnant que pour une très grande partie

11. Mao Tsé-toung, *Rapport d'enquête sur le mouvement paysan du Hunan*, 1927.
12. 土豪.
13. Wang Shan, *Le troisième œil regarde la Chine (Di sanzhiyanjing kan Zhongguo)*, Taiyuan, Presses populaires du Shanxi, 1994.

de ces cadres, et pour les élites urbaines extraverties vers la consommation et l'économie globales, la politique nationale et son cadre officiel soient un théâtre d'ombres.

La libéralisation est donc à la fois une perte d'autorité subie, et un processus par défaut – tout ce qui n'est pas interdit est au moins toléré. Elle produit un effet pervers qui réside dans la perte de stature et tout simplement d'importance des dirigeants nationaux et de l'État-parti aux yeux de la population. La dévalorisation du politique suit sa perte d'influence relative. La culture politique chinoise véhicule à la fois la défense des humbles et de l'individu opprimé, mais aussi l'admiration de la force et le culte de l'audace.

Qu'on songe à la trajectoire d'un Zhang Yimou, ce cinéaste de talent qui s'est rendu célèbre avec *Qiuju, une femme chinoise* (1992), son illustration d'une plaignante ordinaire en appelant aux autorités supérieures du Parti pour se faire rendre justice contre les cadres locaux. Mais Zhang tourne ensuite *Hero* (2002), un hymne au despote unificateur fondateur de la dynastie Qin avec toutefois, en contrepoint, un éloge de la maîtrise de soi taoïste. Et il devient en 2008 le metteur en scène officiel des jeux Olympiques de Pékin, avec leur scénographie néoclassique inspirée de la fin de l'empire Qing. En vingt ans, Zhang est ainsi passé de la confiance en la probité des dirigeants à l'apologie de leurs prédécesseurs impériaux. Son évolution est parlante. Les dirigeants actuels ne bénéficient plus de l'aura de la réforme, souvent considérée comme un leurre officiel. Et ils ne peuvent capter une nostalgie qui se dirige vers les despotes passés pour leur efficacité.

Et pourtant, la perte de prestige des dirigeants chinois actuels ne devrait-elle pas être portée à leur crédit ? Désintérêt pour la politique et dépolitisation représentent en eux-mêmes un progrès, après une dictature omniprésente. La désacralisation du politique et la banalisation de ses dirigeants sont le pain quotidien de la démocratie. Il suffit, à l'inverse, de se reporter aux images des funérailles en décembre 2011 du « cher dirigeant » Kim Jong-il en Corée du Nord, avec l'hystérie et les pleurs imposés à la population, pour comprendre d'où la Chine est revenue.

La direction collective, un principe de précaution

Il existe une seconde raison à la dévalorisation des dirigeants politiques en dépit des succès de l'ouverture et des réformes. La démaoïsation qui a suivi la Révolution culturelle ne se résume pas à la rétraction d'une sphère politique devenue dévorante sous le règne du tyran. Ce n'est qu'en partie une libéralisation politique. Elle marque aussi, pour ses collègues survivants et revenus au pouvoir, le retour et l'accentuation d'un système de direction collective qui limite fortement l'initiative individuelle de tous les dirigeants, y compris le premier d'entre eux. Cette tendance-là n'a cessé de se renforcer, avec la mise en place de règles, écrites ou non, et de mécanismes d'autocontrôle qui enserrent le Parti. Quoique la prose officielle chinoise parle de « démocratie » dans ce contexte, on reste très loin de la séparation des pouvoirs ou même de la notion de responsabilité de l'État-parti devant une juridiction quelconque. Ce qui, en France par exemple, ne s'est imposé qu'en 1873, avec l'arrêt Blanco permettant au citoyen d'attaquer un agent de l'État devant une juridiction administrative, n'existe pas en Chine[14].

---

14. L'arrêt Blanco a fondé la jurisprudence de la responsabilité administrative en France. Voir http://www.legifrance.gouv.fr/affichJuriAdmin.do?idTexte=CETATEXT000007605886&dateTexte=.

La révulsion devant les effets du maoïsme et la recherche de la sécurité, personnelle et politique, par les dirigeants, ont eu des conséquences de plus en plus fortes. Dans un premier temps, c'est tout simplement la quasi-totalité des membres du Comité central désigné en 1956, avant les tempêtes déclenchées par Mao dans le Parti, qui retrouvent leurs fonctions après la mort de celui-ci. La liste inclut à la fois ceux des dirigeants de 1956 qui ont survécu aux purges ultérieures, quand ils ont survécu, et ceux qui ont conservé la faveur de Mao jusqu'à sa mort. Les perdants sont les nouveaux venus de l'époque, promus à la faveur de la Révolution culturelle.

La fin de la « lutte entre les deux lignes »

À la lettre, la démaoïsation à l'intérieur du Parti a donc été une restauration du Parti contre son chef abusif, autant qu'une libéralisation pour la population. La réhabilitation des victimes ne s'est pas faite au détriment des dirigeants en place avant la Révolution culturelle, mais de ceux qui avaient été promus par celle-ci. Cas classique, la réhabilitation, décidée en décembre 1978, profite non seulement aux victimes de la Révolution culturelle, mais à celle du mouvement antidroitier de 1957. Ce « renversement des verdicts » est alors confié à Peng Zhen. Or, il avait été le principal exécutant de ce mouvement à Pékin en 1957. La démaoïsation a donc mis entre parenthèses vingt ans de convulsions pour revenir à l'âge d'or du Parti, de 1952 à 1956, sans doute sa seule période de relative stabilité interne.

1989 et la crise de Tiananmen ont représenté une deuxième étape, qu'à vrai dire Deng Xiaoping avait déjà amorcée à l'automne 1986. Il avait alors désavoué les projets de libéralisation politique de son dauphin Hu Yaobang. À plusieurs reprises, d'abord dans le domaine artistique et intellectuel, puis dans celui du débat économique, ce dernier avait voulu aller plus loin. Pour Deng Xiaoping, en 1986 comme en 1989, ce sont les divisions au sommet du Parti, le jeu des factions et le débat ouvert qui ont conduit à l'engrenage de Tiananmen. Oppositions et irrésolution ont encouragé les manifestants, mettant en danger le régime. On l'oublie aujourd'hui, en 1989 l'armée s'est dans un premier temps divisée autour de l'opportunité d'appliquer la loi martiale. Le Comité permanent de l'Assemblée nationale avait la capacité théorique, selon la Constitution, de révoquer la loi martiale. Certains de ses membres ont tenté une convocation urgente de celui-ci : de retour des États-Unis, le libéral Wan Li, président de l'Assemblée nationale, fut même retenu quelques jours à Shanghai « pour raisons de santé » afin d'éviter cette éventualité.

Bref, en mai-juin 1989, le Parti a donné des signes d'éclatement. Un coup d'État légal, qui aurait permis au Parlement, jusque-là croupion, de mettre en échec une décision du Parti, a failli avoir lieu. Pour éviter ce risque à l'avenir, Deng a voulu renforcer le caractère collectif de la direction, et empêcher le jeu des factions politiques ou idéologiques. Pour cela, il a considérablement renforcé la protection du secret dans tous les domaines, mais d'abord concernant les débats des dirigeants.

Progressivement, les réformes et l'ouverture vont reprendre, à partir de 1992. Deng lance la course aux investissements étrangers, puis son successeur désigné, Jiang Zemin, va considérablement élever le degré de coopération internationale de la Chine. Mais le rassemblement autour d'un « noyau central » de dirigeants, et l'omerta sur les divergences au sommet demeurent la règle. Une seconde fois, la mémoire historique, cette fois-ci concernant 1989, est effacée des chroniques officielles. Pour surmonter les convulsions inhérentes au système de « luttes de ligne » qu'avait instauré Mao, le Parti a proscrit à la fois celles-ci et leur mémoire.

La « boîte noire »

L'arrivée au pouvoir de Hu Jintao en 2002 constitue une étape supplémentaire. Deng lui-même l'avait identifié et promu au sein de la « quatrième génération », mais Hu doit aussi composer avec les vétérans de la génération précédente, à commencer par Jiang Zemin lui-même : à ce jour, toutes les rumeurs depuis 2002 concernant la fermeture du bureau personnel de Jiang, sa maladie ou sa mort imminente se sont révélées infondées. À la différence évidemment de Deng après 1984, et même de Jiang, Hu n'est qu'un *primus inter pares* au sein de la direction collective. En mettant l'accent sur les procédures et les coutumes (telles que la limite d'âge) de la direction collective, en prônant l'« harmonie » sur toute autre valeur, Hu cherche à limiter toujours plus les risques politiques inhérents aux conflits internes du Parti.

La démarche a payé : sans avoir constitutionnalisé son système politique, toujours soumise au Parti, la Chine a connu une seconde décennie de stabilité politique, instaurant une prévisibilité apparente de la succession politique elle-même. Dès 2007, les observateurs étaient si bien persuadés du nom des successeurs implicitement désignés pour 2012 (Xi Jinping et Li Keqiang) – au terme de deux mandats de cinq ans pour le tandem dirigeant – que les vrais aficionados pariaient sur les noms des successeurs potentiels… en 2022, pour ce qui serait la « sixième génération » de dirigeants. En tête de ces pronostics, Hu Chunhua, responsable de la Mongolie-Intérieure, issu de la Ligue de la jeunesse, et Sun Zhengcai, responsable du Jilin (Nord-Est), ancien ministre de l'Agriculture : rendez-vous en 2022 pour l'arrivée de la course. Après avoir inventé la machine à remonter le temps, en revenant au Parti de 1956, on inventait ainsi celle à inventer l'avenir, ou plutôt à l'enserrer à l'avance.

En dehors d'analyses sociologiques (dont la plus populaire reste l'opposition entre « fils de prince » et cadres issus des Jeunesses communistes, la « Ligue ») ou générationnelles (après les combattants, les ingénieurs, et après les ingénieurs, les technocrates ou les financiers…), on ne sait à peu près rien des débats au sommet du Parti depuis 1989, et rien depuis 2002. S'il subsiste des alignements factionnels aussi forts que le clivage entre conservateurs et réformateurs avant 1989, nous n'en savons rien non plus : la politique au centre du pays est redevenue une « boîte noire ».

CHAPITRE 4

La traversée du fleuve ou l'impossible transition politique

Du milieu dirigeant s'échappent seulement informations ou rumeurs sur les enfants, « fils de prince » mis aux commandes de l'économie, ou bien pourvus d'un train de vie éblouissant, et parfois aussi à l'occasion d'un débordement public de la vie privée de certains. Les maîtresses sont un sujet inépuisable, en dessous toutefois de l'échelon suprême du pouvoir : les 18 liaisons simultanées attribuées à Liu Zhijun, ministre des Chemins de fer destitué en 2011, constituent un record publiquement inégalé. Encore que… En 1999 le maire de Daqing (la cité pétrolière du Nord-Est) a été accusé, entre autres, par un journaliste investigateur d'avoir entretenu simultanément 29 maîtresses[1]. On peut citer aussi la saga de la Franco-Vietnamienne Li Wei, rebaptisée « maîtresse publique » par le premier hebdomadaire financier chinois. Elle était devenue une riche femme d'affaires après ses liaisons supposées avec un gouverneur du Yunnan, un vice-maire de Pékin responsable des jeux Olympiques, le P-DG de Sinopec (alors seconde capitalisation boursière au

1. Le reportage du journaliste Jiang Weiping, paru en juillet 1999 dans le magazine *Qianxian* (*Avant-Garde*) à Pékin, est disponible en anglais sur http://cpj.org/awards/2001/jiang.php#jiang1. Jiang Weiping a ensuite fait six ans de prison et vit aujourd'hui à Hong Kong.

monde…), le ministre des Finances et d'autres, beaucoup d'autres[2]… Nombre de ses amants sont aujourd'hui en prison pour corruption, souvent à vie, mais Li Wei a eu un sauf-conduit pour Hong Kong.

La préférence pour la stabilité

Cette version chinoise de la dérive « people » du politique ne remplace pas une bonne analyse politique. Or le picaresque qui émerge parfois des vies privées n'en fait que plus ressortir la grisaille politique. C'est ici que l'idée d'une inexorable « stagnation brejnévienne » prend son sens, sur le plan politique tout au moins. Ce pouvoir se protège des débats qui se déroulent au-dessous de lui – à la différence des années 1980 quand, dans la tradition maoïste, les ailes concurrentes du Parti inspiraient ou protégeaient des médias et des intellectuels publics. L'impossibilité de discerner les positions individuelles des dirigeants est évidemment un des moyens de pacifier leurs rapports. Hu Jintao, en particulier, cultive avec obstination l'ambiguïté. La distance mise avec les affaires locales et la société facilite aussi l'immunité de fait pour les dirigeants centraux.

Les exceptions à cette immunité sont rares. Elles témoignent de la persistance des factions personnelles, et apparaissent en période de tension politique. En 1995, Chen Xitong, patron du Parti de Pékin, sichuanais comme Deng, est purgé pour corruption, dans un contexte où Jiang Zemin se libère de l'emprise des proches de Deng après le décès de

2. Portrait dans *Caijing* (*Finances*), 19 février 2011, http://blog.caijing.com.cn/expert_article-151485-17010.shtml, consulté le 11 février 2012.

celui-ci. En 2006, Chen Liangyu, chef du Parti de Shanghai, proche de Jiang Zemin, est accusé de corruption à un moment où le tandem Hu-Wen réoriente croissance et investissements vers l'intérieur du pays, contre la faction shanghaïenne et côtière de Jiang. Chen Xitong et Chen Liangyu ont été accusés de corruption et condamnés à des peines de prison, leurs subordonnés ayant parfois moins de chance. Jamais une divergence de ligne ni même une activité factionnelle ne sont invoquées officiellement à leur sujet.

Stabilité, pacification, évitement du risque : chaque génération de dirigeants depuis la fin de la Révolution culturelle améliore ces paramètres. En somme, ils représentent, pour un parti léniniste dont la culture politique était enracinée dans la violence, l'équivalent du principe de précaution des sociétés démocratiques.

Beaucoup de conflits, peu de violence

On arrive à ce paradoxe : les héritiers de la révolution violente, dont les convulsions ont provoqué des dizaines de millions de morts après la prise du pouvoir, incarnent aujourd'hui l'ordre et la stabilité. Ils retrouvent ainsi la doctrine du confucianisme politique, qui préfère l'ordre à la justice : c'est exactement ce contre quoi la révolution chinoise s'était insurgée, depuis le mouvement du 4 mai 1919 jusqu'au fameux précepte de Mao au lancement de la Révolution culturelle : « On a raison de se révolter. »

Sans aucun doute possible, la société chinoise redoute deux formes de chaos (*luan*[3]). La première proviendrait de

3. 乱.

l'absence de pouvoir ou d'administration publique : aux marges de l'ordre, on trouve la barbarie. Mais la seconde est illustrée par la guerre civile, qu'il s'agisse de la Révolution culturelle ou même des Royaumes combattants, quand plusieurs centres de pouvoir ont mobilisé la société au service de leurs conflits. Par un extraordinaire renversement, l'État-parti peut aujourd'hui exploiter cette peur du chaos. Il se pose en garant de l'ordre, contre une violence inhérente à la société et contre le désordre politique qu'entraînerait le recours à une démocratie pleine et entière. Parce que Mao avait manipulé ce qu'il appelait la « grande démocratie », c'est-à-dire l'appel aux masses et l'incitation à la violence, l'idée même de conflits sociaux ou politiques est discréditée par ses successeurs.

Or la société chinoise reste conflictuelle, surtout dans ses rapports avec le pouvoir local. L'atteste la montée constante du nombre d'« incidents de masse », un terme générique qui désigne aussi bien émeutes, manifestations et grèves : autrement dit, les chiffres révèlent autant la rigidité des institutions que la propension à la contestation publique, violente ou non. En 1993, la police en recensait moins de 9 000. En 2005, 87 000. En 2010, à défaut de statistique publique, un sociologue bien informé en évalue le nombre à 180 000[4]. Une grande partie de ces incidents est liée à la défense de droits individuels ou collectifs. Cela explique que le recours à la violence soit parfois justifié aux yeux d'une partie de l'opinion. Des actes individuels extrêmement violents sont ainsi devenus des causes populaires ces dernières années. Yang Jia, un jeune sans emploi qui, après avoir été interpellé et battu par la police à Shanghai en 2008, s'en est pris à un commissariat et a tué six policiers, a

4. Sun Liping, professeur à l'Université de Pékin, *Jingjiguanchabao*, 25 février 2012.

bénéficié d'une sympathie surprenante avant d'être condamné à mort et exécuté : les brutalités policières sont en effet redoutées par la population. Deng Yujiao, une jeune femme violée dans un hôtel par des cadres locaux en 2009, et qui avait poignardé l'un d'entre eux, a été acquittée après une campagne Internet en sa faveur. Plus gravement, une série noire d'attaques d'écoles maternelles entre mars et mai 2010, toujours par des individus isolés, a fait des dizaines de victimes parmi les écoliers : les autorités ont dû interdire la publicisation de ces actes pour en dissuader la répétition. L'extrême frustration d'une société où les moyens économiques conditionnent mariage et descendance explique sans doute cette épidémie.

L'essor des forums Internet a aussi entraîné celui des « moteurs de recherche de chair humaine » (*renrou-sousuo*[5]) : des sites spécialisés où, parfois par milliers, des internautes justiciers déclenchent des chasses à l'homme contre des cibles amenées par l'un d'entre eux. La résurgence des mouvements de masse maoïstes est ici évidente : même la phraséologie officielle du Parti évoquait autrefois les « excès » de ces mouvements.

L'importance et le nombre des mouvements de protestation, l'existence de cas de violence extrême, et le déchaînement virtuel des passions sur les réseaux sociaux montrent une société qui reste en forte tension.

Conflictuelle, surtout avec l'autorité, la société chinoise n'est pourtant pas globalement si violente. Après trente ans de hausse, le nombre de crimes reste faible. Toutefois, comme pour bien des statistiques, les chiffres concernant les homicides varient d'une façon qui peut seulement être décrite comme fantaisiste. Stables, en déclin ou en augmentation ? En 2005, il y aurait eu 31 000 homicides, dont

5. 人肉搜索.

20 000 meurtres – un chiffre rond du ministère de la Sécurité publique repris par le Livre bleu sur le droit de l'Académie des sciences sociales chinoise, et fréquemment cité depuis lors. Mais, en 2008, un rapport de l'ONU relève à partir de statistiques officielles chinoises 14 811 homicides, soit 1,1 homicide pour 100 000 habitants[6]. Ce dernier taux serait inférieur au taux (1,4) constaté en France en 2008, quatre fois plus bas qu'en Inde, six fois plus bas qu'en Indonésie, vingt fois plus bas qu'au Brésil… Comme d'habitude avec la Chine, les chiffres restent incertains. Ainsi, la Chine annonce un taux d'élucidation des homicides proche de 90 %. Mais le chiffre est étrangement incompatible avec l'annonce faite par le ministère de la Sécurité publique d'une campagne nationale aboutissant en 2011 à l'arrestation de 12 000 suspects d'assassinat[7]. Qu'il y ait 14 000 ou 30 000 homicides par an en Chine, c'est de toute façon une proportion moindre que dans la quasi-totalité des autres pays émergents ou en développement, et moins qu'en Russie ou aux États-Unis.

Le réveil moral de la société

Traditionnellement, la société chinoise est considérée comme passive et publiquement indifférente à la violence ou à la souffrance. Le grand écrivain et critique progressiste Lu Xun a dénoncé cette culture d'indifférence (*kanke wenhua*[8]), par exemple lors des exécutions publiques auxquelles la

6. United Nations Office on Drugs and Crime, *2011 Global Study on Homicide : Trends, Context, Data*, Vienne, 2011, p. 94.

7. Dépêche Xinhua du 17 décembre 2011, http://www.china.org.cn/china/2011-12/17/content_24181121.htm.

8. 看客文化.

population assistait sans mot dire. Mais il faut se garder de généralisations hâtives. La culture de l'indifférence existe toujours, mais les réseaux sociaux ont créé une culture de l'indignation démonstrative, qui prend justement pour cible la passivité traditionnelle. En octobre 2010, la tragédie de Yue Yue, une petite fille de 2 ans, écrasée à Foshan par plusieurs véhicules à la suite sans que les passants interviennent, a été un révélateur – grâce aussi aux caméras de surveillance. Quelques mois plus tôt, la découverte d'une autre enfant dans un wagon quarante-huit heures après l'accident de TGV de Wenzhou (et très peu de temps avant l'enfouissement hâtif du train sur place) avait également ému. Ces histoires ont fait le tour de la Chine et suscité une révulsion collective devant l'état de la société, impitoyable avec les faibles. La passivité et l'inaction devant la souffrance d'autrui sont dans la tradition chinoise. Mais l'indignation sur les réseaux sociaux est une nouveauté, qui ressuscite la critique de la société traditionnelle ou de l'autorité. Le drame du tremblement de terre du Sichuan en 2008, où des milliers d'enfants sont morts dans des écoles construites en briques au moindre coût, a suscité une indignation que les autorités ont enrayée avec difficulté.

La société chinoise renoue aussi avec des formes d'activisme charitable, palliant les carences publiques. Ainsi en va-t-il justement de l'élan des ONG et du volontariat pour venir en aide aux victimes du tremblement de terre du Sichuan de 2008. Ils retrouvent la tradition de charité privée qui coexistait avec l'indifférence la plus totale dans la Chine précommuniste : lors des grandes famines de la première moitié du XXe siècle, associations marchandes, Églises, Croix-Rouge locales étaient très actives. Beaucoup plus qu'au Japon à la même époque, où les distinctions féodales avaient légué une barrière plus forte entre les catégories sociales.

Il est donc trompeur de présenter aujourd'hui la société chinoise comme intrinsèquement chaotique ou amorale, et l'autorité comme seul principe fédérateur susceptible d'apporter ordre et stabilité. Or c'est en se présentant comme un rempart que le régime justifie son immobilisme politique et la préférence pour la « société harmonieuse » plutôt qu'au jeu des forces politiques et sociales. Et il conserve non seulement le monopole juridique de la violence, comme tout État, mais aussi une dissuasion politique des plus efficaces contre les protestataires.

La peine de mort, un révélateur

La situation de la peine de mort en Chine illustre bien les responsabilités respectives de la société et du pouvoir. Il persiste là-dessus une méprise. On croit que la Chine applique la peine de mort aussi communément parce que la société y serait très favorable, comme d'ailleurs dans l'ensemble de l'Asie. Au nom de ce culturalisme, les valeurs différeraient complètement de celles qui ont cours en Europe, où l'abolition a eu lieu, et même aux États-Unis, où les opinions sont très conflictuelles.

Or ce préjugé n'est exact que sur un point : la peine de mort est en effet très appliquée en Chine. Mais le consensus sur celle-ci est beaucoup plus réduit qu'on ne le croit. L'usage de la peine de mort, y compris et peut-être surtout pour les délits économiques, reste le plus important au monde. La fondation Duihua (Dialogue) estime encore à 5 000 le nombre d'exécutions en 2009, dont on trouve une trace publique pour 700 seulement d'entre elles[9]. Ce chiffre a diminué à 4 000 en 2011, en raison de la procédure obligatoire d'examen des condamnations individuelles par la Cour populaire suprême instaurée en 2007 : des sources bien informées révèlent que cette seule mesure a fait baisser de moitié le nombre d'exécutions depuis lors, et que la Cour casse environ 10 % des peines de mort prononcées[10]. Un débat officiel sur l'usage de la peine capitale pour les crimes économiques a abouti en 2011 à réduire de 68 à 55 le nombre de motifs retenus – mais la réduction ne concerne que des délits relativement mineurs, tels que le vol d'œuvres artistiques historiques ou la fraude à la TVA ! À titre de comparaison, l'Angleterre victorienne comptait 200 motifs de condamnation à mort (dont l'abattage d'arbres ou la destruction de terriers à lapins...) et le Code criminel de la dynastie Qing en recensait 850, y compris pour défendre l'ordre familial.

Mais la peine de mort est-elle si populaire ? Des sondages d'opinion rapides, et sans grande méthodologie, semblaient l'indiquer en 1995 et 2005. Or une enquête récente et beaucoup plus sérieuse conduite à Pékin, dans le Hubei et le Guangdong dément ces impressions, à moins qu'elle n'indique une évolution récente importante[11]. À défaut d'une mesure valable pour toute la Chine, on peut y apprendre que l'opinion publique des trois régions ne serait qu'à 57,8 % favorable à la peine de mort. Ce pourcentage est

9. « After one year, Duihua unearths 700 executions », 27 novembre 2010, http://duihua.org/wp/?p=2383, consulté le 12 février 2012.

10. Duihua Foundation, 12 décembre 2011, à http://www.duihuanews.org/2011/12/dui-hua-estimates-4000-executions-in.html.

11. Oberwittler, Dietrich & Qi, Shenghui, « Public Opinion on the Death Penalty in China. Results from a General Population Survey Conducted in Three Provinces in 2007/08 », Forschung Aktuell/research in brief 41, Fribourg, Max Planck Institute for Foreign and International Criminal Law. Entreprise par quatre universités européennes, cette enquête est consultable sur http://www.mpicc.de/ww/en/pub/forschung/forschungsarbeit/kriminologie/peking.htm (consultée le 24 février 2012).

inférieur à celui qui existe dans l'opinion américaine, très inférieur à ce qu'il est au Japon et en Corée du Sud, inférieur même aux résultats des sondages effectués en Europe avant l'abolition. Car, en Europe, l'opposition à la peine de mort n'est devenue majoritaire qu'après l'abolition de celle-ci. Lorsque la question est posée par catégorie de crime ou délit, on s'aperçoit que la peine de mort ne recueille en Chine une majorité favorable que pour les meurtres, les viols sur mineurs et le trafic de drogue. Pour tous les autres crimes ou délits – du terrorisme à l'espionnage en passant par le viol, la corruption, la fraude et les falsifications médicamenteuses –, l'opinion est largement opposée à la peine de mort. Aux deux tiers, les Chinois déclarent aussi ignorer le nombre d'exécutions capitales dans leur pays – et ils ont raison, puisque celui-ci est tenu secret. Aux deux tiers également, ils estiment que ce chiffre devrait être public. Placés devant la proposition d'abolir la peine de mort (avec toutefois une peine alternative de prison à perpétuité), les Chinois approuvent alors l'abolition. La faible majorité qui se dégage pour la peine de mort s'explique avant tout par le recours à la vengeance, d'où une approbation concentrée sur les crimes de sang. Dans la Chine traditionnelle, la notion de vengeance – *baochou*[12] – prédominait en effet, et elle demeure vivace.

C'est d'ailleurs l'ensemble de nos préjugés culturels sur l'Asie qui sont à reconsidérer. L'application de la peine de mort y est en recul considérable, même si l'abolition n'a pas eu lieu[13]. À Singapour – l'État le plus enclin au monde aux exécutions capitales –, leur nombre a été diminué par dix depuis 2005, et il est mis fin en 2012 à son application

---

12. 报仇.

13. David T. Johnson, « Asia's declining death penalty », *Journal of Asian Studies*, mai 2010, vol. 69, n° 2, p. 337-346.

automatique pour trafic de drogue, ainsi que pour les meurtres non prémédités[14] : la mesure a suivi une campagne locale d'opinion sans précédent pour obtenir la grâce d'un jeune trafiquant d'origine malaisienne.

En quoi ces débats chinois et asiatiques sur la peine de mort sont-ils importants pour le système politique ? Parce qu'ils révèlent un état de la société et de l'opinion qui est différent de celui que lui prête la tradition – et l'opinion occidentale. Il n'y a plus de société « traditionnelle », pas de consensus évident en faveur de l'exercice rigoureux de l'autorité. Si les conflits politico-sociaux sont innombrables en Chine, le cliché d'une société dont la violence nécessiterait une dictature protectrice doit être revu.

La division de l'opinion, et des opinions, sur la peine de mort révèle aussi en Chine une défiance envers les autorités. Une large majorité de Chinois estiment que la peine de mort est plus appliquée contre les pauvres que contre les riches. L'opposition à la peine de mort dans des crimes et délits autres que le meurtre ou le trafic de drogue reflète-t-elle aussi une telle méfiance ? Un cas récent pourrait en illustrer les raisons. À Wenzhou, une région phare pour les prêts clandestins en Chine, une richissime femme d'affaires, Wu Ying, réputée être devenue à 31 ans la sixième fortune de Chine, est menacée d'exécution pour son rôle dans des financements clandestins. Or ceux-ci sont une plaie systémique, et Wu Ying a mis en cause les autorités locales : sa condamnation à mort était sans doute avant tout un moyen de s'assurer de son silence définitif, et de punir celle par laquelle le scandale arrive. En mars 2012, le Premier ministre Wen a évoqué son cas en pointant la responsabilité des réseaux de prêts

14. Dépêche Bloomberg, 9 juillet 2012, http://www.bloomberg.com/news/2012-07-09/singapore-plans-to-exempt-more-criminals-from-death-penalty-1-.html.

clandestins et en invitant la justice à « rechercher la vérité dans les faits ». Wen lance alors l'offensive contre Bo Xilai et les méthodes héritées de la Révolution culturelle. En avril, la Cour suprême a invalidé la condamnation à mort : les espoirs légalistes et réformateurs battent alors leur plein. En mai, le même tribunal local a de nouveau condamné à mort Wu Ying, mais avec un sursis de deux ans qui présage une commutation de peine. À cette date, le régime a mis sous le boisseau tout débat consécutif à l'affaire de Chongqing. Le calendrier est parlant : le sort de Wu Ying varie avec les oscillations au sommet du Parti…

L'immunité des dirigeants

Au sommet, en tout cas, le régime a banni les éliminations physiques, légales ou non. Il n'y a pas eu une seule exécution ni une seule liquidation physique de dirigeant depuis 1976, et les cadres importants sont rarement condamnés à mort : c'est aussi pour cette raison que les 13 condamnations à mort prononcées pendant la campagne antimafia de Bo Xilai ont inquiété le milieu politique chinois. Même la « Bande des Quatre » ultramaoïste, jugée en 1979, avait eu la vie sauve. Depuis lors, les hauts dirigeants, assez rarement limogés, sont le plus souvent restés membres du Parti. Seuls deux cadres d'envergure nationale ont été exécutés, tous deux pour corruption : un vice-président de l'Assemblée nationale, en 1998, et le directeur de l'Agence de sécurité des aliments et des médicaments en 2008 – après des scandales de fraude et d'empoisonnement qui ont secoué le pays. La constatation, on l'a vu, ne vaut pas pour les subordonnés, mais là encore les peines de mort sont généralement commuées. En dessous de ce niveau, la peine de mort est appliquée fréquemment.

En somme, le régime ne s'applique plus à lui-même les méthodes de lutte politique et les éliminations physiques – alors que la justice ordinaire reste très dure, et appuyée sur la crainte de la violence et du chaos social. Cette immunité et cette omerta au sommet du Parti supposent toutefois que soient contenus ou même étouffés les débats de ligne politique. Car ceux-ci font nécessairement appel à l'opinion publique, et ranimeraient ainsi la lutte factionnelle appuyée sur la manipulation des masses.

Mais en brisant le mécanisme des campagnes politiques et de la mobilisation qu'elles impliquent, le Parti a aussi perdu ses leviers d'influence idéologique sur la société chinoise. Certes, les instruments de coercition sont là, et, comme on le verra, profondément modernisés par les technologies de contrôle et de communication. Les « stimulants matériels » (*wuzhi jianli*[15]), primes marginales à l'ère maoïste, sont devenus une formidable base de légitimation du régime par sa croissance économique. Mais le maoïsme avait gouverné la Chine à l'aide des mouvements de masse, par des campagnes idéologiques. Celles-ci ciblaient des adversaires préidentifiés, ralliant contre eux l'essentiel de la population tout en promouvant les « activistes » (*jijifenzi*[16]), c'est-à-dire souvent les plus déterminés et dépourvus de scrupules des participants. Le verbe lutter était devenu transitif, comme dans « lutter quelqu'un », c'est-à-dire le prendre comme cible d'un mouvement de masse. Cette stratégie tenait parfois de l'envoûtement ou de la catharsis collective, souvent de la manipulation et du marché de dupes, et toujours de la pratique du bouc émissaire. Elle a constitué le

15. 物质奖励.
16. 积极分子.

cadre politique de deux générations de Chinois, de la guerre civile à la Révolution culturelle. Durant cette dernière, en particulier, elle a donné à la majorité de la jeunesse urbaine éduquée l'illusion de la liberté, et d'un rôle politique, y compris contre la « bureaucratisation » (*guanliaohua*[17]). Elle a aussi fourni une interprétation manichéenne de la nouvelle société, où le bien et le mal s'opposaient de façon absolue. Les restaurateurs de la direction collective et du Parti de 1956 ont à la fois banni les « grandes libertés » de la Révolution culturelle, au nom desquelles tant de violences ont été commises, et instauré une sécurité pour la très grande majorité de la population. Le moteur même du changement à l'ère maoïste – c'est-à-dire la dynamique de groupe incarnée par la « ligne de masse », les manipulations et la violence – a été mis de côté.

Le régime lui-même, dira-t-on, pratique ouvertement une répression violente dans certains cas : les manifestations de Lhassa en mars 2008, les émeutes communautaires d'Urumqi en juillet 2009. Dans le premier cas, le régime plaide qu'il a réagi à des manifestations violentes, ce qui est exact, même si cela ne l'exonère pas de la répression contre le clergé tibétain. Dans le second cas, il est incontestable que les affrontements entre Han et Ouïgours à Urumqi ont été violents des deux côtés, avec des meurtres à l'arme blanche et des lynchages. Des peines de mort ont été distribuées de part et d'autre de la barrière ethnique. Empreints d'un communautarisme moderne plutôt que du séparatisme classique, ces incidents avaient pour point d'origine le lynchage d'immigrés ouïgours accusés à tort de viol dans une usine-dortoir du Guangdong, à 3 000 kilomètres d'Urumqi : le responsable Han de cet incident a lui aussi été condamné à

17. 官僚化.

mort. Le régime justifie ainsi la répression violente au nom de la préservation de la stabilité.

La préférence pour la stabilité, l'évitement des risques et le rejet des luttes de ligne ont ainsi fini par enrayer la dynamique des réformes engagées à la suite de l'ère maoïste, et d'abord dans les slogans officiels. Le régime maoïste avait célébré le culte de la volonté. Les successeurs de Deng, plus que Deng Xiaoping lui-même, lui ont substitué celui de l'expérimentation précautionneuse. Au départ, celle-ci se voulait une méthode de la réforme par étapes. À l'arrivée, précaution et conservation l'emportent, car l'unité du parti a coïncidé avec la recherche du plus grand commun dénominateur au sein de celui-ci, qui incarne de plus en plus les intérêts acquis.

L'invention d'un slogan

L'ambivalence entre changement et *statu quo* peut se lire dans les slogans mêmes de l'époque. Qu'on songe à la genèse du plus célèbre mot d'ordre de l'ère des réformes, souvent attribué à tort à Deng Xiaoping : « Traverser la rivière en tâtant les pierres » (*moshi guohe*[18]). Son libellé est un chef-d'œuvre d'équilibre politique et d'ambiguïté. La précaution de la démarche s'oppose évidemment à l'aventurisme maoïste (même si Mao lui-même a inauguré la pratique des expériences devenant ensuite des modèles pour le pays tout entier...). Elle s'oppose aussi à la réforme radicale, le big bang libéralisateur prôné après 1989 pour la Russie et l'Europe de l'Est. Mais elle suggère tout de même la traversée du fleuve vers l'autre rive. Cryptique à souhait,

18. 摸石过河.

Deng a joué des deux tableaux : celui des espoirs d'une ère nouvelle, et celui de la maîtrise du Parti.

Or la Chine est restée au milieu du gué, malgré ou à cause de ses succès économiques. Trente-cinq ans après la mort de Mao, le Parti, le régime et ses institutions de sommet n'ont que peu changé. L'économie de marché reste dominée par de puissants acteurs étatiques, l'ouverture économique a même reculé au cours des dernières années. À quelques notables exceptions près, la société ne peut plus même faire retour sur les aspects tragiques de l'ère maoïste, passés sous silence, depuis les campagnes de masse des premières années jusqu'au Grand Bond et à la Révolution culturelle. À ce tabou s'en est ajouté un autre, celui des événements de 1989, qui lie entre eux une génération de dirigeants, complices actifs ou passifs. En rejetant ces aspects du passé dans l'obscurité, le régime a assuré l'ignorance des nouvelles générations et a rendu possible leur acceptation d'un présent indéfini, où l'épanouissement individuel voisine avec la censure collective. La transition est ainsi devenue sans fin. Entre deux rives, celle du maoïsme et celle d'un État de droit, le passeur qu'était la direction collective a échoué sa barque au milieu du fleuve.

Il n'en fut pas toujours ainsi dans l'histoire collective du communisme chinois. Celui-ci a encensé d'autres traversées au long cours. La Longue Marche est pour la Chine maoïste l'équivalent de la bataille des Thermopyles pour la Grèce antique – un symbole héroïque. Elle est aussi un mythe épique, au cœur duquel figurent plus souvent qu'à leur tour d'aventureuses traversées de fleuves par la guérilla en mouvement. En particulier, la prise d'un pont de chaînes sur la rivière Dadu, en 1935, est immortalisée par d'innombrables tableaux et vignettes célébrant l'exploit, et mettant l'accent sur l'audace et la vitesse, opposées aux risques de procrastination. Peu importe, en vérité, que les derniers témoins retrouvés après 1976 fassent finalement allusion à la complicité d'un seigneur de la guerre local et de ses officiers, qui auraient laissé le pont sans grande défense ; le combat a bien existé, mais il fut une escarmouche mineure[19]. Le mythe a servi d'arme politique à Mao, pour prolonger bien après la prise du pouvoir le rôle de l'activisme et de la volonté, imposant une « révolution ininterrompue » (*buduangeming*[20]) à ses collègues et à son pays.

C'était donc un singulier contraste, pour symboliser la Chine des réformes et de l'ouverture, que de choisir une image de la traversée fluviale. Couramment attribuée à Deng Xiaoping, l'expression « tâter les pierres pour traverser le fleuve » en est venue à symboliser le gradualisme et le pragmatisme supposés de la réforme chinoise depuis 1978.

Or, comme souvent dans le répertoire des maximes officielles chinoises, les apparences sont trompeuses. *Moshi guohe* est en fait employé pour la première fois en 1950 par un vétéran du régime, Chen Yun, pour signifier la nécessité de la prudence dans la mise en place locale du nouveau régime communiste. Il utilise à nouveau la formule en décembre 1978, cette fois-ci pour critiquer le « petit Grand Bond en avant » (*xiaodayuejin*[21]) qu'avait déclenché en février de la même année Hua Guofeng, le successeur désigné de Mao, avec un ambitieux plan productiviste de dix ans. L'expression ne désigne donc pas en soi une démarche réformatrice, mais l'arrêt du volontarisme mobilisateur de l'ère maoïste. D'ailleurs, Deng Xiaoping ne l'a jamais employée publiquement. Chen Yun, le seul parmi les dirigeants de la première génération doté d'une formation d'économie politique, est un partisan convaincu de la

19. Shun Suyun, *The Long March : The True History of Communist China's Founding Myth*, New York, Anchor Books, 2008, p. 140-148.
20. 不断革命.
21. 小大跃进.

nécessité du Plan et de l'État, même s'il a encouragé en 1962 la réflexion sur les réformes khrouchtchéviennes. Il avait défendu la remise en ordre de l'économie chinoise en plein désastre du Grand Bond, parlant alors de « considérer tout le pays comme un échiquier ». Mais il a aussi combattu le passage à une économie de marché. De façon fameuse, il a résumé les rapports de l'État et du marché avec la métaphore de la cage et de l'oiseau : la cage doit être assez grande pour permettre à l'oiseau de voler, mais sa porte doit rester fermée. À partir de 1985, il est devenu l'adversaire de bien des mesures de libéralisation économique prises par les réformateurs. Ainsi, c'est le conseil de prudence d'un ennemi de toutes les aventures qui a été retenu pour symboliser la méthode du changement.

La réversibilité, une arme du Parti

Ce genre de méprise est encouragé à la fois par l'ambiguïté des maximes classiques chinoises – *chengyu*[22] ou expressions comportant généralement quatre caractères – et par l'ignorance ou l'oubli du contexte d'où elles ont souvent été puisées. L'histoire politique de la Chine regorge de ces méprises. Mais elles sont parfois délibérément encouragées, y compris par Mao. Ainsi, sa célèbre maxime libérale du printemps 1956 « Que cent fleurs s'épanouissent » est issue d'un texte classique qui se poursuit en fait ainsi : « pour qu'une seule d'entre elles grandisse et étouffe toutes les autres. » Journée de dupes ? D'ailleurs, la campagne anti-droitière qui suivra en juin 1957 dénonce les « herbes

22. 成语.

vénéneuses » et persécute des centaines de milliers d'intellectuels et de cadres jugés « droitiers ».

Mao était coutumier de ce jeu. Recevant en 1970 Edgar Snow, le chroniqueur célèbre de la Longue Marche, il se décrit modestement comme « un moine solitaire marchant sous son parapluie troué ». En lisant cela, les sinologues étrangers croiront que Mao est à la veille de s'effacer. Snow ne pouvait comprendre les différents sens possibles d'une formule qui lui était livrée par le truchement d'un interprète. En évoquant ce moine sous un parapluie, Mao a utilisé une métaphore taoïste qui fait de cet homme, directement exposé au ciel, l'égal d'un empereur. L'expression se réfère sans doute au fondateur de la dynastie Ming, l'ancien moine errant et rebelle Zhu Yuanzhang, connu sous le nom d'empereur Hongwu. Elle est complétée par un autre verset que Mao affectionne : *wufawutian*[23], ou « sans cheveux et sans ciel », car tonsuré comme un moine. Comme le caractère pour « loi » se prononce aussi *fa*, l'expression signifie « sans loi et sans ciel », autrement dit tout-puissant. Le dictateur est anarchiste pour son propre compte, s'inspirant du privilège impérial de pratiquer sa propre religion privée.

Mao n'est pas le dernier des dirigeants à avoir entretenu l'ambiguïté et la réversibilité dans ses déclarations. Héritiers du système, certains dirigeants actuels peuvent eux aussi entretenir un brouillard politique pour se laisser la possibilité de choix et de revirements. Parfois jusqu'à la caricature et peut-être non sans une certaine ironie. Il est remarquable que lors de son voyage aux États-Unis de février 2012, Xi Jinping, le successeur présomptif et lui-même fils d'un grand dirigeant, soit retombé exactement sur les mêmes formules. Évoquant les relations sino-américaines à la Maison Blanche, il explique : « Nous ne pouvons que faire ce

23. 无发无天.

que M. Deng Xiaoping a dit : “Traverser la rivière en tâtant les pierres.” Ou ce que la Secrétaire d’État Clinton a une fois cité : “Quand on est face à une montagne, on trouve un moyen pour la traverser. Quand on est bloqué par une rivière, on trouve un pont vers l’autre rive.” Une chanson pop chinoise dit : “Puis-je demander où est la route ? C’est là où vous faites votre premier pas[24]”. » Tout est artefact dans cet assemblage : la première citation, on l’a vu, n’est pas de Deng Xiaoping. La seconde, quoique placée sous le patronage d’Hillary Clinton, est une paraphrase à peu près fidèle du Mao de la Longue Marche – et de son volontarisme. Et enfin, la troisième, prêtée à un chanteur pop, évoque surtout une des citations les plus connues du philosophe taoïste Laozi. Comprenne qui pourra, ou plutôt qui voudra…

La geste elle-même de Deng Xiaoping, messie cryptique, recèle d’autres malentendus, même si aucun n’est aussi trompeur que les maximes maoïstes. « Peu importe qu’un chat soit blanc ou noir, s’il attrape les souris » est une phrase qu’a prononcée Deng lors de la famine du Grand Bond en avant pour justifier le retour en catastrophe à l’agriculture individuelle (les collectifs s’étant effondrés en de nombreuses localités). Le contexte est celui d’une retraite temporaire du collectivisme en juin 1962, et non d’une apologie du capitalisme de marché. C’est en fait la Révolution culturelle et Mao qui feront de la formule un blasphème capitaliste, pour mieux critiquer Deng… En politique étrangère, le célèbre *taoguangyanghui*[25], résumé d’une maxime plus longue en vingt-huit caractères, et généralement traduit par « cacher ses talents et attendre son heure », est en fait

24. Allocution de Xi Jinping, 14 février 2012, http://www.whitehouse.gov/photos-and-video/video/2012/02/14/state-department-lunch-honoring-vice-president-xi-jinping-china#transcript, texte anglais consulté le 27 février 2012.

25. 韜光養晦.

bien plus ambigu encore ; littéralement, il signifie « fuir la clarté et rechercher l'obscurité[26] », ce qui, on en conviendra, n'est guère propice à la confiance internationale. Apparu à partir de septembre 1989 – c'est-à-dire quand la Chine est sur la défensive après la crise de Tiananmen –, il n'est même pas sûr que Deng lui-même l'ait prononcé[27].

La génération d'acier du communisme chinois, celle qui a vécu la guerre civile, l'instauration de la dictature du prolétariat, puis les convulsions de la lutte factionnelle, était rompue à la lutte idéologique, à ses slogans et ses revirements. Après Deng, aucun des successeurs n'a utilisé les mêmes instruments. Et sans doute, comme on le verra, perçoivent-ils le danger à ce que l'un d'entre eux renoue avec ces méthodes.

Sortir du mensonge révolutionnaire

Hu et Wen n'ont pas lancé de grands mouvements – ni pour la réforme, comme Deng, ni pour « rectifier » les cadres et l'idéologie, comme Mao. D'un autre côté, ayant moins promis, leur attitude politique est un progrès par rapport à leurs prédécesseurs : Hu et Wen sont ambigus, mais ils n'ont pas pratiqué le mensonge comme arme politique. Sans doute faut-il rappeler ici un vieux débat entre Maurice Merleau-Ponty et Jean-Paul Sartre sur la « morale bourgeoise ». Pour Sartre, elle n'était qu'apparence et donc n'existait pas.

---

26. Jean-Pierre Cabestan, *La Politique internationale de la Chine*, Paris, Presses de la FNSP, 2010, p. 34.

27. M. Taylor Fravel, *Strong Borders, Secure Nation : Cooperation and Conflict in China's Territorial Disputes*, Princeton, Princeton University Press, 2008, p. 134-135.

Merleau-Ponty, lui, préférait citer La Rochefoucauld : « L'hypocrisie est un hommage que le vice rend à la vertu »...

À l'exception insuffisamment soulignée de Jiang Zemin lui-même, ce successeur de Deng qui fut lui aussi un dirigeant terne mais sans grands zigzags, leurs autres prédécesseurs ont été des caméléons. Mao avait construit depuis des décennies une stratégie sur sa capacité de passer à la vitesse de l'éclair de la « droite » à la « gauche » sur n'importe quel sujet, allant jusqu'à organiser à plusieurs reprises de célèbres journées des dupes : le premier mouvement de rectification interne du Parti à Yenan, qui piégea en 1941-1942 nombre d'intellectuels ralliés au PCC ; la campagne des Cent Fleurs de 1956-1957, qui piégea une génération d'étudiants, d'intellectuels et de cadres urbains dans la répression antidroitière ultérieure. Et enfin la Révolution culturelle et ses gardes rouges, d'abord utilisés contre les rivaux de Mao, puis rejetés : en juillet 1968, quand les leaders de cinq groupes de gardes rouges viennent se plaindre à Mao de la « main noire » téléguidant les contre-attaques qu'ils subissent, Mao leur lâchera : « La main noire, c'est moi[28]. » Son *alter ego* Zhou Enlai, devenu le protecteur iconique des survivants de l'establishment intellectuel à la sortie de la Révolution culturelle, est tout aussi complexe. Sa réputation de protecteur tient finalement au fait qu'il présidait, pendant la Révolution culturelle, le Groupe central d'examen décidant des cibles du mouvement et de leur sort, avec beaucoup de minutie. Zhou a eu le pouvoir d'épargner certains, parce qu'il exerçait d'abord le pouvoir de condamner[29]...

28. Le dialogue de la rencontre des cinq dirigeants gardes rouges de la capitale avec Mao le 28 juillet 1968 est reproduit par Song Yongyi (dir.), *The Chinese Cultural Revolution Database*, CD-rom, Chinese University, Hong Kong.

29. Michael Schoenhals, « Central Case Examination Group, 1966-79 », *The China Quarterly*, mars 1996, n° 145, p. 110-111.

Ces revirements et cette dissimulation ne sont pas seulement des attributs personnels, ils font partie de l'arsenal politique révolutionnaire. Deng Xiaoping lui-même est le produit d'une histoire implacable. Il a fait la guerre sino-japonaise comme commissaire politique de la 2e armée de route dirigée par Lin Biao, le dauphin de Mao purgé en 1971. Du coup, Deng appuiera après 1978 son contrôle de l'armée sur ce groupe, défavorisé depuis la chute de son chef de file, contre les officiers classiques. Premier dirigeant entrant dans les instances centrales depuis 1949, proche de Mao, c'est lui qui, avec le maire de Pékin Peng Zhen, a été chargé en 1957 de toute la campagne antidroitière, autrement dit de l'épuration de centaines de milliers d'intellectuels[30]. Chance ou calcul, lors des premières divergences sur le Grand Bond en avant déclenché par Mao, il manque, comme d'ailleurs Chen Yun, la réunion de Lushan en juillet 1959. C'est le débat au sommet le plus important de l'histoire de la Chine populaire depuis 1949, avec la disgrâce du ministre de la Défense Peng Dehuai. Deng est fort apprécié par Mao dans les mois qui suivent et ne deviendra que plus tard critique à son égard. Bien plus tard, en octobre 1986, le propre lieutenant de Deng Xiaoping, Hu Yaobang, s'inquiète des atermoiements de Deng sur la réforme politique et la séparation du Parti et de l'État. Il mène alors une campagne pour la libéralisation politique, notamment dans la zone économique spéciale de Shenzhen. Deux articles paraissent dans la presse locale, qui mettent le feu aux poudres. L'un appelle Deng Xiaoping à prendre sa retraite[31], et cet article est généralement considéré comme une raison essentielle de la chute de Hu Yaobang en janvier 1987. L'autre est presque aussi important : paru dans

30. Yen-lin Chung, « The Witch-Hunting Vanguard : The Central Secretariat's Roles and Activities in the Anti-Rightist Campaign », *The China Quarterly*, juin 2011, n° 206, p. 391-411.
31. *Shenzhen Daily News*, 21 octobre 1986.

l'organe local de la Ligue de la jeunesse communiste, il relate l'épisode de Lushan et l'absence de Deng en ce jour crucial où Mao a écrasé la critique de son pouvoir personnel sur le Parti. Autrement dit, quand Deng a retiré son soutien à la réforme politique, Hu Yaobang lui a fait rappeler son ambivalence passée… On ne peut s'empêcher de noter que c'est aussi à Shenzhen, en août 2010, que Wen Jiabao a appelé à la relance de la réforme politique.

Par rapport à Mao ou même à Deng, Jiang Zemin puis le tandem Hu-Wen sont des dirigeants politiques pacifiques, que ce soit par inclination ou par nécessité. Les revendications internationales de la Chine n'ont pas provoqué d'affrontement armé majeur, même si les sources d'irritation et incidents abondent. Les conflits ouverts et la mobilisation politique ont été systématiquement évités comme moyen de résolution des rivalités au sein du pouvoir. L'ambivalence des discours politiques est aussi le signe d'une approche de plus en plus centriste de la politique chinoise, avec un effort de construction de normes et de règles qui assurent un pouvoir collégial, en équilibrent les différents échelons et enserrent l'action gouvernementale dans un canal de plus en plus étroit.

Mais cet effort pour régulariser le cours de l'histoire, et abolir ce que les régimes autoritaires redoutent le plus, c'est-à-dire l'imprévu, est aujourd'hui contesté sur deux fronts. Celui de la réforme politique, dont les tenants s'expriment à nouveau plus fortement. Et celui du nationalisme, qui exerce une pression visible de l'intérieur comme de l'extérieur du groupe dirigeant.

CHAPITRE 5

China Inc. : l'économie hybride

Il existe indiscutablement en Chine des dissidents et des libéraux politiques. Il existe aussi des légalistes, qui veulent séparer le fonctionnement du système juridique de celui du Parti, ou à tout le moins régulariser l'intervention du Parti. Mais l'essentiel des propositions réformistes se situe toujours dans le champ économique, pour une raison bien simple : les positions dominantes de l'État-parti sont synonymes de prépondérance de ses représentants ou de leur clientèle dans celui-ci.

C'est la limite de l'évolution vers l'économie de marché. Assimiler le modèle de développement chinois à la globalisation libérale est un contresens. Il a au contraire été très fortement délimité et encadré par plusieurs décisions majeures, qui s'apparentent non seulement à la restauration d'un État fort, mais à la constitution de rentes de situation destinées à faire coexister le système dirigeant avec l'ouverture à l'économie globale. Les plus importantes décisions constituent d'ailleurs un héritage. Au premier rang d'entre elles, on trouve le maintien du système de résidence en vigueur depuis les années 1950 – le *hukou* – combiné avec l'essor massif des migrations intérieures. Le *hukou* a depuis longtemps cessé d'être un instrument de contrôle de la population – qui se déplace librement –

mais il crée deux classes de citoyens, celle des résidents permanents et celle des migrants. Bien plus qu'on ne le croit, les bureaux du travail et même ceux de l'éducation des provinces gèrent une émigration par contrats, à des salaires, des conditions de travail et des conditions sociales en pratique très différentes de la situation des résidents permanents. Allié à un réservoir de population rurale immense – il reste sans doute 250 millions de personnes qui quitteront les campagnes au cours des prochaines années – le système assure la première caractéristique d'une accumulation capitaliste : une main-d'œuvre abondante et à bon marché.

La restauration d'un État fort

Deux autres décisions majeures relèvent du plus étatiste des réformateurs chinois, Zhu Rongji, responsable de la politique économique à partir de 2003, et Premier ministre de 1998 à 2003. Parce qu'il a présidé aux négociations finales sur l'entrée de la Chine à l'OMC, Zhu est considéré en Occident comme un parangon de l'économie libérale, ce qui constitue là encore un contresens. En 1993-1994, Zhu inverse la tendance qui dépossédait l'État central des recettes fiscales, au profit des localités, grandes bénéficiaires de la libéralisation économique depuis 1978. Sa réforme redonne au centre les moyens de l'investissement et des subventions – mais les localités, elles, doivent se débrouiller avec les recettes de poche et taxes diverses dont la bureaucratie chinoise est friande, ou en créant des activités économiques et des rentes nouvelles. En 1998, à l'occasion de la grande crise financière asiatique, Zhu restructure complètement les entreprises d'État : pléthorique et tentaculaire, ce secteur faisait un océan de pertes et était beaucoup moins dynamique que les entreprises associant des capitaux étrangers ou les petites entreprises privées. Zhu concentre les entreprises en visant la constitution de groupes analogues aux *chaebols* coréens, abandonne la plupart des industries légères et de consommation au privé, taille dans l'emploi et mobilise les ressources financières en annulant les dettes du système bancaire – et donc les pertes antérieures des entreprises d'État. Ces réformes seront symbolisées en 2003 par la création de l'influente SASAC[1], qui gère les participations de l'État dans l'économie. Par le biais de l'actionnariat public, cette tutelle va au-delà des entreprises d'État classiques. L'extension des entreprises publiques dans des secteurs nouveaux, comme l'informatique ou la chimie, date de là.

Les géants industriels chinois

Quinze ans plus tard, les résultats sont éclatants. 57 entreprises chinoises figurent parmi les 500 premières entreprises mondiales au classement du magazine *Fortune* en 2011. Ce sont presque toutes des entreprises d'État – et même celles qui ne le sont pas officiellement sont des faux nez : ainsi Huawei, géant des télécommunications officiellement possédé par certains de ses salariés. Les profits du secteur des entreprises d'État ont été multipliés par vingt-cinq depuis 1998[2]. Trois traits distinctifs les caractérisent.

1. Commission d'administration et de supervision des actifs de l'État.
2. Xi Li, Xuewen Liu, Yong Wang, « A Model of China's State Capitalism », The Hong Kong University of Science and Technology, 16 mai 2012, document en accès public sur http://igov.berkeley.edu/content/model-china%C2%92s-state-capitalism, consulté le 28 mai 2012.

D'abord, à quelques exceptions près, ces entreprises d'État florissantes ne sont absolument pas les principaux exportateurs chinois (ce rôle est dévolu aux entreprises conjointes à capitaux étrangers ou au secteur privé). Le secteur d'État, qui assurait 57 % des exportations en 1998, n'en représente plus que 15 % en 2010. Les activités de ces grandes entreprises d'État se situent en amont, dans des secteurs de monopoles naturels ou concédés par l'État, et fortement réglementés quant à l'accès et aux prix : pétrole, gaz, énergie nucléaire, électricité, transport, télécommunications, informatique et… services financiers. Dans ces secteurs, les entreprises d'État sont soit en position de monopole, soit majoritaires. Les entreprises d'État ou contrôlées par l'État y assurent au moins 80 % des investissements effectués dans les grandes villes. À l'inverse, la part du secteur d'État est devenue négligeable dans les exportations des biens de consommation pour lesquels la Chine est première au monde. Les 138 principales entreprises d'État ont fait, en 2008, 77 % des profits de l'industrie chinoise dans son ensemble. Les dix premières en représentent les deux tiers. À elles seules, Sinopec et China Mobile (la star du téléphone mobile) ont fait un tiers de tous les profits du secteur des entreprises d'État… Les revenus salariaux des secteurs financiers, du tabac, du pétrole et du gaz naturel sont dix fois plus élevés que dans l'industrie textile – et continuent à monter plus rapidement qu'ailleurs, tout comme les subventions au logement pour les employés. Les 992 principales entreprises d'État n'acquittent par contre que 10 % d'impôts sur leur chiffre d'affaires, contre 24 % pour les entreprises privées[3]. Ce sont ces chiffres qui alimentent, de la part

3. « The structure, performance and reform of China's State enterprises » (*Guoyou qiye de xingzhi, biaoxian yu gaige*, 国有企业的性质、表现与改革), Unirule Institute of Economics, 12 avril 2011.

d'économistes libéraux chinois comme de concurrents étrangers, le diagnostic d'une économie publique en expansion au détriment de l'économie privée (*guojin mintui*[4], littéralement : « Le public avance et le privé recule »).

Les entreprises d'État, objet de tous les soins

La même étude évoque les subventions indirectes dont bénéficient les entreprises d'État – quasi-gratuité de la terre, taux d'intérêt privilégiés (1,6 % contre 4,7 % pour les autres entreprises). Sans ces subventions, le secteur aurait été en réalité déficitaire depuis 2001. Telle quelle, l'étude d'Unirule qui livre tous ces chiffres devrait être une mine d'informations pour des négociateurs commerciaux européens ou américains – tant ces chiffres montrent une distorsion flagrante de concurrence.

À un détail près : *les bénéficiaires de ces rentes de situation ne sont pas les entreprises chinoises exportatrices, mais le cœur de l'économie d'État*, qu'il s'agisse des entreprises, de leurs cadres et employés, ou du système des prix, des subventions et des positions dominantes dans l'économie. L'étude d'Unirule pointe d'ailleurs exactement les mêmes secteurs que ceux désignés par Wang Xiaolu comme les plus sujets à la corruption[5]. Et elle est corroborée par des observations visuelles. Des 57 entreprises d'État chinoises des Fortune 500 en 2011, seules 11 n'avaient pas leur siège à Pékin et Shanghai. C'est là que les signes les plus évidents

4. 国进民推.
5. Wang Xiaolu et Wing Thye Woo, « The Size and Distribution of Hidden Household Income in China », art. cit., p. 15-16.

d'accumulation de richesse se trouvent. Un gabelou chinois en quête de signes extérieurs de richesse ne négligerait certes pas les pôles provinciaux de richesse, ni les ports de la côte où l'argent flambe ; mais son enquête le ramènerait irrésistiblement au cœur du système, dans ces deux villes globales et étatiques de Shanghai et surtout Pékin, avec leurs théories de limousines noires. Audi vend en Chine la moitié de sa production mondiale d'A6 noires, dont le prix démarre à 40 000 euros. On dit qu'il y en aurait 700 000 dans les rues de Pékin. La décision annoncée par le gouvernement chinois d'enlever Audi et BMW de la liste des marques autorisées pour les marchés publics en février 2012[6] est extrêmement intéressante à plusieurs égards : prise à un moment où l'Union européenne envisage de réclamer un accès réciproque aux marchés publics chinois, elle revient à prendre en otage de la politique commerciale européenne l'industrie automobile allemande, plus grande gagnante jusqu'ici sur le marché chinois. Elle est aussi un nouveau signe de la tendance à l'indigénisation industrielle, un « fabriquons chinois » de plus en plus fréquent.

Amorcée, la décision n'a pas été confirmée, mais elle ne privera pas les serviteurs de la sphère étatique de véhicules haut de gamme. La marque Drapeau Rouge (Hong Qi) ressuscitée adapte des véhicules haut de gamme de Toyota et Audi, et projette un équivalent chinois de la Rolls. Le capitalisme chinois a des ressorts privés, mais une assise et un réseau d'abord publics. La moitié des nouveaux milliardaires chinois ont fait leur fortune dans l'immobilier. Vraie ou fausse, l'information sur les sommes immenses que la famille Bo Xilai aurait placées à l'étranger n'a pas déclenché

6. « China Removes Audis and BMW Cars From Official List », *The Telegraph*, 28 février 2012, http://www.telegraph.co.uk/news/worldnews/asia/china/9110647/China-removes-Audis-and-BMW-cars-from-official-list.html.

de polémique, parce que ce sont des sujets qu'on n'aborde pas en Chine, mais aussi parce que l'opinion, en son for intérieur, est convaincue du pire. En tout cas, l'échelle est plausible. 30 % des mille premières fortunes chinoises occupent des positions officielles – et 5 des 10 premières[7].

Un écosystème politique

Malgré le dynamisme chinois et les facteurs de concurrence, c'est donc une erreur d'aborder l'économie directement, sans passer par le politique. Car pour faire mentir l'adage d'Engels, c'est bien le politique qui y commande à l'économie, et non l'inverse. Avant d'être une économie en développement, une économie émergente, ou même une économie de marché, la Chine est un écosystème politique. Les analyses les plus perspicaces mettent l'accent sur cette dimension, et non pas seulement sur un système socialiste dont plus personne ne sait en quoi il consiste, sinon qu'il conserve toutes les ficelles léninistes du contrôle politique et administratif. Dans son étude pionnière, l'institut Unirule retrace l'historique des relations entre l'État et l'entreprise – et met l'accent sur l'association du contrôle étatique et du management privé : le système du *guandu shangban*[8], maxime de la restauration réformatrice au dernier tiers du XIXe siècle, soit « supervision par les fonctionnaires, gestion par les marchands ».

L'existence de deux secteurs que tout oppose – celui de grandes entreprises d'État à la très forte profitabilité

7. Hurun Rich List 2011, accessible sur http://www.hurun.net/usen/NewsShow.aspx?nid=154.

8. *Guandu shangban* 官督商办.

apparente, et un tissu d'entreprises privées ou semi-privées qui sont les plus insérées dans le commerce international – n'est pas fortuite. Certes, il y a eu une logique mercantiliste, colbertiste même, dans la désignation officielle de 11 secteurs industriels stratégiques, et dans l'appui constant aux politiques d'innovation. Mais cette politique n'est pas uniforme. Dans certains secteurs – celui des prix du carburant par exemple – les Sinopec et autres Petrochina pratiquent des prix très bas – parfois en dessous des cours mondiaux d'achat du pétrole. Cela explique l'appétit insatiable du marché, les 18 millions de voitures produites chaque année, et constitue une subvention indirecte à toute l'activité économique. Dans d'autres cas au contraire – téléphonie mobile –, les prix sont très élevés et ponctionnent un demi-milliard de consommateurs. La subvention essentielle à l'exportation, c'est l'aménagement du territoire – les investissements géants dans les ports, aéroports, autoroutes et zones de développement industriel qui facilitent l'accès des producteurs chinois au marché global. L'exemple des trains à grande vitesse – tournés vers les déplacements individuels des Chinois – est un exemple tentant mais trompeur : hâtivement construites, hors de prix pour les Chinois, ces lignes ont à elles seules engendré 340 milliards de dollars d'endettement (5 % du PIB !).

L'héritage du maoïsme

En fait, l'économie des réformes et de l'ouverture a reproduit bien des traits caractéristiques de l'ère maoïste, en les adaptant aux circonstances. L'État façonne le développement par l'investissement dans les infrastructures – y compris en équilibrant l'économie côtière avec la *xibu kaifa*[9] – version chinoise de la conquête de l'Ouest vers les régions intérieures. Le mécano des firmes d'État crée des rentes de situation – depuis les différents échelons du Parti-État jusqu'à son personnel. Le système financier – et en premier les vannes du crédit – bénéficie d'abord au capitalisme « connecté », celui de l'immobilier en particulier. Ce serait un capitalisme de rente de type latino-américain – et le comportement des classes riches chinoises, y compris leurs exportations de capitaux, y fait penser – si parallèlement le régime n'avait pas encouragé, et même attiré, un extraordinaire capitalisme d'assemblage. Petits patrons d'ateliers hongkongais reproduisant leurs industries bas de gamme dans l'arrière-pays chinois, austères capitalistes taïwanais qui ont délocalisé et multiplié l'industrie électronique, multinationales asiatiques, américaines et européennes (ces dernières plus tournées vers le marché intérieur chinois) ont fait de l'or avec la main-d'œuvre bon marché. Sous le maoïsme, les paysans finançaient l'édification socialiste non pas avec des impôts, mais parce qu'on leur imposait des prix agricoles très bas et des prix industriels très élevés : l'extraction de plus-value était invisible, sinon indolore. À l'ère des réformes, c'est la surabondance du capital extrait de la répression financière et l'épargne forcée, permettant tous les investissements, et le niveau toujours très bas des salaires, qui ont permis la reconduction et l'extension de ce mécanisme d'accumulation. Le mécanisme suppose quelques dispositions intangibles : l'une d'entre elles est que le marché financier privé – et celui en particulier qui financerait assurances-vie et retraites – ne se développe pas trop, obligeant ainsi les Chinois à une épargne brute de précaution qui est à la disposition de l'État. L'autre est que subsistent des barrières sociales comme celles du *hukou* – assurant une

9. 西部开发.

main-d'œuvre moins rémunérée que les anciens résidents urbains, qui souvent disposent désormais de rentes de situation : la base sociale du régime est là, dans une « classe moyenne » qui n'en a que le nom, puisque c'est sa situation plutôt que ses compétences qui lui valent des revenus importants. Et le système demande aussi un contrôle externe des capitaux, pour fermer des secteurs entiers aux investisseurs étrangers (et d'abord, l'essentiel des services, du marché financier et de l'immobilier), et… pour empêcher les épargnants chinois de prendre le large. Ils le font tout de même car en Chine aucune barrière n'est étanche, aucune règle n'est absolue.

L'enjeu des réformes à venir tourne largement autour de la suppression de ces barrières. Mais un tel changement ne heurte pas seulement les intérêts du Parti-État : il va aussi contre l'étatisme résurgent dans l'histoire chinoise.

Étatisme ou économie mixte ?

On peut remonter bien plus loin en arrière, aux fondements mêmes de la Chine. Depuis plus d'un millénaire, il n'y aurait pas d'agriculture chinoise ni de foyer de population aussi important sans la maîtrise hydraulique – fleuves, canaux, irrigation – et l'État qui rend possible cette maîtrise. D'ailleurs, un épigone d'Engels au sein de la Seconde Internationale socialiste, Karl Wittfogel, avait forgé la notion de « despotisme oriental » : un écosystème autoritaire inhérent à cette civilisation hydraulique. Sans le financement et l'entretien de ces ressources – et des greniers publics qui permettent d'amortir les effets des variations climatiques sur la grande plaine de Chine –, le niveau de population atteint par la Chine était impossible. Les deux capitales de la dynastie Song, Kaifeng et Hangzhou, ont sans doute atteint chacune 1 million d'habitants – un niveau inconcevable sans l'intendance économique d'une administration efficace. Ce n'est pas seulement la Grande Muraille – en vérité, la plus grande barrière d'octroi et de régulation des migrations jamais construite ! – ni le célèbre impôt sur le sel qui illustrent l'influence de l'État chinois. Les hôpitaux de Pékin à l'ère mandchoue – une assistance publique qui a soigné, recensé et fiché la moitié de la population de la ville –, le système de colonies militaires qui a permis la conquête de l'Ouest et structuré, jusqu'à aujourd'hui, le peuplement Han des régions arides, ont, bien avant l'époque moderne, façonné un pays et une société.

La démographie chinoise elle-même est tout sauf naturelle. Elle a été considérée à tort comme une illustration des thèses de Malthus, l'équilibre entre population et ressources déterminant la croissance ou les crises démographiques. En fait, on découvre aujourd'hui une capacité ancienne, à la fois étatique et sociétale de régulation des naissances, que ce soit par la contraception, l'infanticide ou le célibat forcé, et un eugénisme social qui a longtemps favorisé les chefs de clan et *pater familias*[10].

En ce sens, le constat souvent fait d'une société chinoise individualiste, et même anarchique ou chaotique, semble s'appliquer à une parenthèse : celle des cent cinquante ans d'effondrement de l'État et d'érosion des élites – de la fin du XVIIIe siècle aux seigneurs de la guerre des années 1920. Il est tentant de voir dans l'évolution de la Chine populaire une restauration inéluctable de l'État fort et de ses recettes, dans

10. Voir James Lee et Cameron Campbell, *Fate and Fortune in Imperial China – Social Organization and Population Behavior in Liaoning, 1774-1873*, Cambridge, Cambridge University Press, 1997, p. 55-57.

la continuité de la bureaucratie céleste, de ses œuvres ou même de précédents antiques comme la réforme des « champs égaux », bref épisode d'égalitarisme agraire. De là à un « modèle chinois » de gestion publique et de priorité au collectif, il n'y a qu'un pas.

Cette interprétation néglige pourtant un fait essentiel : l'économie et la société de la Chine classique sont tout entières traversées par les dilemmes de l'État et du marché. Réseaux commerciaux et bancaires, marchés de céréales et régulation des prix, débats interprovinciaux entre protectionnisme et liberté de commerce dessinent plutôt ce qu'on appellerait, en termes français de notre après-guerre, une économie mixte.

Et la Chine est aussi l'économie la plus anciennement insérée dans une forme de globalisation. Au XVIe siècle, ses exportations de thé, de céramiques et de miniatures sont payées par l'argent des mines du Nouveau Monde, qui transite par l'Europe et vient alimenter les caisses de l'État chinois : les Ming ont ainsi trouvé, par l'exportation, le moyen, avec une pression fiscale réduite, de financer un État aux prestations solides !

Ces exploits ont toujours associé le rôle de l'État à la liberté d'entreprendre des marchands, artisans et même agriculteurs : la gentry rurale chinoise est d'ailleurs une classe socio-économique plutôt qu'une aristocratie véritable. L'absence d'une véritable religion officielle – l'empereur a ses cultes privés, comme tout le monde, et le confucianisme est une morale laïcisée – met vraiment la société, et donc l'économie, au centre de la finalité étatique. La féodalité, le servage et les castes ont depuis longtemps laissé la place à la roue de la fortune, qui élève les familles par le biais des concours éducatifs, de l'entreprise et de la solidarité de clan, et les abaisse ensuite quand ces vertus sont oubliées. Le bouddhisme enseigne que l'égalité existe non pas au sein d'une seule et même génération, mais d'une génération à une autre. Cette morale optimiste n'a pas besoin d'un au-delà pour suggérer le salut, et combine la soumission au destin du groupe avec l'espoir individuel. L'équilibre entre le collectif et l'individu, tout comme entre l'État et le marché, est à la fois délicat et ancré dans la culture chinoise.

Pourquoi faut-il rappeler cet héritage mixte, alors que le miracle économique chinois des trois dernières décennies semble avoir rompu avec toutes les attaches du passé ? Parce que les explications qui sont données de ce miracle sont le plus souvent simplistes. Soit ce serait l'appel au marché qui a suscité la croissance, soit c'est la capacité d'un État démiurge. Dans le premier cas, on évoque une transition vers l'économie libérale. Dans le second, la Chine est le parangon du colbertisme mercantiliste. Cette simplification n'est d'ailleurs pas réservée aux observateurs étrangers : une génération d'économistes chinois soudain formés dans les universités américaines a embrassé le libéralisme économique, par réaction aussi aux dogmes de l'économie socialiste. *Caijing* (*Finance*), le magazine phare des réformes libérales, a ainsi qualifié ironiquement la loi instituant en 2008 le contrat de travail à durée indéterminée de « loi française », par allusion au célèbre CDI français[11]. À l'inverse, une gauche néomaoïste défend aujourd'hui, sous couvert d'action sociale, l'économie étatique, ses intérêts spéciaux et sa relation incestueuse avec les cadres du Parti communiste.

Or l'économie politique de la Chine est celle d'un système dualiste. Ce dualisme est reconstitué, après deux intermèdes paroxystiques : celui, au cours des années 1920, de l'effondrement d'un État émietté ; et celui, de 1958 à 1972, d'un État totalitaire qui a écrasé la société. Ce dualisme explique bien

11. Camille Bondois, « Economic Publications Attack "French Style" Labor Law », *China Analysis*, janvier-février 2008, n° 17, p. 14-17.

des contradictions du sentier de croissance chinois, unique dans l'histoire. Les autres pays communistes, sans exception, sont restés des puissances pauvres. Les nouveaux pays industriels de l'Asie d'après guerre n'ont jamais magnifié la puissance ni multiplié les inégalités au point où la Chine le fait. Même à leur apogée, le « triangle de fer » de l'économie japonaise (c'est-à-dire la collusion entre politiques du parti libéral-démocrate, hauts fonctionnaires et grandes entreprises), ou les *chaebols* (grands groupes) dans l'État autoritaire sud-coréen d'avant 1998 n'ont jamais détenu une telle position dominante. Et pourtant l'économie privée – entreprises y compris à capitaux étrangers, commerce et services – est extrêmement dynamique.

Chongqing et Guangdong : l'Ouest contre l'Occident

Depuis 1989, et plus encore sous le règne de Hu Jintao après 2002, les débats de ligne économique et sociale ont été contenus dans de strictes limites, et leurs implications politiques étouffées. Mais la Chine approche d'une succession imminente à l'automne 2012. Comme cela s'est produit dans le passé, c'est un clivage et des rivalités au sommet qui sont l'occasion d'exprimer des lignes politiques concurrentes. Deux « modèles » implicitement concurrents sont apparus sur la scène politique : d'abord, à partir de 2009, celui de Chongqing, dirigée par Bo Xilai. Puis l'exemple de la province du Guangdong, dont le secrétaire du Parti Wang Yang est lui aussi candidat à un rôle plus important. Il y a beaucoup d'apparence et d'idéologie politique dans cette concurrence, mais quelques oppositions économiques existent bel et bien. Le Guangdong, berceau avec Shenzhen de l'ouverture économique, cherche explicitement depuis la crise mondiale de 2008 à passer des industries de main-d'œuvre aux hautes technologies. Les liens avec Hong Kong sont nombreux, l'éducation supérieure encouragée. Les réticences des Cantonais face au pouvoir central se traduisent par un libéralisme local – certes encadré, mais qui favorise l'essor d'associations, y compris dans le domaine de l'économie sociale : une réforme pilote adoptée en mai 2012 y simplifie l'enregistrement des organisations privées, et permet en juillet 2012 la concurrence entre ONG dans le même domaine d'activité. Mais cet essor est dirigé vers le domaine de la charité, de la santé et de l'action sociale, où il est espéré que les ONG se montrent plus efficaces que les fonctionnaires. On y lira autant un essor de services sociaux privés – une délégation de gestion publique à la chinoise – qu'une libéralisation politique. Quoique Guangzhou et la province du Guangdong aient été parmi les premières à établir des minima salariaux, elles ne promeuvent pas les politiques sociales, par exemple dans le domaine du logement, très dynamique mais privé.

Chongqing est un tout autre cas, qui ne peut être ramené au personnage controversé de Bo Xilai. Le Sichuan a d'abord été un pôle de la politique de développement de l'Ouest chinois, puis Chongqing a été séparée du reste de la province et a reçu une manne d'investissements publics : construction immobilière et firmes d'État y prédominaient déjà à la fin des années 1990. Mais en 2007 le projet se précise sur deux points. Il s'agit d'en faire, comme Pudong à Shanghai, un nouveau centre pour les firmes multinationales et l'exportation. Et y mener une politique sociale modèle, qui repose sur deux piliers : le logement social, et la possibilité pour les migrants paysans affluant en ville de vendre leurs parcelles (qui deviennent ainsi constructibles !) contre un droit à logement en ville. Le reste – les « chants rouges » révolutionnaires, les plantations d'arbres ginkgos hors de prix, les excès de la campagne antimafia – appartient bien à Bo Xilai, mais il existe un noyau économique et social rationnel à Chongqing. Il préexistait à Bo Xilai. Peut-il lui survivre, et est-il un modèle viable de gestion publique et d'économie sociale ?

Ce noyau a deux finalités : celle de prolonger le boom des exportations chinoises d'abord. La terre allouée aux entreprises – HP, Apple, Foxconn, Bayer... – qui s'y installent est concédée à très bas prix. L'immense réservoir de main-d'œuvre rurale garantit des salaires inférieurs de moitié à ceux de la côte : en 2011, c'est à Chongqing que le salaire mensuel minimum est le plus bas (870 yuans, soit environ 100 euros[12]), après la province pauvre du Shaanxi. Les infrastructures de transport annulent le handicap de l'éloignement géographique. La municipalité a prévu 3 000 kilomètre d'autoroutes en 2015, le trafic sur le fleuve Yang-tsé est containérisé, et il existe même un projet, poussé par Bo Xilai au temps de sa grandeur, de chemin de fer eurasien de marchandises partant de Chongqing. Ce type de projet repousse les limites de la croissance chinoise bien au-delà du point d'inflexion démographique (la force de travail globale doit diminuer à partir de 2013) et constitue une délocalisation intérieure à la Chine, abaissant une nouvelle fois le coût du travail. Si Chongqing réussit comme Shanghai a réussi avec Pudong, c'est une décennie de croissance de plus sur les marchés mondiaux qui peut être gagnée. D'autant que Chongqing n'est pas seule : Chengdu, la capitale provinciale, rivalise. Même le Grand Ouest chinois, jusqu'à Urumqi, sera bientôt relié par une autoroute continue jusqu'à Pékin.

---

12. *Lingdao juece xinxi* (领导决策信息, *Informations pour les décisions des dirigeants*), octobre 2011, nº 42, p. 26.

L'autre rationalité est de mieux réussir la face sociale de l'ouverture et des réformes, en contrôlant dès le départ les questions de la terre et du logement, et en discriminant un peu moins les migrants ruraux. Cet aspect-là du modèle de Chongqing est séduisant, et sonne comme un remords pour les réformateurs libéraux de l'ère Deng Xiaoping. Pourtant, cette politique du logement social urbain est tout simplement celle qu'ont appliquée Hong Kong et Singapour, deux économies libérales avec des pouvoirs étatiques forts. Et c'est la même politique qu'a lancée le gouvernement Wen Jiabao à l'échelle du pays, dont Chongqing a recueilli les crédits.

Mais Chongqing n'est-elle pas aussi un modèle artificiel, comme tant d'utopies du maoïsme ? Depuis la chute de Bo Xilai, des révélations sont distillées sur le coût du développement de la municipalité. Elles rappellent furieusement la dénonciation des mirages de la propagande maoïste après la mort du Grand Timonier. Certes, la croissance a été immense – peut-être 26 % pour la seule année 2011. 200 des 500 premières entreprises mondiales d'après le classement Fortune 500 se seraient établies à Chongqing. Mais le financement était à la hauteur des exploits attendus. L'investissement y a atteint 76 % du PIB local en 2011. Par comparaison, la province phare du Guangdong n'investit que 26 % de son PIB. À l'inverse, les exportations de Chongqing ne représentent encore que 12 % de son PIB, contre 65 % pour le Guangdong. Le « trou » des finances municipales atteint plus de 10 % du PIB local pour la seule année 2011 – et cette évaluation ne tient pas compte des dépenses administratives en dessous du niveau de la municipalité. L'endettement public atteint sans doute près de trois fois les recettes budgétaires locales – or celles-ci dépendent elles-mêmes en très grande partie du transfert des guerres agricoles et des ventes immobilières. Le modèle de Chongqing apparaît bien comme un soufflé menacé d'écroulement après la chute de son parrain politique[13].

On touche ici directement l'opposition de deux pans de l'économie chinoise. L'économie d'État qu'incarne Chongqing est extraordinairement dispendieuse en capitaux, alors que le Guangdong repose toujours sur les industries exportatrices, souvent à participations étrangères ou privées. Les subventions de Pékin, les emprunts, les revenus des transferts de terres à construire ont permis l'essor de Chongqing, mais le rythme ne pourra être maintenu. En mai 2012, l'influente China Development Bank, qui a financé en général la politique de développement de l'Ouest, annonce qu'en sus des 20 milliards de dollars déjà prêtés, elle va engager d'autres capitaux, en particulier pour poursuivre le réseau autoroutier. Si la planète est assez vaste et riche pour absorber une nouvelle vague d'exportations chinoises, le projet de Chongqing apparaîtra comme prophétique. Dans le cas contraire, il pourrait symboliser l'orgueil et la démesure des gouvernements locaux en Chine. Il est en tout cas impossible qu'il serve de modèle à d'autres localités, tant il s'avère lourd à financer.

Une croissance insoutenable

La croissance chinoise est prodigieuse, mais est-elle soutenable, et sur quel modèle repose-t-elle ? À la première question, il faut répondre positivement. Les réserves de productivité sont immenses, avec le passage de la population

13. Les « vrais comptes » de la municipalité de Chongqing sont évoqués par la presse chinoise en mai 2012 : voir Chan Yang, « Que reste-t-il du modèle de Chongqing ? », *China Analysis*, juillet-août 2012, n° 39.

des champs aux usines, et dépassent largement l'impact du vieillissement de la population : celui-ci pose certes une question sociale grave, en raison de l'insuffisance du système de retraite ou de placements. Mais cette insécurité elle-même alimente une épargne gigantesque, qui est l'autre moteur de la croissance. La Chine a construit les meilleures infrastructures de transport au monde – les autoroutes à l'américaine, les chemins de fer à l'européenne et la première infrastructure portuaire et aéroportuaire au monde. La déconnexion encore en vigueur des marchés de capitaux, avec un contrôle des changes, une limitation des placements financiers et une convertibilité limitée de la monnaie, permet d'isoler les risques d'une crise financière internationale – ou ceux d'une crise intérieure.

Plus délicate est la question politique du modèle suivi par le sentier de croissance chinois. Les réformes libérales des années 1980 et la globalisation des années 1990 ont engendré des gains immenses pour une partie de la population, y compris avec la privatisation qui a diffusé la propriété immobilière. Ces gains ne sont plus accessibles aux générations suivantes : celles-ci se heurtent à des coûts d'achat bien trop élevés. L'élargissement à de nombreux pôles à travers le pays de l'industrie exportatrice constitue la plus grande vague de développement dans l'histoire. Mais elle engendre aussi des inégalités prodigieuses. Et la rente de situation de l'État-parti, supportable en phase de croissance rapide, devient insupportable si la croissance ralentit et si les revenus réels connaissent une phase de baisse. Le plus difficile pour la classe dirigeante est de se contrôler elle-même et d'enrayer ses excès, puisqu'elle n'accepte pas le contrôle démocratique d'élections contestées.

Or plusieurs limites externes apparaissent au modèle chinois : celle de la capacité d'absorption des marchés étrangers ; et la voracité des besoins chinois en énergie et en matières premières. La Chine alimente l'inflation et en supporte la première les conséquences : ce que les analyses superficielles prennent souvent pour un boom récent des importations et de la consommation intérieure est souvent le résultat de la hausse des prix de ces ressources importées. Ce sont en fait ces deux limites externes qui pèsent le plus lourd. La limite physique des ressources naturelles et la détérioration extraordinaire de l'environnement en Chine lui imposeraient de passer à une croissance « verte », à partir d'économies d'énergie et de recours à des ressources alternatives. Or rien, jusqu'ici, n'a freiné la hausse de la consommation de charbon, ni les importations de pétrole. Après avoir tenté d'enrayer la dépendance au charbon à la fin des années 1990, notamment à cause des accidents dans les mines les plus marginales, le gouvernement s'est résigné. En 2015, la Chine produira 4,1 milliards de tonnes de charbon : à leur apogée en 1960, les mines françaises en produisaient 57 millions de tonnes... La Chine est déjà le second importateur mondial de pétrole, et prévoit d'acheter 400 millions de tonnes de brut en 2015 : c'est plus de la moitié de la consommation totale de l'Europe des 27 en 2010...

Ces excès se nourrissent parfois mutuellement. Un seul exemple suffira : à l'été 2011, le monde a connu une inflation sans précédent des prix du cuivre, entraînée par des achats de la Chine, qui représente 40 % de la consommation mondiale. Mais ce pic n'était pas seulement dû au besoin ou même à la spéculation sur le cuivre. En fait, les promoteurs immobiliers chinois, alarmés par le contrôle croissant des prêts à la construction, s'étaient avisés que l'État encourageait les emprunts pour l'achat de matières premières : spéculant sur leur hausse indéfinie, ils se sont mis à effectuer des achats de cuivre à la fois à crédit et à terme. L'argent des prêts, ils l'utilisent pour sauver leurs projets immobiliers. Et pour rembourser plus tard les prêts, ils comptent sur la hausse du prix du cuivre, une hausse provoquée par le boom de la construction et du bâtiment…

Ainsi, boulimie de matières premières, boule de neige du crédit, et spéculation immobilière parapublique peuvent s'entretenir mutuellement. À l'été 2012, nombre d'entreprises chinoises frappées par le ralentissement mondial alimentent leur trésorerie au moyen de prêts gagés sur des achats de matières premières ou de biens d'équipement importés : à très court terme, leur démarche est logique puisque le crédit a été restreint, mais reste encouragé dans ces domaines. Mais c'est une fuite en avant, et cette demande artificielle ne peut se maintenir longtemps.

Tout aussi problématique apparaît la reconduction des investissements et des stimulants budgétaires qui ont mis la Chine à l'abri de la récession de ses clients occidentaux. Le faible taux d'endettement du budget public cache plusieurs bombes à retardement : à l'endettement public local s'ajoute celui que fournit le crédit parallèle, non bancaire, et les retraites à verser non provisionnées – la population âgée de plus de 65 ans va tripler d'ici à 2035.

Échapper au piège du succès

Ce sont ces incertitudes qui alimentent la reprise du débat sur la réforme économique. D'un côté, se trouve la force des intérêts acquis, allant des grands groupes d'État aux nombreux gagnants de l'immobilier et aux bénéficiaires d'un système financier protégé. Ils souhaitent prolonger la croissance sur le même modèle, axé d'une part sur les exportations, d'autre part sur la distribution de moyens financiers abondants à des acteurs privilégiés. On ne change pas une recette qui gagne – et seule la crise du monde extérieur, et en particulier de l'Occident, vient troubler les certitudes. Il est facile de la mettre au compte de la faillite du modèle économique libéral, et de prôner un modèle chinois étatiste avec une pincée de redistribution par des subventions. Les théories du complot sur la finance occidentale sont d'ailleurs propagées sans retenue : ainsi d'une trilogie intitulée *La Guerre des monnaies* par Song Hongbin[14]. Fasciné par la saga des Rothschild, l'auteur s'inspire de classiques conspirationnistes pour réécrire l'histoire de la finance internationale. Comble de l'ironie, dans ce livre publié en 1997, un an avant la grande crise financière mondiale, Song revendique d'avoir travaillé pour Fanny Mae et Freddy Mac comme « conseiller de haut rang ». Il dit avoir œuvré dans la conception du système d'audit automatisé des crédits immobiliers américains, et dans l'analyse du risque des MBS ou *mortgage backed securities*. L'auteur chinois qui croit déceler des complots partout s'est ainsi trouvé au cœur du crédit *subprime* – la bombe à retardement de la grande crise de 1998, mais il n'y a vu que du feu…

La perception d'une crise économique sans précédent pour les économies occidentales a aussi influencé d'autres raisonnements. Elle a facilité l'essor du « modèle de Chongqing » de Bo Xilai. Ainsi, des économistes de la « nouvelle gauche » chinoise, comme Cui Zhiyuan[15] ou Wang Shaoguang, ont vu dans Chongqing le renouveau du socialisme chinois, basé sur un État fort et redistributif.

À l'inverse, des économistes libéraux, des officiels rattachés à la banque centrale chinoise, et Wen Jiabao, Premier ministre, tirent des conséquences très différentes de

14. Song Hongbin, *Huobi Zhanzheng* (货币战争), Beijing, CITIC Press, 1997 pour le premier volume.

15. Professeur à l'Université Tsinghua, Cui a été investi de fonctions de conseil à Chongqing, et en a publié la défense la plus intelligente : « Partial Intimations of the Coming Whole : The Chongqing Experiment in Light of the Theories of Henry George, James Meade, and Antonio Gramsci », *Modern China*, novembre 2011, n° 37, p. 646-660.

la crise économique occidentale, qui menace l'expansion des exportations chinoises. Ils développent la thèse que la reconduction de la croissance sur le même modèle d'investissements, de relance et d'entreprises d'État est insoutenable. Le plus éloquent dans cette direction est un sociologue de l'Université Tsinghua, Sun Liping, qui ferraille contre les « intérêts spéciaux » et prône une relance généralisée de la réforme par le haut – et non plus par petites touches graduelles. Lui comme d'autres soulignent que les reproches faits par la nouvelle gauche au libéralisme – et notamment l'aggravation des inégalités et de la corruption – tiennent en fait aux limites posées à la réforme. Les résultats de la réforme ont été capturés par les familles régnantes, les clans et les corporatismes.

La critique redevient alors directement politique. En dénonçant l'illusion de la stabilité comme un danger, en expliquant que des réformes imparfaites valent mieux que pas de réformes, en soulignant le piège du succès qui livre l'économie à des intérêts acquis, les réformateurs sont irrésistiblement conduits à mettre en cause la mainmise de l'État-parti. Même dans l'économie, réclamer des instances de régulation indépendantes des administrations, demander l'application de la loi au-dessus des intérêts du Parti, couper le lien ombilical entre l'épargne forcée et la distribution du crédit ou des subventions, c'est révolutionner l'économie politique – donc la politique. Ceux-là mêmes qui maintiennent leur critique en deçà d'une mise en cause directe du pouvoir comptent simplement prendre date, et espèrent qu'une évolution progressive résoudra le dilemme. Mais tant que la croissance reste très forte, les pertes et les défauts du modèle de croissance sont absorbés. Si la croissance fléchissait brusquement – crise mondiale, emballement financier intérieur – alors les choix à faire deviendraient rapidement explosifs.

CHAPITRE 6

La réforme sans l'élection

Depuis sa montée vers le pouvoir avant 2002 jusqu'au lendemain de son renouvellement de mandat en 2007, Hu Jintao a déçu les attentes de ceux qui espéraient le voir reprendre le flambeau de la réforme politique. Puisqu'il est impossible de discerner le rôle d'éventuels débats au sommet, il est aussi difficile de lui attribuer la responsabilité personnelle de cette stagnation. Mais cette déception rejaillit sur Wen Jiabao, le seul des dirigeants centraux qui a fait plusieurs déclarations marquantes en faveur de la libéralisation politique. Tantôt le soupçon plane sur sa franchise. Tantôt c'est à nouveau l'ambiguïté qui est en question dans ses propos. Sont-ils vraiment originaux, ou bien constituent-ils une habile variation sur un dogme inchangé, sérénade dans la ligne du front uni à destination des naïfs ? Est-il vraiment partisan d'une libéralisation politique ou simplement « meilleur acteur de Chine », comme l'en a accusé l'intellectuel dissident Yu Jie ? En tout cas, dès 2007, Wen a appelé à la reprise de la réforme politique. Il célèbre l'« esprit de la démocratie » à l'Université de Pékin en mai 2010, pour l'anniversaire du mouvement du 4 mai 1919. Il évoque à Shenzhen en août 2010 la nécessité de la réforme politique, de l'émancipation de la pensée, et critique la « concentration excessive de pouvoir sans contrôle ». Largement repris dans la presse officielle, il est ensuite interrogé en septembre 2010 par CNN et offre des réponses plus prudentes dans le fond, mais très combatives dans la forme. La réforme politique « est un point de vue qui a été avancé par Deng Xiaoping il y a bien longtemps ». Mais Wen, distinguant la phase de la prise du pouvoir et l'exercice de celui-ci, réduit la réforme politique au fait pour tous d'« agir selon la Constitution et les lois ». L'injonction est banale, puisqu'elle n'appelle pas tant à un changement qu'à l'application des textes. Et pourtant il y met une passion insolite : la soumission à la loi doit valoir « sans aucune exception », dit Wen, qui promet de défendre ces idées « sans faillir, en dépit du vent fort et de la pluie drue, sans céder jusqu'au dernier jour de mon existence ». Qu'a vraiment voulu dire Wen, et qui est l'adversaire implicite visé par sa déclaration ?

Wen Jibao et la réforme politique

D'abord, Wen a raison de relever que ses propres propos ne sont pas originaux. La résurrection en 1982 de la Constitution de 1954, l'adoption d'un État des lois (sinon de droit) sont la voie choisie par l'État-parti après l'arbitraire maoïste. Mais sans une issue électorale, toujours refusée. Le paradoxe de la Constitution de 1954 a été souvent noté. Inspirée de la philosophie du siècle des Lumières et donc universaliste, la structure des pouvoirs qu'elle trace est proche de la Constitution stalinienne de 1936. Comme cette dernière, elle a recouvert l'arbitraire absolu. Et, pourtant, on trouve parmi ses auteurs des constitutionnalistes de la Chine républicaine, et, parmi les dirigeants, Deng Xiaoping et Hu Yaobang. Ils réinjecteront les mêmes principes généraux dans la Constitution de 1982[1].

En août 1980, Deng Xiaoping a prononcé un célèbre discours sur la réforme du Parti et de l'État où il critiquait lui aussi la « concentration excessive des pouvoirs aux mains des comités de Parti au nom du renforcement de la direction centralisée[2] ». Il prône alors la séparation du Parti et de l'État, et évoque la nécessité d'un « équilibre des pouvoirs » (*quanli zhiheng*[3]). Le patriarche avait ainsi légitimé la réforme politique et justifié l'action de ses principaux lieutenants des années 1980, Hu Yaobang et Zhao Ziyang. En 1986, en même temps qu'une campagne de libéralisation politique (les « Double Cent Fleurs »...), Hu Yaobang a poussé en avant la séparation du Parti et de l'État. Après sa chute en janvier 1987, Zhao Ziyang qui lui succède a repris plus discrètement le flambeau, faisant republier le même discours de Deng avant le 13e Congrès du PCC. Et c'est la mort de Hu Yaobang, en avril 1989 qui a été le déclencheur des premières manifestations de Tiananmen.

Wen peut difficilement ignorer que cette filiation-là s'est interrompue par la force en 1989. Il ne peut ignorer non plus que Deng a dit tout et son contraire. En mars 1979, Deng avait aussi proclamé « quatre principes fondamentaux », dont la dictature du prolétariat et le rôle dirigeant du Parti communiste. Très rarement évoqués avant 1989, ces principes seront alors soudain rappelés. Wen frôle également la violation d'un tabou en distinguant la phase de prise révolutionnaire du pouvoir et l'exercice de celui-ci. Cela revient à

---

1. Glenn D. Tiffert, « Chinese Constitutionalism in the 1950s », *in* Stéphanie Balme et Michael W. Dowdle, *Building Constitutionalism in China*, Palgrave Macmillan, 2009, p. 61.

2. « On the Reform of the System of Party and State Leadership », *Selected Works of Deng Xiaoping*, vol. 2 (1975-1982), Pékin, Foreign Languages Press, 1995, p. 319-342.

3. 权力制衡.

déclarer la fin de la révolution, une proclamation qui n'a jamais vraiment été faite en Chine. Or le Parti a au contraire renforcé explicitement sa mainmise sur l'État en 2004. L'un de ses dirigeants, Zeng Qinghong, évoque alors « la leçon douloureuse de la perte du pouvoir en Union soviétique[4] ». Sa directive pour le renforcement du rôle dirigeant du Parti établit une confusion complète entre le Parti et l'État. Finalement, Hu Jintao a choisi de réglementer le fonctionnement du Parti, mais non de le séparer de l'État ni d'affirmer la supériorité du droit.

Wen a pris dès avril 2010 une position plus audacieuse encore en rendant un hommage public très personnel[5] à Hu Yaobang. L'ensemble des propos de Wen a une direction claire : il s'appuie sur la ligne qui fut, de 1980 à 1989, celle de Deng pour prôner la reprise de la réforme politique, interrompue depuis Tiananmen. Sa démarche tente de créer une jurisprudence à partir du rappel des principes libéraux qui ont pu, à un moment ou un autre, être établis en Chine populaire. Évolutionniste et non révolutionnaire, il n'en est pas nul et non avenu pour autant.

Contre une régression maoïste

Il existe selon Karl Popper des vérités non réfutables, dites infalsifiables. Le propos de Wen en est une. Il ne peut être qualifié d'hétérodoxe, et pourtant il est audacieux, dans

4. *Quotidien du peuple*, 8 octobre 2004, p. 2.

5. La version chinoise de cet hommage, en forme de réminiscence d'un déplacement avec Hu Yaobang dans le sillage du célèbre « Voyage vers le Sud » de Deng au Nouvel An 1992, est parue dans le *Quotidien du peuple* du 15 avril 2010, voir http://news.sina.com.cn/c/2010-04-15/052420076846.shtml.

la forme et dans le contexte. La preuve de l'audace est dans les réactions qu'il suscite. Un éditorial en première page du *Quotidien du peuple* signé d'un pseudonyme collectif révélateur (Zheng Qingyuan, synonyme de « mise au point[6] » !) s'en prend à la « démocratisation à l'occidentale », et à la doctrine de la séparation des pouvoirs. L'attaque est oblique et ne cible pas les mots utilisés par Wen, mais elle est très rapprochée dans le temps. Un autre journal pékinois a affirmé sur son site Web que ce pseudonyme était celui de la direction collective elle-même[7]. Surtout, plusieurs incidents vont se produire. En décembre 2010, à la veille de la remise du prix Nobel au dissident Liu Xiaobo en Norvège, des intellectuels et juristes sont mis au secret. Plusieurs d'entre eux sont alors menacés d'être « enterrés vivants », et le témoignage le plus précis émane de Yu Jie, un intellectuel qui se trouve être l'auteur du livre qualifiant Wen Jiabao de « meilleur acteur de Chine ». Ses interrogateurs lui ont notamment dit : « Si les dirigeants nous en donnent l'ordre, il nous suffit d'une nuit pour arrêter les 200 intellectuels qui représentent une menace, et d'une demi-heure pour les enterrer vivants. » Or il n'est pas un Chinois qui ne connaisse l'histoire de Qin Shi Huangdi, le fondateur de la dynastie Qin et unificateur de la Chine en 221 avant Jésus-Christ. Dans son combat pour imposer l'école légiste, il fit brûler les manuscrits des Cent Écoles classiques, et enterrer vivants 460 lettrés. Il a été pris comme modèle par Mao contre les « vieilleries confucéennes », ressuscitant alors la formule « brûlons les livres et enterrons vivants les lettrés[8] ».

---

6. Zheng Qingyuan, « Moving in a Correct Direction to Reliably Advance Political Reform », *Quotidien du peuple*, 27 octobre 2010, repris sur http://news.qq.com/a/20101027/000143.htm.

7. *Pékin Matin* (*Beijing Chenbao*), 2 novembre 2010. L'article, qui a rapidement disparu du site Web, a été traduit par le China Media Project de Hong Kong. http://cmp.hku.hk/2010/11/05/8592/.

8. *Fenshukengru*, 焚書坑儒.

Une autre affaire, en avril 2011, fournit un indice supplémentaire. L'artiste et activiste Ai Weiwei, enlevé et détenu au secret pendant 81 jours, invoque la loi devant ses interrogateurs. Ils le menacent également de l'enterrer vivant et lui disent : « Sais-tu que Liu Shaoqi avant de mourir tenait dans sa main un exemplaire de la Constitution ? Si on parle d'illégalité, il n'y a rien de différent aujourd'hui dans ce pays avec la Révolution culturelle. » L'affaire Ai Weiwei est une affaire d'État, d'autant que, fils du poète communiste Ai Qing, il est personnellement connu de bien des dirigeants. Ai Weiwei est finalement libéré et assigné à résidence chez lui en août 2011, à la veille d'un voyage en Europe de Wen Jiabao. Mais au même moment apparaît une proposition dans le projet de réforme du code de procédure criminelle. Celle-ci permettrait de légaliser la détention secrète pour six mois – sans notification des proches – de personnes soupçonnées de porter atteinte à la sécurité de l'État, de terrorisme, ou encore de corruption. L'affaire est devenue un symbole d'affrontement entre les partisans de réformes juridiques et ceux, au contraire, qui veulent revenir à l'arbitraire absolu sur lequel le maoïsme s'est construit.

Wen Jiabao a-t-il voulu encourager l'expression d'opinions favorables à la libéralisation politique ? Sert-il d'alibi à un régime qui est aussi capable de souffler les termes d'un débat autorisé que d'interdire tous les autres ? Choisir entre ces deux interprétations permettrait d'écrire l'histoire politique de la dernière décennie, celle du tandem Hu Jintao-Wen Jiabao. Leur arrivée au pouvoir en novembre 2002 a suscité beaucoup d'espoirs libéraux, fondés essentiellement sur l'idée d'une reprise d'influence de réformateurs au sommet du Parti.

L'énigme du tandem Hu-Wen

Et il y avait de quoi. Wen avait été aux côtés de Zhao Ziyang dans sa célèbre visite aux manifestants de Tiananmen en mai 1989. Hu Jintao, chef de file de la Ligue de la jeunesse communiste à la réputation plus libérale que le Parti lui-même, a passé pendant la Révolution culturelle une décennie d'exil dans la province pauvre du Gansu, y faisant la connaissance de Wen. Leur arrivée au pouvoir s'est accompagnée de critiques contre le déséquilibre entre les côtes et les régions de l'intérieur. Ces critiques visaient aussi la « faction de Shanghai », un groupe dirigeant qui a établi ses bases dans la prospère économie côtière. Son chef de file, Jiang Zemin, avait dû sa promotion nationale à la crise de Tiananmen et à la purge de Zhao Ziyang. Un analyste sino-américain, Cheng Li, a établi sa réputation sur le clivage qu'il discerne entre le groupe de Shanghai, partisan des entreprises d'État et responsable de l'inégalité régionale, aujourd'hui fusionné avec les « fils de prince » issus des familles dirigeantes du régime, et le groupe de la Ligue de la jeunesse, moins élitiste, préoccupé de la fracture sociale et du fossé entre régions[9].

De là à voir l'énigmatique Hu en futur Gorbatchev chinois, il n'y avait qu'un pas. Après tout, Mikhaïl Gorbatchev non plus n'avait pas brillé par son originalité avant de gravir la dernière marche du pouvoir. L'opposition entre deux factions aux options bien distinctes ressuscitait aussi la « lutte entre les deux lignes » du Parti à l'ère maoïste. À une « gauche » liée en fait aux places fortes de l'économie socialiste s'opposait une « droite » à la fois plus populiste – car

9. Cheng Li, *China's Leaders : The New Generation*, Lanham, Rowman and Littlefield, 2001.

soucieuse des régions de l'intérieur – et plus libérale, par la filiation de ses parrains, où on retrouve en particulier Hu Yaobang, qui fut aussi à la tête de la Ligue de la jeunesse communiste lors des Cent Fleurs de 1956. Le schéma avait enfin l'avantage d'être rationnel. Il retrouve aussi le tropisme de la culture politique chinoise, où la qualité humaine compte plus que les institutions formelles : c'est la lutte des hommes de bien (*haoren*[10]) contre tous les vices, un schéma qui se prêtait aussi à l'adoption des Lumières. Mais pour être rationnel et séduisant, ce schéma est-il pour autant réel ?

Rien n'est moins sûr. Au terme de dix ans de pouvoir, le tandem Hu-Wen laisse derrière lui une impression de malaise, en dépit du triomphe économique de leur politique. Wen dans son rôle de Premier ministre a assumé une dimension d'empathie avec les faibles ou les victimes de la société chinoise – qu'il s'agisse de mineurs de fond, de la population du Sichuan frappée par un tremblement de terre meurtrier, ou même des voyageurs bloqués par une tempête de neige à la veille du Nouvel An chinois. Cette dimension nouvelle témoigne, comme l'apparition des dirigeants sur les réseaux sociaux, de la prise en compte de l'opinion publique et de sa gestion. Ce n'est donc pas tant la question de la sincérité de « grand-père Wen » qui est posée, mais celle en tout état de cause de sa faiblesse à faire suivre ses paroles par des actes. À sa décharge, Wen a été l'objet de campagnes de dénigrement émanant de l'appareil lui-même, souvent assorties de la rumeur d'une scission avec Hu : c'était déjà le cas, par exemple, à la veille du 17e Congrès de novembre 2007. Aujourd'hui, dénigrement et rumeurs se sont reportés sur le deuxième élément du tandem apparemment mis en selle pour la succession de novembre 2012 : Li Keqiang, qui apparaît souvent dans le sillage de Wen. La rumeur le dit sans

10. 好人.

expérience de l'économie et susceptible d'être finalement remplacé comme Premier ministre par Wang Qishan, vice-Premier ministre actuellement en charge des affaires économiques et financières. La fragilité, à nouveau démontrée par les faits, des propos de Wen sur la réforme politique accrédite un blocage au sommet.

Hu Jintao lui-même n'est jamais sorti de l'ambiguïté sur les thèmes de la réforme politique au sens large, qu'il s'agisse du droit ou de la réforme politique. Son arrivée au pouvoir en 2002, puis le renouvellement au Congrès du PCC de 2007 ont été précédés de bruits d'une libéralisation politique en préparation, éventualité chaque fois démentie par la suite. En fait, en 2004-2005, Hu a déclenché une opération de renforcement du Parti qui passait par une enquête approfondie sur chacun de ses membres. Après 2007, ce sont les procédures de sélection à l'intérieur du Parti, y compris en effet par l'élection, qui ont été réformées. Encore en janvier 2012, son discours à une réunion plénière du Comité central repose sur un équilibre parfait. Il y dénonce le complot occidental pour subvertir le système politique chinois, mais souligne la faiblesse internationale de la diplomatie publique et du *soft power* chinois. L'interprétation est impossible – certains y voient un appel à l'émancipation intellectuelle, d'autres la confirmation d'une vision sécuritaire obsessive. Son thème favori de l'harmonie – *hexie*[11] –, au sein de la société chinoise comme dans les relations internationales, peut passer pour la résurgence d'un confucianisme modéré – conciliation, équilibre interne aux institutions existantes primant sur la mise en place de contre-pouvoirs séparés, mais aussi sur tout jeu politique idéologique.

11. 和谐.

L'art de durer

Cette ambiguïté s'explique peut-être par la fragilité politique du tandem Hu-Wen. Ils n'ont jamais bénéficié d'une majorité automatique au Comité permanent du Bureau politique, à la différence de Deng Xiaoping à partir de 1985, ou de Jiang Zemin, que Deng avait imposé comme successeur direct. Jiang, dont on avait dit le secrétariat fermé, et qu'on a donné comme mourant à l'automne 2010, est toujours là, comme Zeng Qinghong, son dauphin préféré, parti à la retraite au printemps 2010, et même l'ancien Premier ministre Zhu Rongji. Ils participent de la direction collective dans les affaires de succession politique, et les critiques privées qu'ils font de leurs successeurs font parfois le tour de Pékin.

Second facteur, Hu poursuit l'objectif désigné par Deng depuis la fin de la Révolution culturelle, qui est le maintien d'un noyau dirigeant stable, à l'abri du jeu factionnel et de surenchères idéologiques. Or le Parti reste une institution exceptionnelle. Les successions, les nominations aux échelons intérieurs en particulier sont entièrement arbitrées au sein du groupe dirigeant, sans qu'existe un mécanisme indépendant ou même extérieur de légitimation. Les exemples de fonctionnement durable de tels mécanismes de désignation sont bien rares. Le cas de Singapour, toujours évoqué par les partisans d'un État des lois autoritaire, est particulier non seulement à cause de son échelle réduite (5 millions d'habitants pour la cité-État), mais aussi parce que la famille Lee, du patriarche fondateur Lee Kuan Yew à son fils Lee Hsien Loong, est au pouvoir depuis 1955 à travers les institutions du PAP, le parti politique dominant. La Corée du Nord, autocratie communiste, est devenue une monarchie dynastique, mais ne fait guère figure de succès.

L'exploit chinois – perpétuer un pouvoir détenu *intuitu personae* avec un haut degré d'institutionnalisation – reste rarissime pour un pouvoir temporel. Seule la République de Venise et ses doges – une oligarchie affichée – et le Vietnam contemporain sont sur les rangs. Certains en Chine évoquent même le modèle du Vatican et de la Curie. Équilibrer les ambitions, empêcher la formation de factions jouant sur un débat idéologique pour prendre l'avantage – bref, empêcher le retour du jeu politique maoïste – est un art difficile.

Hu Jintao est aujourd'hui couramment dénoncé par les libéraux, pour son immobilisme et pour la stagnation de la réforme politique qui a marqué ses mandats. Soupçonné d'indécision, son prénom se voit déformé pour signifier le mot « piège ». Les conservateurs, eux, peuvent intenter à tout moment un procès nationaliste. Leur capacité de chantage est grande, par exemple en faisant circuler des listes de « traîtres à la nation chinoise ».

À défaut de séparation des pouvoirs, l'essor des règles

Pour la défense du tandem Hu-Wen, il faut bien remarquer que s'ils ont évité toute innovation et même toute dynamique nouvelle, ils ont en revanche beaucoup élargi l'empire des règles, et leur application concrète. Aucun dogme n'a été bouleversé, mais le fonctionnement concret de la société, et les rapports entre celle-ci et l'État, ont évolué en profondeur. Deux aspects l'illustrent.

Le premier est la multiplication des procédures régulières. L'ère Hu-Wen a vu une recrudescence de réformes procédurales, des contrôles internes au Parti-État, une multiplication des ressources et de la technicité des *think tanks* et de l'expertise en général, à l'intérieur comme à l'extérieur du gouvernement. C'est donc un gouvernement consultatif et régi par des règles, avec son pendant à l'intérieur du Parti. Les assemblées locales du Parti doivent se réunir en dehors de leur inauguration rituelle tous les cinq ans. L'élection de leurs membres, pour lesquelles le nombre de candidats est supérieur au nombre de sièges, est même entourée de plus de garanties que les élections de village ou celles des délégués aux assemblées de district, première marche de la désignation indirecte des membres de l'Assemblée nationale populaire. En 2007, le 17e Congrès du Parti a vu 8 % de candidats de plus que de postes à pourvoir, et a instauré des expériences de candidatures multiples au sein du Parti dans deux provinces. Sous Hu Jintao – comme sous Zhao Ziyang de 1987 à 1989 –, la tenue des réunions du Bureau politique n'est plus secrète. Celle des réunions, beaucoup plus fréquentes, de son Comité permanent le demeure.

Rien n'incarne mieux l'accent sur la procédure et la technicisation que les réformes affectant le célèbre Département à l'organisation du Parti, et la désignation aux postes – jusques et y compris des principaux dirigeants eux-mêmes. La nomenclature chinoise, inspirée du système soviétique, a toujours fait dépendre les nominations de l'échelon supérieur et subordonné un grand nombre de celles-ci à l'appartenance au Parti et au veto de celui-ci[12]. Les exceptions sont rares, comme celle du ministre de la Science et de la Technologie, Wan Gang, qui a passé dix-huit ans en Allemagne, notamment au sein du groupe Volkswagen, et qui est formellement membre d'un petit parti du front uni, le « Parti de l'intérêt public » (*Zhongguo zhigongdang*[13]). Et, même dans

12. Kjeld-Erik Brodsgaard, « Institutional Reform and the Bianzhi System in China », *The China Quarterly*, septembre 2002, nº 170, p. 361-386.

13. 中国致公党.

ce cas, le système ne fait pas toujours grand cas de la non-appartenance au Parti communiste : ainsi un Occidental porté par le biais d'une participation étrangère à la vice-présidence d'une banque régionale chinoise peut avoir la surprise de se retrouver dans l'annuaire local des cadres membres du Parti, parce que son poste l'exige en principe...

Ces procédures ont été renforcées et technicisées dans la dernière décennie. Le contrôle de la nomination des cadres par le Département à l'organisation de chaque niveau concerne non seulement le premier échelon hiérarchique immédiatement subordonné, mais aussi le second échelon inférieur : cette profondeur vise à diminuer le clientélisme personnel direct. Elle s'applique aussi à nombre d'organisations – entreprises d'État, médias, universités. Elle est complétée, dans tous les postes, que ce soient ceux du Parti, de l'État ou des grandes entreprises, par un système de notation selon un certain nombre de critères de performance. Par exemple, si une note est attribuée pour les performances environnementales, et non seulement pour la croissance économique, alors les cadres locaux deviennent plus sensibles à l'économie « verte ». Le siège du pouvoir du Parti, détenteur depuis les origines des fameuses *dangan*, fiches de renseignement qui suivent chaque membre toute sa vie, est ainsi complété par une gestion des ressources humaines.

La seconde transformation institutionnelle passe par l'essor des possibilités de litige pour les citoyens. Il est vrai que certaines sont anciennes, au point de remonter parfois à l'Empire. Ainsi du droit de pétition par lettre ou visite (*xinfang*[14]), qui permet à des citoyens lésés de faire appel en pétitionnant aux échelons supérieurs de l'État et du Parti. Il est, sous diverses formes, si institutionnalisé qu'une

14. 信访, qu'avait illustré en 1992 le premier film de Zhang Yimou *Qiuju, une femme chinoise*.

administration nationale existe pour superviser, parallèlement à la justice, le traitement de ces appels, avec une procédure fixée en 2005. À l'évidence, le système permet de pallier l'absence de contrôle par le pouvoir central d'une bureaucratie éparpillée.

Mais le système légal et judiciaire lui-même s'est considérablement étendu, y compris avec la création d'une aide financière pour les plaignants individuels et collectifs les plus démunis : entre 1998 et 2010, le budget de l'aide judiciaire a été multiplié par trente-cinq, pour atteindre le montant encore modeste de 1 milliard de yuans[15]. Il a été complété en 2010 par des subventions à des associations privées d'assistance juridique. Il existe plus de 17 000 cabinets et 200 000 avocats[16]. Cela ne représente que 1,5 avocat pour 10 000 habitants, une proportion qui reste d'un ordre de grandeur inférieur à ce qu'elle est en Inde (sans doute un peu plus de 8 pour 10 000 en 2010) et en France (8,4 pour 10 000 en 2010), pour ne pas parler des sociétés anglo-saxonnes, vouées à la litigation juridique.

L'ensemble de ces changements, avec à la fois l'extension des règles, les possibilités d'appel à l'autorité ou de recours, constitue une forme de judiciarisation de la société, mais aussi de l'État. C'est le soubassement d'un édifice légal dont il manque pourtant l'essentiel – une séparation des pouvoirs et un contrôle de constitutionnalité.

---

15. « China's Legal Aid Funds Surge in 2010 », *Xinhua*, 2 février 2011, http://english.peopledaily.com.cn/90001/90776/90882/7279101.html.

16. Selon Yu Ning, président de l'Association des avocats chinois, cité par *Xinhua*, 25 décembre 2011, http://www.chinadaily.com.cn/china/2011-12/25/content_14324123.htm.

L'élection impossible

La limite de cette judiciarisation, c'est l'impossibilité d'une voie électorale. Et pourtant…

La Chine populaire a connu quatre Constitutions depuis 1949, mais la dernière, adoptée en 1982, a déjà duré trente ans. Or, à tous les étages de celle-ci, l'élection règne en principe, depuis les strates d'élection aux assemblées locales, puis provinciales et enfin à l'assemblée nationale, jusqu'à l'élection du Premier ministre et de son gouvernement, et du président de la République populaire. Le même principe prévaut au sein du Parti, de la base au sommet : tous élus. Évidemment, la règle théorique incite à l'ironie.

Un exemple suffira, qui n'est pas anodin. La Commission militaire centrale a été dupliquée du Parti à l'État en 1982, dans un effort pour délimiter les deux compétences. Mais sa composition ne diffère pas d'un iota du Parti à l'État, bien que les membres soient « élus » dans un cas par le Comité central, dans l'autre par l'Assemblée nationale. Or elle reste le lieu du pouvoir en ultime recours : car si le Parti commande aux fusils, autrement dit à l'Armée populaire de libération, il s'appuie sur l'armée en cas de difficulté. C'était vrai pendant la guerre civile – et on date la prise du pouvoir de Mao de son accession à la tête de la Commission pendant la Longue Marche. C'était vrai de Deng, qui s'est d'ailleurs appuyé sur la Commission pour appliquer la loi martiale en 1989. La limitation du pouvoir individuel par la direction collective et le poids des anciens dirigeants se lit à travers le délai imposé à Hu Jintao, devenu le numéro un du Parti en novembre 2002, pour remplacer, deux ans plus tard, son prédécesseur Jiang Zemin à la tête de la Commission. Est-ce le signe d'une application possible de règles électorales jusqu'ici virtuelles, ou simplement l'indice d'une lutte factionnelle ? En tout cas, au printemps 2003, Jiang Zemin n'a recueilli que 92,4 % des voix à l'Assemblée nationale pour conserver son poste, 36 députés (1,2 %) votant pour Hu Jintao…

L'élection des organes dirigeants chinois est donc une fiction, bien sûr. Les instances supérieures choisissent les candidats, ou les identifient avec le Département à l'organisation. Mais aujourd'hui, différentes explications se font jour. Trois d'entre elles peuvent être discernées.

La loi sans l'élection

Il y a d'abord ceux qui décident de faire l'impasse sur le principe même de l'élection. Ce ne sont pas tous des confucianistes attardés. Parmi les principaux représentants d'un État de droit sans élections, Pan Wei. Docteur – cela ne s'invente pas – de l'Université de Berkeley (Californie) où naquit en 1961 le *free speech movement* américain, Pan Wei dispose à la prestigieuse Université de Pékin d'un bureau décoré avec des estampes de la Rome décadente, celle du XVIIIe siècle, dont monuments et rues étaient à l'abandon. Ses arguments ne sont pas tant fondés sur une exception culturelle chinoise – confucianisme, tradition bureaucratique – que sur une critique interne aux modèles occidentaux, et sur une nostalgie de la « ligne de masse » maoïste. Il évoque la « superstition démocratique ». La démocratie se résume pour lui dans la croyance en la voie électorale comme système de sélection et de décision, confondant ainsi élection et efficacité. Mais il utilise aussi à l'occasion l'argument d'un développement socio-économique insuffisant pour permettre la démocratie. Il lui oppose le développement d'un

État des lois, et retrouve alors la tradition de la philosophie classique des Légistes. Conservateur et nationaliste, Pan Wei peut aussi bien s'en prendre au Parti quand celui-ci ne répond pas à ses attentes, et pour cela invoquer une opinion populaire chinoise qui ne demanderait qu'à déferler pour balayer les tendances occidentalistes et leurs partisans. Sa vision du peuple est alors proche de la « ligne de masse » maoïste, et non d'une légitimité démocratique. Mais il défend tout de même la constitutionnalisation par le droit, le contrôle indispensable de l'autorité étant exercé par l'existence d'instances indépendantes les unes des autres au sein du gouvernement. À certains égards, Pan Wei n'est pas si éloigné de ceux qui veulent substituer régulation et technocratie au pouvoir politique d'élus. Il prône aussi un « gouvernement consultatif par la loi » (*zi xing xun fazhi*[17]), et cite alors Hong Kong et Singapour comme modèles.

Les modèles de Singapour et Hong Kong

La référence à Singapour est aussi faite à l'École centrale du Parti, qui a étudié et promu le modèle politique singapourien en 2007-2008[18]. Comme Singapour, la Chine a déjà mis en œuvre un système où « un parti exerce le monopole du pouvoir sur le long terme, et de nombreux partis coexistent ». Mais elle doit aussi créer un vrai « gouvernement par les

17. 咨型询法治.
18. D'après le Groupe d'étude de l'École du Parti, « Le système des partis politiques à Singapour », *Xuexi Shibao* (*Revue de l'École centrale du Parti*), 14 janvier 2008, n° 420, cité par Mathieu Duchatel, « Singapour ou la gouvernance sans la démocratie », *China Analysis*, janvier-février 2008, n° 17, p. 7.

élites » (*jingying zhiguo zhidu*[19]). Cette école du Parti serait peut-être plus circonspecte aujourd'hui dans l'éloge de l'exemple singapourien. Car aux différences de régime notables (Singapour a tout de même beaucoup plus de liberté d'information et d'expression, et plusieurs partis politiques d'opposition) s'ajoute aujourd'hui une évolution nouvelle. Longtemps tenue en laisse par le découpage des circonscriptions et le clientélisme public, la compétition électorale y devient plus réelle. Aux législatives de 2011, le parti dominant n'a plus que 60 % des suffrages, même si le système électoral lui permet de conserver 81 sièges sur 87. Un ministre du gouvernement – George Yeo, bien connu internationalement pour avoir dirigé la culture et l'information, puis la politique étrangère – y a perdu son siège et a quitté la vie politique. Quoique Singapour puisse faire figure de modèle pour le PCC (un régime de parti dominant avec 50 000 dollars de produit par habitant en 2011), même cette cité-État de 5 millions d'habitants s'écarte de l'idéal type de Syracuse, la cité platonicienne, pour se rapprocher des démocraties électives.

Il y existe toutefois des dispositions favorables au parti dominant – comme celle d'un reste proportionnel, qui réserve quelques sièges aux têtes de listes perdantes du scrutin majoritaire, et d'autres sièges à des personnalités « indépendantes » nommées par le gouvernement. Ces dispositions témoignent d'une flexibilité dans la gestion de l'incertitude électorale. À Hong Kong, région administrative spéciale rattachée à la Chine populaire depuis 1997, le dispositif négocié par la Chine avec les Britanniques a mis en place à la fois un chef de l'exécutif ratifié par Pékin, et des députés au Legco, l'assemblée locale, élus pour moitié sur une base territoriale, pour moitié par des corps de métier dits « fonctionnels ». L'opposition démocratique a recueilli 57 % des voix en 2008, mais le vote

19. 精英治国 制度.

pour les sièges « fonctionnels » redonne une majorité au chef de l'exécutif hongkongais. La part relative de ces sièges est un sujet de débat incessant depuis les négociations sino-britanniques. Pour la première fois, le gouvernement central a accepté en 2010 d'attribuer 5 des 35 sièges « fonctionnels » à des circonscriptions territoriales : les élections de septembre 2012 sont plus contestées que jamais, à la veille de la succession politique à Pékin.

Originales, les thèses de Pan Wei sont donc démenties par l'évolution des deux principaux exemples de démocratie limitée ou dirigée en Asie, à Hong Kong et Singapour. Bien entendu, il serait impossible aujourd'hui d'invoquer à l'appui des mêmes thèses les cas de la Corée et de Taïwan : démocraties électorales sans restriction, elles ont chacune connu l'alternance au pouvoir. Dans tous ces cas, une évolution graduelle, qui fut d'abord une concession tactique et a parfois prolongé de plusieurs décennies un pouvoir autoritaire, débouche visiblement sur une transformation plus profonde.

Vers un État de droit ?

Il reste que Pan Wei a identifié une forme politique tendancielle de la Chine postcommuniste, en parlant d'un « État de droit consultatif » (*consultative rule of law*). D'autres évoquent un « léninisme consultatif[20] », ou même une pratique de la « délibération autoritaire[21] ». Ce dernier terme choque, tant notre imaginaire politique découle de la

20. Steve Tsang, « Consultative Leninism : China's New Political Framework », *Journal of Contemporary China*, 2009, vol. 18, n° 62.

21. He Baogang et Mark E. Warren, « Authoritarian Deliberation : The Deliberative Turn in Chinese Political Development », *Perspectives on Politics*, 2011, vol. 9, n° 2, p. 269-289.

« démocratie délibérative » athénienne, celle que pratiquaient les tribuns sur la Pnyx, la tribune de l'Agora à Athènes. Nous avons coutume de suivre Karl Popper, qui a opposé le Socrate démocrate au Platon autoritaire – sans tout à fait prendre en compte que c'est Platon qui met en scène Socrate et en quelque sorte délibère avec lui-même[22]. Mais Socrate lui-même reconnaît l'autorité divine, celle des supérieurs avec qui existent des liens particulièrement forts, et celle des experts moraux, qu'il juge de loin préférable au jugement de la multitude[23]... Il n'est pas toujours besoin de se référer à une hypothétique gouvernance chinoise traditionnelle, au confucianisme ou à la « ligne de masse » pour justifier le maintien d'un parti unique tempéré par des mécanismes d'autocontrôle et de consultation. Parfois, les doutes, l'instabilité et les contre-performances des sociétés démocratiques y suffisent : c'était le cas au début des années 1930 en pleine dépression, c'est de nouveau le cas depuis la grande crise de 2008.

Il est aussi possible de rationaliser l'écart entre la théorie de la Constitution et la réalité du monopole politique, en expliquant que toutes les Constitutions sécrètent des interprétations, et donc des mises en pratique, qui ne sont pas explicitement contenues dans leur propre texte. Cette « seconde Constitution », qu'elle soit virtuelle, coutumière ou jurisprudentielle, peut être établie par la voie judiciaire (cas le plus fréquent dans le monde anglo-saxon) ou par la voie parlementaire (cas le plus fréquent en France). La Chine serait un cas particulièrement frappant de construction d'un État de droit réglementaire en marge de la

22. Karl Popper, *La Société ouverte et ses ennemis*, tome 1 : *L'Ascendant de Platon* (première édition en 1945), Paris, Seuil, 2006.

23. Antony Hatzistavrou, « Socrate's deliberative authoritarianism », *Oxford Studies in Ancient Philosophy*, Oxford University Press, 2005, vol. XXIX, p. 75-114.

Constitution et de la voie électorale[24]. Il n'exclurait pas nécessairement la supervision et la critique (entre différentes branches du système administratif) et pourrait même se targuer de précédents dans l'administration impériale. Et en effet, la fonction de contrôle et de supervision est une tradition chinoise. Ce sont les censeurs à l'époque impériale, ou le Yuan (Chambre) de contrôle de la Chine républicaine, qui existe à Taïwan et détient un pouvoir de supervision à la fois sur les élus et sur l'administration. Mais aussi influentes que peuvent être sous l'Empire les institutions bureaucratiques – Secrétariat, Bureau des censeurs – et des pratiques comme celle des mémoires et remontrances à l'empereur, elles n'annulent absolument pas le pouvoir personnel de l'empereur. Au contraire, le Yuan de contrôle taïwanais est devenu un organe constitutionnel, au demeurant moins influent que l'assemblée législative élue, et n'est plus le bras séculier d'un parti politique, comme l'est bien la Commission d'inspection et de discipline du Parti en Chine.

Séparer le système judiciaire du Parti

Une seconde interprétation repose sur l'idée d'un grignotage des pouvoirs arbitraires par le droit. Ce peut être le fait des autorités elles-mêmes, qui fixent des règles en réponse aux abus les plus criants. Le cas très publicisé en 2003 de Sun Zhigang, un immigrant non enregistré dans le Guangdong, qui a été battu à mort dans un centre de détention provisoire, a eu des conséquences significatives. Un

24. S. Balme et M. W. Dowdle, *Building Constitutionalism in China*, *op. cit.*, p. 6.

règlement administratif de détention des « vagabonds et mendiants » a alors été aboli par le gouvernement, après que plusieurs pétitions à l'Assemblée nationale eurent dénoncé ce règlement comme non conforme à la Constitution de 1982. Dans ce cas précis, c'est bien le gouvernement qui a tranché, et non une instance judiciaire ou parlementaire. La réponse à cette affaire avait d'ailleurs aussi comporté un volet plus traditionnel, puisque l'un de ceux qui avaient battu le jeune Sun a été condamné à mort et exécuté.

Mais, en 1999, la Cour populaire suprême, saisie d'un jugement prononcé dans le Shandong, déclare celui-ci non conforme à la Constitution[25]. Sporadiquement, un contrôle de constitutionnalité apparaît ainsi, au moins sur les décisions judiciaires elles-mêmes, sinon sur les actes du gouvernement et de l'administration. C'est une évolution importante, tout comme l'examen obligatoire des peines capitales par la Cour suprême, pour une autre raison encore : en Chine, les différents niveaux du système judiciaire, et donc les tribunaux, ne sont guère hiérarchisés entre eux, et il n'existe pas de règle de saisine. Ce n'est pas l'importance du délit ou du crime qui fonde la responsabilité de tel ou tel niveau de tribunal, mais bien plutôt l'importance relative du justiciable. Et cet état de fait favorise grandement la corruption des juges locaux.

En mai 2012, la question de l'indépendance du droit rebondit dans une autre direction. Après les violences de la campagne antimafia de Chongqing, souvent cautionnées par les tribunaux locaux, et l'affaire Chen Guancheng, cet avocat aveugle détenu chez lui par la Sécurité de la province du Shandong, un mouvement se dessine pour casser le lien de dépendance qui existe entre le Parti et les « organes » : police, juges, procureurs. Un ancien dirigeant écarté en 1998

25. *Ibid.*, p. 119-120.

par Jiang Zemin, Qiao Shi, révèle que la Commission des affaires politiques et légales du Parti, portée au pinacle une première fois lors de la campagne antidroitière de 1957, a été remise au premier plan après la répression de Tiananmen, son chef devenant à partir de 1993 membre du Bureau politique. Qiao Shi suggère de rompre le lien entre le Parti et l'appareil judiciaire. La proposition pèse évidemment sur la succession politique en cours : Zhou Yongkang, titulaire de la fonction et membre du Comité permanent du Bureau politique, a été disqualifié par sa proximité avec Bo Xilai et par des affaires embarrassantes comme celle de l'avocat aveugle Chen Guancheng. Il est difficile de ne pas relever que des deux successeurs déjà mis en piste pour le 18e Congrès, Li Keqiang, jugé réformiste et libéral, est un des rares dirigeants politiques à avoir reçu une formation juridique. Wang Shengjun, l'actuel président de la Cour suprême populaire, la plus haute juridiction chinoise, n'a pas fait d'études de droit ni occupé de fonctions judiciaires avant d'arriver à ce poste, qu'il doit entièrement à sa carrière dans les *zhengfawei*[26], les comités politico-légaux du Parti. Son prédécesseur en revanche, Xiao Yang, qui a contribué à accroître le contrôle de la Cour suprême sur les tribunaux, et mis en place le réexamen systématique des condamnations à mort, était diplômé de droit et ancien ministre de la Justice.

En l'absence d'élections – et en l'absence de révolution politique –, seuls les réformateurs du Parti communiste peuvent dénouer le contrôle que celui-ci exerce sur les institutions comme sur la vie économique. Ce paradoxe de la réforme redonne bien le premier rôle aux débats et aux équilibres au sein de ce qui reste la clé de voûte du régime.

26. 政法委.

CHAPITRE 7

Wukan
ou la possibilité d'une élection

C'est bien à partir des pressions à la base de la société chinoise que se fondent les espoirs d'évolution politique. En effet, le monopole du parti unique a posé un verrou au sommet, que les réformateurs au sein du Parti semblent incapables de défaire. À l'inverse, des évolutions à la base ont déjà eu lieu : elles concernent les élections villageoises.

L'autogouvernement (*zizhi*[1]) local est une tradition communautaire chinoise, autrefois exercée par la gentry lettrée et les propriétaires fonciers. Et le Parti communiste, en créant des soviets locaux, s'est appuyé sur ces structures dans les zones libérées pendant la guerre sino-japonaise. Depuis 1987, des élections directes à candidatures multiples ont été introduites dans les villages chinois. Une loi provisoire a été confirmée en 1998, et amendée en 2009 – pour permettre par exemple le renvoi par les électeurs d'élus corrompus. Supervisées par les administrations de district et non par le Parti, ces élections sont pourtant sous l'œil du Parti local, et les chefs de village sont « guidés » (*zhidao*[2]), sinon dirigés, par le district supérieur, où ont lieu aussi les

1. 自治.
2. 指导.

élections législatives de base et les élections internes au Parti. Pour le gouvernement, l'enjeu était également de disposer de cadres locaux fiables et soutenus par la population pour remplir ses propres objectifs – du contrôle des naissances au paiement de l'impôt sur les récoltes (aboli en 2006). Autant qu'une représentation directe des villageois, ces élections fournissent une courroie de transmission administrative. Leur degré d'application réel est très difficile à établir, d'autant que les procédures les plus diverses coexistent. La liberté des candidatures comme le rôle du Parti sont très variables. Les conflits entre villageois et les cadres, qui tendent à se perpétuer dans leur rôle et à dissuader les concurrents, sont nombreux. Et la généralisation à partir de constatations locales est impossible. La plupart des études, faites à partir d'exemples locaux, citent ainsi des chiffres divergents pour le nombre de villages en Chine. Plus de 1 million, disent les moins informés, 900 000 ou 700 000, disent ceux qui ont consulté des statistiques des années 1990 ou de 2000. En réalité, depuis 2005, le nombre de villages est tombé en dessous de 500 000[3] – ce qui constitue en tout état de cause un ensemble impossible à étudier !

Wukan, un enjeu médiatisé

À la fin de l'année 2011, un conflit entre villageois et cadres locaux dans le village de Wukan (Guangdong) a captivé la presse mondiale. Dans leur protestation contre la confiscation de terres par l'administration locale, les

3. Voir les diverses éditions annuelles du *China Statistical Yearbook* officiel. La population moyenne d'un village chinois se situe entre 1 000 et 1 500 habitants.

villageois s'étaient heurtés à celle-ci. Proclamant sa volonté de s'autogouverner après des exactions policières, le village a attiré la presse internationale, tandis que les autorités engageaient un véritable blocus. Les villageois ont sans doute été sauvés par deux facteurs : la médiatisation internationale, qui rendait plus difficile une répression brutale d'une population très unie, et la situation politique du Guangdong. Cette province est dirigée par Wang Yang, qui s'est signalé en 2011 comme un partisan de l'extension des réformes légales et d'un rôle pour les associations privées. Quoique initialement guère interventionniste, Wang Yang a ensuite poussé à un dénouement exemplaire – acceptant le principe de nouvelles élections et laissant déposer la candidature du principal meneur local, Lin Zulian. Lin, membre du Parti, avait pu affirmer pendant la révolte qu'elle était vue favorablement aux échelons supérieurs de celui-ci. Début 2012, les médias internationaux basculent donc dans l'optimisme en pronostiquant l'avènement d'une démocratie électorale locale, Wukan devenant un modèle qui devrait être suivi par d'autres villages.

Ces commentaires négligent le fait que les élections de village existaient déjà. D'une part, les villageois ont simplement obtenu l'application de dispositions légales existantes – mais de plus en plus souvent tombées en désuétude au fur et à mesure que des élus locaux capturent le pouvoir. Dans les semaines qui suivent l'affaire de Wukan, d'autres révoltes de villageois éclatent contre leurs élus et sont parfois réprimées, parfois écoutées avec moins de publicité. Il sera d'ailleurs important de suivre le sort futur des meneurs du mouvement à Wukan – car en Chine la répression s'abat souvent après, et non pendant ces émotions locales. D'autre part, pour être symbolique, le combat de Wukan n'est-il pas aussi exceptionnel dans sa forme ? Wukan appartient à l'ancien district de Haifeng, dont la population a une structure très clanique (il n'y a que 7 familles à Wukan même). Les districts de Haifeng et Lufeng ont été le lieu des premières insurrections communistes paysannes, révolte menée contre les propriétaires fonciers à partir de 1922 par Peng Pai, précurseur de Mao dans l'insurrection paysanne (et longtemps écarté précisément pour cette raison par l'histoire officielle...). Même si les soviets de Hailufeng ont été marginalisés par l'historiographie de la Chine populaire, le symbole est fort. À 130 kilomètres de Hong Kong ou de Shenzhen – c'est-à-dire la région la plus développée de toute la Chine –, une issue violente et médiatisée aurait été une catastrophe politique pour le gouvernement. Aux dernières nouvelles, la « campagne électorale » à Wukan en mars 2012 était exemplaire – avec des slogans officiels tels qu'« harmonie démocratique », « respecter la loi », « discourir de façon civilisée » et même « lutter comme des gentlemen[4] ». Et elle a abouti à remplacer les dirigeants contestés par le porte-parole de la révolte, Lin Zulian.

L'Assemblée nationale populaire, Belle au bois dormant

Finalement, c'est peut-être au point le plus improbable, et pourtant le plus évident des institutions, que se fera un jour le tournant électoral. L'Assemblée nationale populaire (ANP) est incontestablement mal élue. Plusieurs niveaux de suffrage indirect, des procédures d'élection plus fermées encore que celles permises en principe aux villages et à

4. « *Minzhu hexie* », « *guifan shoufa* », « *wenming yanjiang* », « *junzi zhi zheng* », d'après une photo du hall communal parue dans *Libération*, 3 mars 2012, p. 9.

l'intérieur du Parti, une seule session plénière annuelle, rituellement fixée au mois de mars : les limites fixées à son activité sont à la mesure de l'immense pouvoir de désignation qu'elle détient pour tous les postes du pouvoir exécutif. Le filtre des élections indirectes, de l'encadrement des candidatures par le Parti, n'empêche pas, on l'a vu, la surreprésentation étonnante d'un groupe nouveau : les milliardaires chinois. Il faut y voir l'effet pervers d'une innovation idéologique de l'ancien président Jiang Zemin, la « théorie des trois représentations ». En élargissant la représentation au-delà du prolétariat ouvrier et des paysans et des compagnons de route du front uni, il a ouvert la porte aux entrepreneurs – sans doute au-delà de ses espérances. À lui seul, le plus riche d'entre eux, Zou Qinhong, président de Wahaha qui a expulsé Danone de ses propres filiales chinoises en 2008 avec l'appui des tribunaux, possède un peu plus de 5 milliards d'euros[5]. Qui plus est, à une importante exception près, les présidents placés à la tête de l'ANP depuis 1978 ont été des dirigeants à la retraite, plus conservateurs que le numéro un du Parti, mais aussi désireux de faire sentir leur propre influence à travers l'Assemblée nationale. Beaucoup moins publics, son Comité permanent de 175 membres, ses commissions spécialisées et sa Commission législative jouent pourtant un rôle important dans l'élaboration des lois et des règlements. Eux sont permanents, alors que le député de base n'est qu'un délégué qui vient siéger une fois par an, et n'a pas de possibilité d'organisation transversale – groupes, factions, clubs sont inconnus. Et le rôle des votes pris par l'Assemblée est important dans trois domaines : pour les lois, parce que des textes de loi qui font l'objet de débats sont visiblement retardés et présentés dans des versions amendées ;

5. Selon les données du rapport Hurun Rich List 2011, disponibles sur le site chinois www.hurun.net.

pour les élections aux postes gouvernementaux, parce qu'il existe un pourcentage de refus et d'abstention qui fournit des indications sur la popularité respective des uns et des autres ; et, finalement, par ses débats publics et les commentaires qu'ils suscitent sur le Web. Les apparitions et conférences publiques des délégués en marge de la session unique sont un banc d'essai pour la communication avec la presse. En mars 2011, Bo Xilai était ainsi le dirigeant le plus entouré par la presse chinoise ou internationale. En mars 2012, c'est Wang Yang, du Guangdong, qui s'exprime le plus nettement, se prononçant pour des réformes politiques qui restent bien limitées en apparence, mais symbolisent un changement de style : moins de respect rituel pour les dirigeants, moins de formalisme dans les réunions…

Les réunions de l'Assemblée donnent l'occasion aux députés de formuler des protestations. La politique de l'enfant unique, la situation des migrants, la spéculation immobilière ont souvent été évoquées ces dernières années. Par leurs votes, les députés expriment des désaccords qui révèlent souvent des débats factionnels au sein du Parti, mais qui peuvent aussi avoir une audience libérale. Le record des votes contre une personnalité gouvernementale (722 voix contre) appartient à Li Tieying en 1993, pour le poste de conseiller d'État : cet ancien ministre de l'Éducation, souvent considéré comme un fils naturel de Deng Xiaoping, a mené la bataille politique contre la libéralisation politique et contre Hu Yaobang en 1986. Ces dernières années, ce sont les rapports des organes judiciaires suprêmes (Cour populaire suprême et procureur) qui ont polarisé l'opposition, en raison sans doute de la corruption qui règne dans les tribunaux, mais peut-être aussi de l'opposition des élus aux campagnes de répression de cette même corruption…

Plus significatif est le rôle que joue l'Assemblée dans le processus législatif. Mais ce n'est pas celui auquel on s'attendrait. En pratique, l'Assemblée est un filtre qui atténue, freine et parfois bloque significativement l'adoption de textes nouveaux, et non une force de proposition législative. Cette réalité est étroitement liée au rôle de son Comité permanent, véritable chambre des dirigeants du Parti. À sa tête, le président de l'Assemblée est souvent un conservateur. Seul Wan Li, avant 1989, et Qiao Shi après lui ont poussé aux réformes. Peng Zhen avait utilisé le légalisme pour freiner les réformes de Deng Xiaoping après 1978. Li Peng, le Premier ministre qui endosse la responsabilité publique de la répression de Tiananmen, a succédé à Qiao Shi. C'est aujourd'hui Wu Bangguo, un proche de l'ancien président Jiang Zemin, ancien responsable de l'agriculture, qui a repris le rôle. Dans ces conditions, des réformes essentielles ont longtemps attendu, bloquées à l'Assemblée. C'est le cas de la loi sur les entreprises (Code commercial chinois), de celle sur les faillites, ou sur la supervision (des cadres), de celle sur la propriété (privée).

En 2010, une réforme de l'Assemblée est passée inaperçue, et pourtant elle pourrait jouer un rôle quand elle s'appliquera en 2013 : il s'agit de mesures égalisant la population des circonscriptions rurales et urbaines. Au moment même où la population urbaine, pour la première fois dans l'histoire, dépasse 50 %, cette mesure qui fut longtemps réclamée par un sociologue de la gauche intellectuelle, Hu Angang[6], est finalement mise en œuvre. Si l'élection directe tenait un jour une place plus grande dans la sélection des « délégués » – qui ne sont pas tout à fait des députés –, cette mesure assurerait la représentation de la partie la plus défavorisée de la population. Malgré l'inclusion symbolique de trois délégués représentant en principe la population

6. Auteur en 1995 avec Wang Shaoguang d'un rapport sur les disparités régionales chinoises.

migrante, la non-représentativité sociale de l'Assemblée nationale populaire est devenue son second talon d'Achille, après l'absence d'un processus électoral clair. Et pourtant, les élites urbaines jouent un tel rôle dans la transformation de la Chine qu'on ne peut s'empêcher de penser que cette mesure favorable aux campagnes, dans un premier temps, jouerait dans un sens conservateur.

La tutelle des vétérans

On le voit, toutes les mesures destinées à assurer un fonctionnement collectif et à diminuer le poids personnel des dirigeants ne vont pas dans le sens de règles claires, et moins encore d'une transition électorale. D'autres pratiques coutumières demeurent dans l'État-parti. Une limite d'âge non écrite oblige les membres du Parti à quitter leur poste à 70 ans, et même, en pratique, à 68 ans. Ainsi, en 2012, 7 des 9 principaux dirigeants (membres du Comité permanent du Bureau politique) et 6 des 16 autres membres du Bureau politique doivent en principe partir. Mais le comité de sélection des principaux dirigeants comprend non seulement les dirigeants sortants mais aussi certains dirigeants à la retraite, et cela sans limite d'âge. Effet direct, le pouvoir des dirigeants en fonction est très encadré. Ainsi, le numéro un chinois et ses collègues directs n'ont pas les pleins pouvoirs pour désigner leurs successeurs, partageant la décision avec un groupe plus large, chargé d'autoreproduire le noyau dirigeant. C'est bien ici que l'analogie avec la Curie romaine prend son sens.

D'une certaine façon, cela a toujours été le cas – on parlait au début des années 1990 du pouvoir des « Huit Immortels », les grands survivants des premières générations, et de leur influence à la veille des Congrès du Parti. Pire, les réunions de crise aboutissant au limogeage d'un dirigeant important ont presque toujours été des réunions « élargies » des instances dirigeantes : il en est ainsi depuis la chute de Peng Dehuai en août 1959 jusqu'au limogeage de Hu Yaobang en janvier 1987. Zhao Ziyang a révélé dans ses mémoires[7] qu'il fut démis par une réunion élargie du Bureau politique ayant eu lieu les 19 et 21 juin 1989, et dont la tenue n'a été rendue publique en Chine qu'en 2004[8]. Trois des quatre interventions qu'il cite – en dehors de celle de Li Peng, mis à la tête de la réunion – sont le fait de vétérans à la retraite (Li Xiannian, Wang Zhen, Chen Yun), et elles sont toutes à charge contre lui. Deng lui-même est intervenu, selon Zhao, pour faire participer ces vétérans au vote, en dehors des règles écrites, mais pas nécessairement de la coutume. Mais rien ne dépasse à cet égard la célèbre réunion du Comité central organisée par Mao en août 1966 pour approuver le lancement de la Révolution culturelle : une partie des membres fut empêchée d'y participer, tandis que des soldats étaient ajoutés à cette réunion décidément « élargie ». Partout ailleurs qu'en Chine l'épisode aurait été qualifié de *pronunciamento* militaire.

Mais les circonstances sont bien différentes aujourd'hui. D'une part, comme le relève Wen Jiabao dans son discours de Shenzhen, la révolution chinoise est terminée, pour le meilleur et pour le pire. Quoique le dogme officiel ne le reconnaisse pas, le ciment idéologique du régime est de plus en plus lointain (la révolution) ou fantomatique (le communisme). Et de façon plus importante encore, aucun dirigeant ne possède l'ascendant et l'aura personnelle des

7. Zhao Ziyang, *Prisoner of the State*, New York, Simon & Schuster, 2009, p. 39-42.

8. Lyman Miller, « More Already on Politburo Procedures Under Hu Jintao », *China Leadership Monitor*, janvier 2006, n° 17, p. 12.

fondateurs du régime. Là où il s'agissait en 1976 de revenir de l'autocratie à la direction collective, le problème est aujourd'hui de donner aux dirigeants le mandat effectif de gouverner. Le carcan de la direction collective, l'équilibre érigé en règle au sommet du Parti limitent l'initiative et assurent souvent un consensus contre les réformes nouvelles, et non pas pour elles.

On peut dater les étapes de ce renversement. Dans un premier temps, l'hostilité aux acolytes du Mao de la Révolution culturelle créait à la fois une dynamique et une alliance réformatrice. Dès avril 1979, Deng avait déclaré suivre, sans l'approuver, la demande de ses collègues d'interrompre le printemps de Pékin. À partir de 1986, il se sépare successivement de ses deux lieutenants réformateurs et devient l'otage d'une coalition conservatrice. Il lui a parfois résisté, limogeant en 1992 son *alter ego* Yang Shangkun, symbole gênant avec son demi-frère Yang Baibing[9] de la répression de Tiananmen, et relançant, avec son « voyage vers le Sud » (*nanxun*[10]) la même année, l'ouverture économique. Mais le tabou de 1989 est demeuré.

Deng Xiaoping a quitté ses postes officiels au 13e Congrès du Parti, en 1987. Il avait alors été convenu qu'il gardait un rôle dirigeant – et en particulier la haute main sur la Commission des affaires militaires, qu'il présida jusqu'en septembre 1989. C'est la suggestion de sa retraite dans une publication du Parti du Guangdong qui a entraîné la rupture avec son principal lieutenant, Hu Yaobang. Quand le secrétaire général du Parti Zhao Ziyang, lors de la visite de Mikhaïl Gorbatchev à Pékin en mai 1989, révèle à ce dernier

---

9. Yang Shangkun, président de la République (un poste largement honorifique), mais surtout vice-président de la Commission des affaires militaires en 1989, et son demi-frère le général Yang Baibing mettent en œuvre la loi martiale et la répression en juin 1989.

10. 南巡.

que Deng joue toujours un rôle pour les « décisions importantes », il est accusé d'avoir trahi un « secret d'État ».

Deng a-t-il eu des remords tardifs ? Dès 1980, il avait dénoncé le maintien à vie des cadres. Et lorsqu'il relance la réforme dans son voyage vers le sud de janvier 1992, un de ses discours évoque la nécessité pour les dirigeants de prendre leur retraite.

C'est donc Jiang Zemin, après son accession au pouvoir en 1997, qui va mettre en pratique la retraite des dirigeants. Mais la principale victime de la mesure est son concurrent, le numéro trois du Parti, Qiao Shi, considéré comme plus réformateur malgré ses fonctions à la tête de la Sécurité. Qiao Shi doit abandonner son poste à la présidence de l'Assemblée pour Li Peng. Curieusement, le mandat de Jiang Zemin apparaît ainsi plus libre des contraintes collectives. Jiang n'a rien à craindre des conservateurs, assurés de le voir continuer la coalition du silence sur 1989. Et son passé, son rôle notamment à la tête de Shanghai, est en phase avec le complexe industrialo-bureaucratique. C'est sous Jiang que des innovations légales et réglementaires ont été adoptées. Le Premier ministre Zhu Rongji a poursuivi vigoureusement l'ouverture économique – avec l'entrée à l'OMC – et la restructuration de l'économie d'État. Rien de tout cela ne constitue une réforme politique. Mais *de facto,* la pression sur les éléments critiques s'était relâchée.

Réformer le Parti, contrôler le pays

L'arrivée de Hu Jintao et Wen Jiabao en 2002 va s'accompagner d'une méprise. Ils veulent limiter les orientations côtières prises par l'économie chinoise, évoquent une fracture sociale à la chinoise et des inégalités grandissantes. Mais leur accent sur le contrôle et la supervision, sur la démocratisation même, passe finalement par le Parti : c'est lui qui est réformé, à partir de 2004-2005, pour améliorer la gouvernance du pays. Hors du Parti, la démocratisation stagne, et même recule : à l'énorme développement des médias sociaux répondent le développement tout aussi important des instruments de contrôle de ceux-ci et la crainte de voir des phénomènes de contagion politique se développer.

La coalition conservatrice se reforme plus nettement avec le second mandat de Hu, à partir de 2007. Comme pour la politique étrangère, il est possible que les événements internationaux y jouent un rôle. Les campagnes internationales qui se succèdent en 2007-2008 – Soudan, Tibet – et viennent troubler le triomphe des jeux Olympiques de Pékin, l'élection de Barack Obama et la fin pressentie de l'enlisement en Irak, le retour de popularité des États-Unis en Asie, l'adoption par l'équipe Obama d'une approche de *soft power* et la montée brutale d'Internet en Chine, y compris les portails américains tels que Google, sont autant de motifs de préoccupation. Parallèlement, la crise financière occidentale de 2008 réduit l'influence du modèle des démocraties libérales, au moins sur le plan économique. Mais elle représente aussi une menace pour la croissance de la Chine, qui repose trop sur les exportations. Alors que redescend à la fin de l'année 2010 l'agitation nationaliste et le climat d'affrontement international, le durcissement du climat politique intérieur va prendre le relais. Déjà, l'attribution du prix Nobel de la paix à Liu Xiaobo a été interprétée comme le résultat d'un complot américain par les dirigeants chinois, ceux-ci ne créditant guère d'autonomie les membres du jury norvégien. Au début de l'année 2011, l'éclatement des « révolutions du jasmin » en Tunisie et en Égypte suscite l'émoi des dirigeants. Au cours d'une réunion hâtive du Bureau politique après la chute d'Hosni Moubarak[11], ils décident non seulement de bloquer informations et analyses sur ce sujet, mais de donner un coup de balai dans l'ensemble des médias virtuels, afin d'enrayer les « tendances malsaines ». À lui seul, le spectacle télévisé de la place Tahrir au Caire, et surtout la fraternisation des soldats égyptiens sortis de leurs blindés avec les manifestants, est un véritable chiffon rouge pour des dirigeants chinois qui ont encore le souvenir de Tiananmen. Leur contre-offensive est à la mesure de cette inquiétude, même si elle dépasse de loin les réactions, extrêmement limitées, au sein de la population.

La fin de la révolution chinoise

Les tensions politiques du régime ont fini par arriver au grand jour au printemps 2012. Pour la première fois depuis 1989, ce n'est pas seulement à la périphérie du pouvoir ou dans la société civile, autrement dit dans les *think tanks* et milieux de conseillers du pouvoir, ou bien dans les réseaux sociaux et autres feux de paille arrosés par les forces de

11. Perry Link, « The Secret Politburo Meeting Behind China's New Democracy Crackdown », *New York Review of Books*, 21 février 2012.

« maintien de la stabilité », le « parti des 50 centimes » (*wumao dang*[12]) employé à faire la police de l'Internet.

Certes, ce sont les voix non autorisées qui se font les plus audacieuses. Dans l'édition chinoise du *Financial Times*, Ma Guochuan[13], un économiste vétéran des réformes, globalise la critique en mettant en cause à la fois le capitalisme d'État, mais aussi le *crony capitalism* ou « capitalisme de connivence », fondé sur « les liens du sang, du mariage ou des alliances secrètes ». La critique n'est pas seulement économique. Il dénonce le populisme, envers du *crony capitalism* : car « un ambitieux peut utiliser le pouvoir du peuple pour construire son propre pouvoir ». Il s'en prend au « stalinisme », encore très influent en Chine, et évoque les exemples négatifs du militarisme allemand et japonais avant 1945.

Un des pères des réformes chinoises, l'économiste Wu Jinglian, explique que la Chine est parvenue à un carrefour. Il dénonce la prépondérance du modèle étatiste, et explique qu'il faut dépasser le « modèle de 1992 » proposé par Deng Xiaoping, pour inclure la réforme politique. Car l'économie actuelle incorpore toujours les intérêts acquis de l'économie de commandement. Ceux-ci utilisent la menace du populisme et du nationalisme contre les partisans des réformes. Ils font croire que les problèmes proviennent des réformes, alors que c'est leur inachèvement, et l'absence d'État de droit, qui sont devenus le premier problème de la Chine. Plus politique encore et plus iconoclaste, Hu Deping, le propre fils du réformateur déchu Hu Yaobang, se montre de plus en plus publiquement critique. Après avoir dans un passé récent

12. 五毛党, expression désignant des internautes rémunérés à la pièce pour leurs interventions dans les forums de discussion.

13. Ma Guochuan, « Shenmoyang de daolu Zhongguo buhai zou ? » (« Quelles sont les routes que doit éviter la Chine ? »), *Financial Times Chinese*, 7 mars 2012, http://www.ftchinese.com/story/001043534?page=2.

suscité des débats publics sur le « modèle » de Chongqing et sur Wukan, Hu Deping « tweete » le 26 février un commentaire rageur sur « la corruption de 96 % des cadres[14] ». Le 5 mars, Ai Weiwei, l'artiste qui a conçu la ligne d'ensemble du célèbre stade olympique de Pékin en nid d'hirondelles, déclare regretter d'y avoir contribué et dénonce la « banqueroute morale » du régime[15]. Il prend ainsi un risque énorme : les autorités n'avaient mis fin à sa détention secrète en août 2011, pour l'assigner à résidence, qu'en exigeant qu'il s'abstienne de déclarations publiques.

La réforme en marche du Sud vers le Nord

Mais le débat sur les choix fondamentaux de la Chine se fait jour aussi dans la presse officielle nationale. Il suffit de comparer cette situation au silence officiel qui avait accueilli le discours de Wen Jiabao à Shenzhen en octobre 2010, ou même aux éditoriaux négatifs de l'éditorialiste collectif Zheng Qingyuan, il suffit de voir le décalage temporel entre l'expression publique d'un courant politique réformiste dans le Guangdong et sa reprise sur le plan national avec l'affaire de Chongqing, pour comprendre qu'un glissement de terrain s'est produit au sommet du Parti communiste.

Parce que la Chine est la Chine, marquée par le rite confucéen et par la symbolique des luttes de ligne du Parti, ce glissement a aussi son slogan codé. S'opposant implicitement au vieux slogan *moshi guohe*, un nouveau leitmotiv est

14. Tweet repris sur Youtube à http://www.youtube.com/watch?v=0w9b4axgbN0.

15. Interview au *Yomiuri Shimbun*, 5 mars 2012, http://www.yomiuri.co.jp/dy/world/T120303003904.htm.

avancé : celui du « changement conçu par en haut » et de la « planification globale des réformes[16] ». L'expression était apparue en octobre 2010, le mois même du discours de Wen à Shenzhen, mais dans le document officiel du 12e Plan. Elle circule depuis lors dans les médias officiels et les discussions des réformes. Le 16 février, le *Quotidien du peuple* critique en première page le goût de certaines provinces et de certains cadres pour les « bulles » au détriment des réalités. Mieux, une défense vigoureuse des réformes et une critique des cadres qui invoquent contre elles des « obstacles structurels » au profit des intérêts acquis s'y font jour. « Mieux vaut des réformes imparfaites plutôt qu'une crise provenant de l'absence de réformes[17]. » C'est la première fois que l'immobilisme généralisé et l'arrêt des réformes sont à la fois reconnus et critiqués.

Où va la Chine ? Jamais depuis 1989 les termes du débat n'ont été posés aussi explicitement, et, il faut le reconnaître, à partir du lieu et des termes mêmes qu'avait employés Wen Jiabao en octobre 2010. Le lieu : car le Guangdong qui fut le cadre de son discours, Wukan dont la révolte a relancé les controverses sur l'application des réformes politiques oubliées, et même l'opposition que beaucoup ont voulu faire entre cette province et le « modèle » de Chongqing, sont finalement le fil conducteur de cette reprise réformatrice[18]. En effet, la province du Guangdong n'est pas une inconnue dans l'histoire chinoise. Sun Yatsen a fondé son premier

---

16. « *Top-level design and overall planning of reform.* »

17. « À propos de l'environnement politique » (« 谈换届政德, *Tan huanjie zhengde* »), éditorial du *Quotidien du peuple*, 16 février 2012, accessible sur http://news.qq.com/a/20120216/000153.htm.

18. Centre de recherche Unirule, « L'administration locale et le changement national, compte rendu d'une table ronde de l'Institut de recherche économique Unirule » (地方治理与国家转型」研讨会实录天则经济研究所), 30 juillet 2011. Voir l'analyse par Chan Yang, « Chongqing et Guangdong : bras de fer entre deux modèles », *China Analysis*, 4e trimestre 2011, nº 35, p. 5-16.

gouvernement réformiste à Canton, dont il était originaire. Zhao Ziyang en était le premier secrétaire pendant la Révolution culturelle – et il avait alors protégé une faction démocratique des gardes rouges, avant d'appliquer, après la mort de Mao, les premières expériences de réforme dans le Sichuan. Deng Xiaoping lui-même, à nouveau purgé par les ultra-maoïstes en avril 1976, a alors trouvé refuge à Canton, sous la protection du commandant de la région militaire, le général Xu Shiyou. En 1989, les autorités du sud du Yang-tsé avaient nettement moins appliqué les consignes répressives de Pékin, et bien des dissidents de la place Tiananmen ont ainsi été abrités à Canton avant de pouvoir passer à l'étranger. Il n'est pas illogique que la région, qui est aussi économiquement la plus avancée de Chine, joue à nouveau à l'avenir un rôle dans la dynamique des réformes. En 2006-2007, à la veille du précédent Congrès du Parti communiste, elle avait déjà servi de modèle pour la « libération de la pensée », et Wang Yang y développait déjà l'idée d'une « dévolution de pouvoirs » (*fangquan*[19]) à des organisations non gouvernementales. L'idée est reprise en 2011[20] et aboutit en mai 2012 à une libéralisation des formalités d'enregistrement des ONG. Il y a donc plus de continuité qu'il n'y paraît dans le rôle d'aiguillon de la réforme de cette province phare. Mais aussi beaucoup d'ambiguïté : les ONG y sont favorisées surtout pour exercer, plus efficacement que l'administration, des fonctions d'assistance sociale, et non pour encourager l'émancipation de la société civile.

19. 放权.

20. Jérôme Doyon, « Modèle du Guangdong : vers de véritables ONG », *China Analysis*, novembre-décembre 2011, n° 38, p. 30-34.

La reprise de la réforme par en haut

Le diagnostic d'une réforme bloquée par une conjonction d'intérêts n'émane plus seulement de dissidents ou de milieux libéraux. Le principe d'une légalité s'imposant à tous – et donc aussi au Parti –, l'idée d'une fin de la révolution chinoise[21] – et donc de la révocation du statut exorbitant du droit commun du Parti communiste – la reprise de la marche en avant des réformes et la reconnaissance d'obstacles à celles-ci dans le milieu dirigeant, l'impasse du tout-sécuritaire, l'accumulation des tensions que produit l'arrêt des réformes : ces constats renvoient à un diagnostic qui n'émane plus de dissidents ou de milieux libéraux, mais est repris par une partie de l'appareil en mars-avril 2012.

Depuis 1989, et devant l'ébranlement des systèmes communistes et le défi de la place Tiananmen, le régime avait mis sous clé les débats de sommet, séparé réformes économiques et évolution politique, concentré les efforts de changement sur le système légal et la gouvernance. Cette dépolitisation a en partie réussi : les succès économiques chinois sont sans précédent. Mais elle avait aussi accumulé les tensions et a placé les dirigeants et leurs rites dans un splendide isolement.

L'idée d'une révolution par en bas, sur le modèle des printemps arabes, hante les dirigeants qui connaissent les

21. Un conservateur populiste, Wang Hui, a d'ailleurs publié un essai célèbre, intitulé *La Fin de la révolution chinoise* (Wang Hui, *The End of the Revolution : China and the Limits of Modernity*, Londres et New York, Verso, 2010). Wang rend le libéralisme des années 1980 responsable du déclin de l'idéologie et de l'ascension de la globalisation libérale en Chine. Sa thèse attire les critiques postmodernes du monde entier, mais masque mal une apologie de l'indéfendable – Mao et ses mouvements de masse.

ravages de la corruption dans leurs rangs. Mais elle se heurte au bon sens : quoi qu'on dise d'une inégalité galopante, les progrès d'ensemble ont été immenses. Il s'est constitué une classe moyenne chinoise, qui, pour être souvent critique ou même cynique, n'en est pas moins ennemie de risques inutiles : elle est en ascension à tout point de vue. L'idée d'une réforme par en bas – autrement dit la contagion progressive du système dirigeant par une société libéralisée et ouverte, et la corrosion des mécanismes autoritaires par l'activisme local – se heurte à sa limite : le pouvoir immense que détiennent les autorités centrales, dotées de ressources sans précédent et seules capables d'assurer la cohésion du pays.

C'est pourquoi le schéma d'une reprise des réformes par en haut, y compris sur le plan politique, est à la fois le plus séduisant, mais aussi le plus probable. 1989 et Tiananmen ont provoqué le blocage d'une génération entière. Ce blocage se manifeste aujourd'hui non seulement sur le plan politique, mais dans l'économie où la Chine a franchi pourtant un cap. Que les partisans du libéralisme économique ou ceux d'une priorité publique et sociale l'emportent, chacun de ces choix nécessite un État réformé. Sans contrôle indépendant, sans un système politique capable d'appliquer les bonnes résolutions légalistes, cette évolution est bloquée.

Il est donc probable, et en tout cas souhaitable, que l'État-parti retrouve le chemin vers cette autre rive du fleuve, qui s'est perdu depuis une génération.

CHAPITRE 8

Le tournant de 2009

L'année 2009 a marqué un tournant dans la politique étrangère chinoise. Ce n'est pas que celle-ci ait auparavant déroulé un lit de roses devant ses partenaires. Mais elle était, depuis la mort de Mao, encadrée par quelques constantes, au premier rang desquelles une prudence élémentaire : ne pas se lancer dans la confrontation avec plusieurs partenaires à la fois. Inquiète des sanctions occidentales après 1989, et redoutant un « encerclement » stratégique ou idéologique, la Chine avait développé une politique de bon voisinage en Asie. Cela n'en faisait pas une puissance très coopérative sur le plan international. Dans de nombreux cas, la Chine s'est nichée, en particulier à l'ONU, au milieu d'un front du refus. Bien plus souvent que les Occidentaux, elle s'y est trouvée en majorité à l'Assemblée générale de l'Organisation. Elle n'a que très rarement eu besoin de recourir à l'arme du veto au Conseil de sécurité, moins souvent par exemple que les États-Unis. L'entrée de la Chine dans toutes les enceintes internationales a eu pour conséquence de freiner et parfois de paralyser l'action de celles-ci. Conservatrice, hostile à l'intervention dans les affaires intérieures, aux sanctions et très généralement à la création de nouvelles normes légales contraignantes, la diplomatie chinoise n'annonce pas en général un renouveau de la gouvernance mondiale. En 2006-2008, la Chine avait été mise sur la défensive à la suite de divers événements : le génocide au Soudan, où elle a longtemps bloqué l'intervention de l'ONU ; et les manifestations au Tibet de mars 2008, qui ont exposé la Chine aux critiques internationales en pleine année olympique. Le contraste entre le dynamisme international de l'économie chinoise et une diplomatie défensive et guère persuasive n'est pas nouveau.

Un étalage de la puissance militaire

Mais le conservatisme chinois s'appliquait aussi au refus des aventures, et à la prudence dans la gestion de ses propres revendications et conflits hérités du passé. Or 2009 marque un tournant. En mars de cette année-là, le gouvernement avait annoncé, pour la première fois depuis plus d'une décennie, une hausse ralentie des dépenses militaires : 7,5 % seulement d'augmentation, c'était pour la Chine presque une pause, restée inexpliquée à ce jour. En pleine crise financière mondiale, y a-t-il eu la prise de conscience qu'un encerclement stratégique de la Chine était moins probable que jamais ? La priorité a-t-elle alors été donnée à la relance de l'économie intérieure, et aux dépenses sociales, par rapport aux dépenses militaires ? En tout état de cause, cette pause inusitée – et sans lendemain jusqu'ici – semble avoir débouché quelques mois plus tard sur son contraire : une exaltation militaire sans précédent, avec le défilé monstre qui célèbre le soixantième anniversaire de la République populaire. Il est l'occasion d'un gigantesque étalage de la puissance militaire chinoise au cœur d'un Pékin quadrillé par la police, accompagné d'un déferlement médiatique à la gloire de l'armée. Des bornes symboliques ont été érigées le long du parcours pour rappeler les cent soixante-neuf ans écoulés depuis la première guerre de l'Opium – et signifier que ce passé est bien révolu.

La montée des incidents territoriaux

Cet anniversaire est suivi par un tournant dans les relations de la Chine avec ses voisins. L'année qui suit va voir des incidents nombreux en mer de Chine du Sud, avec notamment les Philippines et le Vietnam, puis en mer de Chine orientale avec le Japon. En septembre 2010, le plus médiatisé d'entre eux fait remonter la tension sino-japonaise. Un capitaine de chalutier chinois, intercepté par un navire garde-côte japonais dans les parages des îles Diaoyutai-Senkaku, sous contrôle effectif du Japon mais revendiquées par la Chine, choisit d'éperonner le garde-côte. L'incident a été filmé et le capitaine, décrit comme ivre, s'est retrouvé en détention quelque temps au Japon. Il s'ensuit tensions et manifestations en Chine, jusqu'à ce que le gouvernement japonais passe outre l'avis du procureur local et libère le marin. Sa détention a suscité une émotion nationale. L'opinion publique chinoise ignore totalement que l'administration maritime chinoise, équivalent militarisé des garde-côtes japonais, détient des centaines de pêcheurs vietnamiens et philippins, arrêtés dans des eaux revendiquées comme zone économique exclusive par la Chine. Et, moins d'un mois après le tsunami et le désastre nucléaire de Fukushima en mars 2011, un hélicoptère militaire chinois serrera de près un autre navire garde-côte japonais.

En 2010, la Chine a aussi accentué ses pressions territoriales sur l'Inde, affectant de considérer les fonctionnaires indiens nés dans l'État d'Arunachal Pradesh comme des citoyens chinois. La poussée d'activisme vise aussi directement la marine américaine. Une flottille « civile » s'en prend également à l'*USS Impeccable*, un navire américain de détection sous-marine, dans la zone économique exclusive chinoise proche de l'île de Hainan, et tente de subtiliser son antenne sonar ultrasecrète.

Depuis octobre 2009, la Chine a donc multiplié les démonstrations de puissance, les revendications et parfois les provocations, dans un contexte d'exaltation chauvine de l'opinion publique. Sans pour autant y engager jusqu'ici les moyens militaires qui pourraient conduire à une véritable escalade et un affrontement involontaires. C'est donc une stratégie d'affirmation et de tension, mais réversible, et sans risques inconsidérés à court terme. S'agit-il donc d'un véritable tournant dans les relations de la Chine avec le monde, ou d'une dérive passagère, et quelles en sont les causes ? Y a-t-il eu des décisions prises au sommet, ou bien perte de contrôle des dirigeants sur certains de leurs propres rouages, constitués en lobby ? Subissent-ils une pression croissante à la base, au sein de la société civile et des médias, de la part d'activistes nationalistes, et cette pression est-elle relayée au sommet ? Ou bien commençons-nous à apercevoir les conclusions tirées par les dirigeants chinois de leur irrésistible ascension économique, et de la crise des vieilles économies capitalistes développées ? Ces questions ont agité gouvernements et sinologues à travers le monde, sans trouver de réponse sûre. Au sein du gouvernement américain, par exemple, le président Obama a beaucoup consulté les experts à l'automne et l'hiver 2010-2011, avant de réviser sa politique chinoise. Une réunion des responsables au plus haut niveau à l'issue de ces consultations aurait dégagé autant d'avis que de participants quant aux objectifs stratégiques réels de la Chine[1].

Coup d'arrêt réel ou feint ?

Ces incidents se sont raréfiés progressivement à partir de novembre 2010 et jusqu'en juillet 2011. Indiscutablement, un coup d'arrêt public a été signifié en décembre par Dai Bingguo[2] – le plus haut responsable de la politique extérieure chinoise, au-dessus du ministre des Affaires étrangères, mais qui n'occupe lui-même qu'une fonction de conseiller d'État, sans appartenir au Bureau politique. Des incidents ont encore persisté en mer de Chine méridionale au premier semestre 2011, jusqu'à une déclaration faite avec l'Asean en juillet, et fixant des « directives » pour le règlement des différends maritimes. Depuis cette date, la diplomatie chinoise semble s'être mise en travers des interprétations les plus extrêmes, celles qui faisaient de toute la mer de Chine méridionale un espace territorial chinois. Le Waijiaobu – ministère des Affaires étrangères – distingue les questions de zone économique exclusive et de droits de navigation ou de pêche – sur laquelle la Chine est très activiste – et celles touchant à la souveraineté territoriale, pour lesquelles les revendications redeviennent limitées aux principes. Selon le propre porte-parole du Waijiaobu, les querelles de souveraineté territoriale ne porteraient que sur « quelques îles et récifs des Nansha et sur la démarcation de quelques zones maritimes en

1. Entretiens à Washington, avril 2011.
2. Dai Bingguo, « Stick to the Path of Peaceful Development », Agence Chine Nouvelle, 6 décembre 2010. L'article a été immédiatement reproduit sur le site du ministère des Affaires étrangères, et par divers grands médias officiels.

mer de Chine méridionale. Il est nécessaire de rappeler qu'aucun pays, y compris la Chine, ne revendique la souveraineté sur l'ensemble de la mer de Chine méridionale[3] ».

La distinction peut-elle tenir dans le climat de tension politique intérieure, et face aux surenchères ? D'abord, l'exploitation économique des espaces maritimes est en soi un enjeu majeur. Quand la Chine lance un appel d'offres international pour l'exploitation de gisements pétroliers là où le Vietnam a déjà concédé un permis à Exxon, elle fait évidemment monter les enchères. En mars 2012, là où Wen Jiabao parle de la nécessité d'assurer de bonnes relations entre la Chine et ses voisins, plusieurs intervenants à l'Assemblée nationale, dont des représentants de l'armée et de l'administration océanique d'État, ont évoqué le renforcement des moyens pour défendre les droits chinois sur ce qu'ils appellent parfois un « territoire océanique de 3 millions de kilomètres carrés ». Quelques semaines plus tard, incidents et déclarations rebondissent avec le Japon et l'Asie du Sud-Est. Une confrontation tendue a lieu en mai avec les Philippines, avant de se résoudre tout aussi soudainement. Ces zigzags surviennent à un moment où la tension politique est forte. Ils suggèrent que la délimitation du territoire national est devenue un enjeu des débats intérieurs. D'ailleurs, depuis 2009, le durcissement de la politique intérieure semble alterner avec des phases de tension extérieure. Y a-t-il aussi, dans la politique étrangère de la Chine, une offensive conservatrice qui mettrait en cause l'intégration croissante du pays et ses compromis ?

Il peut paraître réducteur d'envisager les relations internationales de la Chine à partir de questions d'îlots, d'espaces vides et d'exploration des ressources maritimes. Pourtant,

3. Déclaration de Hong Lei, porte-parole du Wiajiaobu, 29 février 2012, http://www.fmprc.gov.cn/eng/xwfw/s2510/t910855.htm.

elles ont une importance symbolique et stratégique considérable. Elles impliquent tous les voisins maritimes de la Chine. Elles peuvent mettre en jeu des ressources énergétiques très importantes : c'est peut-être une chance pour la paix que ces ressources n'aient pour l'instant été prouvées qu'au voisinage avec le Japon, et très près des côtes vietnamiennes. Les querelles maritimes concernent aussi l'équilibre stratégique entre la Chine et les États-Unis, et l'éventuel contrôle des voies navigables les plus chargées de la planète. Parce qu'elles se rattachent à l'histoire, ces querelles manifestent aussi l'identité et le positionnement international de la Chine. Et finalement, elles se produisent au sein d'une Asie qui n'a pas de mécanisme de sécurité collective autre qu'une série d'accords de défense avec les États-Unis. Cela entraîne la plus forte augmentation des dépenses militaires de la planète – en Chine bien sûr, mais désormais aussi en Inde et dans plusieurs pays d'Asie du Sud-Est.

Le miroir nord-coréen

Le tournant de politique internationale ne se limite pas là. En 2010, s'annonce la succession du dirigeant nord-coréen Kim Jong-il, fragilisé par une hémorragie cérébrale. La désignation du plus jeune de ses fils âgé de 28 ans, Kim Jong-un, et la nécessité pour le régime nord-coréen de préserver la crédibilité de ses menaces conduisent à des incidents militaires sans précédent depuis 1968 avec la Corée du Sud. La montée des incidents navals impliquant la Chine elle-même a pu encourager les dirigeants nord-coréens à l'émulation. N'expliquent-ils pas à leurs homologues chinois, pour justifier l'entreprise nucléaire nord-coréenne, qu'ils ne font que suivre l'exemple de la Chine face aux États-Unis dans les années 1960[4] ? En février 2010, la frégate sud-coréenne *Cheonan* est coulée avec 46 marins par une explosion, dont l'enquête déterminera qu'il s'agissait d'une torpille. Par élimination des autres possibilités, celle-ci ne peut être que nord-coréenne. Or la Chine va refuser, jusqu'au Conseil de sécurité des Nations unies, toute condamnation de la Corée du Nord, niant les conclusions de l'enquête et se bornant à réclamer « la modération de toutes les parties ». Le 9 juillet, le Conseil de sécurité condamne l'action mais ne se prononce pas sur son auteur. Cette résolution est aussitôt qualifiée de « grande victoire » par la Corée du Nord.

Pyongyang remet donc le couvert quelques mois plus tard. À l'occasion d'un exercice militaire sud-coréen en mer Jaune, dans les parages de la ligne d'armistice et au contact d'une zone dont le contrôle effectif par Séoul reste contesté par la Corée du Nord, l'armée de Pyongyang bombarde la population civile de l'île de Yeonpyeong. C'est la violation la plus grave du cessez-le-feu depuis l'armistice de 1953. Or cette fois-ci encore, la Chine va adopter une attitude protectrice du régime nord-coréen. Entre-temps, le Comité permanent du Bureau politique chinois au grand complet[5] avait reçu Kim Jong-il et son fils à Pékin en mai 2010, le président Hu Jintao se déplaçant ensuite à Changchun pour une seconde rencontre en août. Du rôle d'intermédiaire qu'espèrent les États-Unis depuis une décennie, la Chine est passée à celui de parrain, adoubant le très jeune successeur dynastique de Pyongyang et consolidant son emprise économique sur les échanges avec la Corée du Nord.

4. Entretien au China Institute of International Strategic Studies (CIISS), Pékin, avril 2012.

5. D'après un chercheur d'un institut officiel chinois, cette présence au grand complet résulte simplement d'une clause du traité de 1957 entre la Chine et la Corée du Nord. Il prévoit que la Corée du Nord peut demander à être reçue par les instances dirigeantes chinoises.

Cette série noire déclenche la fureur de l'opinion sud-coréenne contre la Chine – ce qui n'en met que plus en valeur l'impuissance du président Lee Myung-bak à faire bouger la Chine, aussi bien que Pyongyang. Le gouvernement sud-coréen menace Pyongyang du pire en cas de récidive, mais n'obtient ni excuses ni concessions. En peu de temps, la Chine a aussi pris une participation décisive dans l'économie nord-coréenne : accords miniers ou de rénovation industrielle, transbordement des marchandises par des ports chinois et afflux des importations sur les marchés parallèles de Corée du Nord. Pékin redoute si peu un conflit militaire que la Chine construit une autoroute le long de la frontière nord-coréenne. Son prolongement vers le port nord-coréen de Rason, enclavé entre Chine et Russie, offrira aussi un débouché maritime aux régions chinoises voisines. L'isolement de la Corée du Nord et les sanctions internationales ont permis à la Chine de renforcer son influence. Est-ce la « quatrième province » de la Chine du Nord-Est qui est ainsi créée ? Sûrement pas, ou pas pour longtemps, tant la volonté coréenne d'indépendance est forte. Au printemps 2012, la marine nord-coréenne n'hésite pas à détenir des dizaines de pêcheurs chinois aventurés dans les parages de la Corée du Nord – faisant à la Chine ce que celle-ci a fait avec les Philippines, la Malaisie ou le Vietnam ! Mais les liens entre Pékin et Pyongyang n'ont jamais été si étroits depuis la fin de la guerre de Corée.

Pékin saborde sa diplomatie publique

L'image d'une Chine agressive ne tient pas seulement à des incidents sur le terrain. Elle vient aussi d'un retournement de sa diplomatie publique, où des positions intransigeantes semblent occuper le devant de la scène.

En mai 2010, le premier « dialogue stratégique et économique » entre la Chine et les États-Unis à Pékin est l'occasion d'une diatribe lancée par un officier supérieur chinois, devant les membres du gouvernement participant au dialogue. A-t-il mentionné, pendant la rencontre, la mer de Chine du Sud parmi les « intérêts fondamentaux » chinois ? La presse américaine en fera état, et n'est pas démentie par le gouvernement chinois : il est vrai que pour ce dernier, clarifier explicitement que cet océan n'est pas un « intérêt fondamental » revient à dévaloriser ses propres revendications.

Au printemps 2009, lors du sommet du G20 de Londres qui suit la crise financière globale, la diplomatie publique chinoise avait brillamment réussi à dépeindre son pays en sauveur de l'économie globale. La Chine avait contribué pour un montant substantiel, quoique inférieur à celui du Japon, à l'augmentation des prêts dont dispose le FMI. Elle avait consenti à coopérer sur la question des paradis fiscaux, participant à un mécanisme de surveillance de ceux-ci. Ces gestes de contribution à une meilleure gouvernance internationale vont être amoindris, notamment dans l'opinion publique européenne et japonaise, par l'impasse de la conférence climatique de Copenhague.

La Chine y a en effet donné, en décembre 2009, le spectacle de l'intransigeance et même de la division interne. Non seulement elle a refusé tout accord contraignant, mais la réserve dans laquelle s'est cantonné le Premier ministre Wen

Jiabao, alors que des négociateurs chinois comme He Yafei, vice-ministre, bloquaient les discussions entre chefs d'État, a donné l'image d'une désorganisation et peut-être de désaccords. À vrai dire, les États-Unis pas plus que la Chine ne voulaient d'un accord légalement contraignant sur la réduction des émissions. La Chine avait habilement déployé ses diplomates en direction d'autres économies émergentes, au premier rang desquelles l'Inde, pour empêcher cette éventualité. Mais le président Obama a réussi à apparaître comme une force de proposition positive. Il a proposé au tout dernier moment un plan de vérification des émissions de gaz à effet de serre au moyen d'un réseau de capteurs installé dans chaque pays. Ce plan ne pouvait que heurter la Chine, dont l'attachement à la souveraineté tolère mal des vérifications intrusives. Obama va ainsi laisser le mauvais rôle à une « Chine qui dit non ».

Les dégâts provoqués par les incidents maritimes en matière de voisinage asiatique sont encore plus importants. Un expert chinois sceptique rappelle ironiquement une formule de Bismarck, référence qui n'est pas anodine étant donné les comparaisons qui s'imposent entre la montée de la Chine et celle de l'Allemagne wilhelminienne : « Si on a cinq voisins, il est de bonne politique de s'entendre avec trois d'entre eux. » La principale revue géopolitique chinoise relève en 2010 que la Chine n'a amélioré ses relations, cette année-là, qu'avec l'Europe et… la Corée du Nord.

Obama change de politique chinoise

Pire, la Chine ne semble pas avoir répondu aux ouvertures faites par certains de ses partenaires. Aux États-Unis, le président Obama a mis en place l'équipe la plus favorable depuis longtemps à de bonnes relations avec la Chine : son conseiller pour l'Asie, Jeff Bader, avait été jusqu'à porter la torche olympique lors de son passage au Sichuan en août 2008. Barack Obama, qui à la différence de son concurrent John McCain n'a pas rencontré le dalaï-lama pendant sa campagne, va proposer à la veille de son premier voyage officiel en Chine un « partenariat stratégique[6] ». Les dirigeants chinois ne l'avaient jamais obtenu de ses prédécesseurs. Il fait sienne, dans le communiqué conjoint sino-américain qui clôt cette visite, la formule des « intérêts fondamentaux » (*hexin liyi*[7]) lancée par la Chine. Ces *core interests* chinois sont très vaguement définis, recouvrant parfois au sens étroit la souveraineté chinoise sur Taïwan et le Tibet, mais parfois aussi l'ensemble des intérêts territoriaux, ou même des intérêts nationaux plus larges.

Il n'est guère payé de retour. Certains de ses propos lors d'une interview sont même censurés dans la presse locale. La presse et les experts chinois font souvent le diagnostic d'un déclin américain, soulignant les difficultés budgétaires des États-Unis. La Chine a d'ailleurs stoppé en novembre 2008 sa politique de lente réévaluation de sa monnaie. Le yuan va évoluer avec le dollar, c'est-à-dire se dévaluer jusqu'en

6. Faite dans une allocution la veille de son départ, la mention nous a plus tard été qualifiée à la Maison Blanche d'« improvisation orale » sans signification particulière (entretien à Washington, juin 2009).

7. 核心利益.

juin 2010, pendant deux années de crise mondiale. Les exportations et les réserves de change chinoises ne cessent d'enfler, comme le déficit commercial américain avec la Chine. Le soutien chinois à la Corée du Nord met aussi les États-Unis au défi d'appliquer leur politique de lutte contre la prolifération. Les experts chinois n'accordent que très peu de crédit aux ouvertures de Barack Obama, quand ils ne redoutent pas de tomber dans un piège du *soft power*, incarné par la suprématie américaine sur Internet et les réseaux sociaux[8]. Et le gouvernement chinois s'affirme de plus en plus souvent sans complexe. Le jour même de la visite du secrétaire d'État à la Défense américaine et de sa rencontre avec Hu Jintao, les médias chinois sont pleins du premier essai d'un chasseur furtif chinois, le J-22. Lors d'une visite du vice-président Joseph Biden à Pékin, sa tentative de prolonger une déclaration publique par un dialogue avec la presse est cavalièrement interrompue par ses hôtes, qui poussent les invités vers la sortie de la salle.

Barack Obama ne reconnaît pas publiquement que son ouverture à la Chine a échoué. Mais il va ajuster sa stratégie en conséquence. L'Amérique multiplie les marques d'attention envers l'Inde, retrouve le chemin de l'Asie du Sud-Est : c'est là que Mme Clinton annonce que « les États-Unis sont de retour », visant moins l'ensemble de l'Asie qu'une région très délaissée par l'administration Bush. La diplomatie chinoise avait en effet pris pour habitude de souligner à ses voisins que la Chine « était là pour rester », ce qui n'était peut-être pas le cas des États-Unis. Surtout, et pour la première fois, les États-Unis réagissent publiquement aux incidents maritimes entre la Chine et l'Asie du Sud-Est. Lors d'un sommet régional en juillet 2010, le Forum régional de

8. Anne-Marie Slaughter, « America's Edge : Power in the Networked Century », *Foreign Affairs*, janvier-février 2009.

l'Asean, le ministre chinois des Affaires étrangères Yang Jiechi se trouve face à un tir de barrage des gouvernements de la région, enhardis par le soutien américain. Pris au dépourvu, Yang Jiechi déclare que « la Chine est un grand pays, et les autres pays sont de petits pays » : la leçon de réalisme passe mal dans la région.

En somme, la Chine offre sur un plateau aux États-Unis l'occasion de renouer les liens avec ses voisins asiatiques inquiets. Ce ne sont pas toujours d'anciens alliés et amis. À partir d'octobre 2009, la diplomatie américaine est revenue sur sa ligne dure à l'égard de la Birmanie. Les sanctions liées au maintien de la dictature et des violations des droits de l'homme sont toujours là. Mais, la diplomatie américaine, inquiète d'une nucléarisation possible du régime de Rangoon avec l'aide de la Corée du Nord, tente à partir de septembre 2009 une politique d'« engagement positif » de la junte birmane. La Chine, elle, tourne les sanctions internationales à son avantage économique, mais finit par braquer le nationalisme birman avec ses projets de barrages sur l'amont des fleuves birmans, dont la production d'électricité est ensuite vendue à la Chine. En octobre 2010, des troubles surviennent dans les régions ethniques à proximité de la frontière chinoise : l'armée chinoise intervient alors en territoire birman pour soutenir ses alliés locaux. Ces incidents, et la réaction contre une Chine trop présente, ont sans doute joué un grand rôle pour inciter la junte birmane, à l'issue du long règne du général Than Shwee, à libéraliser le pays et s'ouvrir au monde extérieur.

Le Vietnam, inquiet des incidents militaires répétés autour des îles Paracel en mer de Chine, s'est lui aussi rapproché des États-Unis. À la fin de l'année 2011, le président Obama en visite en Australie et au Japon peut annoncer successivement la création d'une base d'intervention rapide de marines à Port-Darwin en Australie – appuyée sur des navires catamarans. Il propose une coalition d'apparence commerciale où le libre-échange voisine avec les convergences stratégiques : le partenariat trans-Pacifique, d'abord noué avec des économies moyennes (y compris le Vietnam) est conçu pour attirer ensuite les grandes puissances commerciales que sont le Japon et la Corée du Sud, et ainsi constituer une alliance économique qui contrebalance l'influence commerciale chinoise.

À l'approche de la campagne pour un second mandat présidentiel, Barack Obama durcit aussi sa politique vis-à-vis de la Chine pour des raisons politiques : il n'est pas question de laisser un candidat républicain critiquer une faiblesse éventuelle. Les déclarations américaines se raidissent, par exemple lors d'une visite à Manille où Hillary Clinton évoque la « mer des Philippines occidentale » à la suite de ses interlocuteurs locaux en novembre 2011.

Expliquer le tournant de politique étrangère

Dérive, ballon d'essai ou tentation impériale, le raidissement généralisé des relations de la Chine avec ses voisins intrigue tous les observateurs, qui lui cherchent des raisons internes. La pékinologie a ceci de commun avec la divination qu'elle repose sur l'interprétation d'indices très ténus : en vérité, cela fait au moins une décennie que personne n'a accès au mécanisme de décision des dirigeants chinois, devenu une boîte noire[9]. La pékinologie est de surcroît très

9. Pour une approche des nombreux acteurs qui sont – peut-être – impliqués, voir Linda Jakobson et Dean Knox, « New Foreign Policy Actors in China », *SIPRI, Policy Paper*, Stockholm, septembre 2010, n° 26 (www.sipri.org).

vulnérable aux confidences, vraies ou fausses, qui peuvent être faites en Chine à des étrangers persuadés d'accéder ainsi à l'intérieur du cercle de pouvoir. Rien de plus crédible, par rapport à l'ennui des sources écrites de la presse et des revues chinoises encore contraintes par la censure et la « langue de bois », que les confidences recueillies autour d'une table. À cela s'ajoute un biais interprétatif qui n'est pas nouveau : diplomates et analystes américains – de loin les plus nombreux et les mieux dotés pour observer la Chine – ont un instinct patriotique qui les pousse à dénier l'ampleur de la perte d'influence et de prestige de leur pays. Une partie de leurs interlocuteurs chinois est également préposée à maintenir les relations avec les États-Unis et à atténuer la portée des gestes ou des déclarations chinoises. Enfin, la bureaucratie céleste, dans sa complexité, se prête bien à des analyses dépolitisées sur les rivalités d'appareil. Il n'est pas étonnant que les explications se soient portées vers une hypothèse fonctionnelle – tenant à la nature du système. Et non vers une hypothèse intentionnelle – celle des débats stratégiques au sein du groupe dirigeant.

L'hypothèse de la fragmentation bureaucratique

Un certain nombre de « vérités » vont ainsi faire consensus à la fin de l'année 2010. D'abord, que le président Hu Jintao et ses pairs sont déjà paralysés par l'approche du Congrès et de la succession de 2012. Ensuite, que le style de Hu, de toute façon peu porté à la politique étrangère, serait hésitant et indécis. La diplomatie chinoise n'est plus représentée au sommet que par un ancien diplomate, Dai Bingguo. Pour être parfois qualifié de Metternich chinois en raison de son habileté et même sa ductilité, Dai n'a pas la stature politique de ses prédécesseurs, tel un Qian Qichen vice-Premier ministre, sans même évoquer le souvenir de Zhou Enlai, le légendaire chef de la diplomatie chinoise depuis la guerre civile. Derrière lui, le ministère des Affaires étrangères chinois serait en perte de vitesse, miné par le développement d'acteurs étatiques dynamiques. Cela va de l'armée chinoise et de son état-major (plutôt que le ministère de la Défense, simple courroie de transmission), son Département de la logistique, qui symbolise le lobby de l'armement, à bien d'autres acteurs. À côté du ministère du Commerce extérieur – le Monsieur Non des négociations commerciales internationales – pèsent aussi les grandes entreprises d'État et des administrations plus techniques. On évoque aussi l'autonomie et la capacité de nuisance dont jouirait l'Administration océanique d'État. Cette entité est pourvue de moyens quasi militaires, mais présente l'avantage de ne pas engager directement l'Armée populaire de libération et sa marine. Elle n'est au demeurant qu'un des cinq bras séculiers chinois qui interviennent dans le domaine maritime. Leur expansion est bien plus rapide encore que celle de la marine chinoise.

Dans ce nouveau schéma, il existe un risque de fragmentation des centres de décision, ou d'autonomie à la marge de ces multiples acteurs. Cette fragmentation encourage aussi des divergences de nature idéologique et politique : ainsi l'armée créerait les conditions pour obtenir les moyens de projection navals, et notamment le porte-avions et son groupe de protection qui signent l'appartenance formelle au club des grandes puissances. Mais la fragmentation résulte aussi de la puissance économique nouvelle de la Chine – qui suscite de nouveaux acteurs ou donne enfin des moyens d'action aux protagonistes traditionnels. Cette puissance et cette variété des centres de décision économiques ou militaires dépasseraient tout simplement les moyens traditionnels de contrôle du pouvoir politique. Celui-ci est vertical, et non seulement très centralisé mais même concentré autour du numéro un chinois.

L'hypothèse d'une armée sans contrôle

Selon des sources convergentes, c'est en effet ce qui se serait produit à la jointure entre le Parti et l'armée, c'est-à-dire à l'influente Commission des affaires militaires. La Commission est un organisme dupliqué dans le Parti et l'État. Qui la dirige commande en dernier ressort le pays, et ce depuis Mao. Hu Jintao, qui n'était pas parti en position de force avec l'armée, en a fait un domaine réservé où n'interviendraient pas les autres membres du Comité permanent du Bureau politique. Il a peu de patience pour les généraux qui la composent, même quand il les a nommés. La Commission se réunit donc de façon de moins en moins fréquente, et seuls deux de ses membres, Xu Caihou et Guo Boxiong, les deux militaires membres du Bureau politique, s'y exprimeraient vraiment, le président Hu lui-même n'assistant pas à toutes ses sessions[10]. Or cette Commission est le seul lien direct entre le sommet de l'État-parti et l'armée. Il suffit de se souvenir du refus de cette dernière, lors du tremblement de terre du Sichuan de mai 2008, de recevoir des instructions directes du Premier ministre Wen Jiabao pour comprendre qu'en dehors du chef du Parti lui-même, le lien entre pouvoir

10. Nous sommes redevables à Kim Tae-ho (Université Hallym, Séoul, mars 2011) et à Charles Freeman et Bonnie Glaser (CSIS, Washington, avril 2011) de ces informations et analyses convergentes.

politique et militaire est des plus ténus. À répétition, les propositions d'experts de *think tanks* pékinois pour créer un Conseil de sécurité nationale ont été repoussées : pourquoi créer et valoriser des instances techniques, quand le jeu du pouvoir est entièrement politique et personnel ? Et, d'ailleurs, les dirigeants font écrire ou même « plancher » devant eux tous les experts qu'ils souhaitent et mobilisent les institutions de recherche pour leur préparer des rapports. Mais cette absence d'intermédiation entre le numéro un du Parti et son armée crée tout de même des risques de dérapage. Les analystes étrangers soulignent à l'envi le phénomène des « silos » entre administrations chinoises – c'est-à-dire la mauvaise coordination horizontale ou transversale entre ministères, et dans le cas de l'armée avec les instances civiles. Les incidents de 2010 seraient à mettre au compte de ce hiatus. Le monopole de Hu au sommet se paierait d'une insuffisance des mécanismes de contrôle et de communication entre les différents « silos » sur lesquels il règne.

Cette thèse est celle de l'inintentionnalité de la bureaucratie, le processus et ses dérives locales l'emportant sur une vision stratégique globale. Elle est aussi celle de l'ignorance d'un empereur trop loin de son armée, trop absorbé par les arbitrages internes à la Chine pour contrôler les appareils extérieurs. Mais cela résiste-t-il à l'examen ? L'argument a été employé dans deux cas extrêmement voyants : le test inattendu d'une arme antisatellite en janvier 2007, qui aurait été effectué dans l'ignorance non seulement du ministère des Affaires étrangères, dont le porte-parole n'était pas préparé aux questions gênantes de la presse internationale, mais aussi des principaux dirigeants civils. À nouveau, quand le Pentagone montre quelque irritation à voir publiciser en Chine le test d'une arme nouvelle majeure, le chasseur furtif, au moment même où Robert Gates rencontre Hu Jintao, on nous sert la même explication : le numéro un chinois aurait ignoré ce test. Dans une variante un peu plus sophistiquée, on ajoute que l'essai, retardé par le mauvais temps, a été fixé par le Département logistique de l'armée sans en référer à ses supérieurs. Cela ne tient guère, quand on sait que plusieurs membres du Bureau politique, y compris le successeur putatif Xi Jinping et son collègue Wu Bangguo, ont assisté au vol à Chengdu, à 1 500 kilomètres de Pékin. Que le président Hu ait pu ignorer dans l'absolu la coïncidence de date d'un test remis en raison du mauvais temps, ou même qu'il ait sous-estimé le degré de publicité officielle qui serait donné à l'événement, reste possible, mais étonnant : Robert Gates effectuait la première visite en Chine d'un secrétaire d'État à la Défense depuis six ans. Que Hu ignore, au jour près, l'agenda de ses principaux collègues est totalement invraisemblable, dans le système de direction collective et de contrôle mutuel du Parti.

L'hypothèse des groupes de pression

Il flotte sur ces épisodes un parfum de « dénégation plausible » de la part du numéro un chinois. Depuis son accession au pouvoir en 2002, Hu Jintao s'est très peu marqué personnellement et directement dans des décisions controversées, préférant l'ombre de la direction collective. L'avantage de cette méthode est de ne pas laisser de trace compromettante. Mais son inconvénient, c'est que le procédé laisse le champ ouvert à diverses influences, y compris de la part d'éléments qui peuvent espérer forcer la main du numéro un. À côté de l'hypothèse de la fragmentation des centres de décision, on ne peut écarter celle de groupes nationalistes, en particulier dans l'armée. Certains officiers supérieurs, certes dépourvus de postes de commandement, ont incarné publiquement une ligne nationaliste extrêmement ferme en 2009-2010, et à nouveau en mars 2012. Les appels à la fidélité de l'armée au Parti se sont multipliés à la suite de ces derniers épisodes. L'un d'entre eux, dans l'organe officiel de l'APL, évoque sans détour l'existence de « loyautés internes » à l'armée, et réclame « la préservation constante, dans la pensée et dans les actes, de la primauté du Parti, de la Commission des affaires militaires et du président Hu Jintao[11] ». Celle-ci n'irait donc plus de soi ?

Plus les informations ou indices se multiplient sur la « boîte noire » des décisions au sommet, plus il est difficile de conclure avec certitude. La progression constante et rapide des dépenses militaires chinoises est certes un fait irréfutable, qui amène la Chine au second rang mondial : des revendications naguère hors de portée deviennent ainsi accessibles, et le seront encore plus dans quelques années. Mais la multiplication des incidents, de l'agitation nationaliste – en dépit de coups d'arrêt eux aussi perceptibles – tiennent-ils d'une stratégie délibérée ?

Trois hypothèses ont cours. La première est celle d'une multiplication de centres de décision insuffisamment contrôlés, eux-mêmes soucieux de légitimer leur budget et leur rôle. Mais le Parti communiste n'a-t-il pas toujours lutté contre ces phénomènes ? La seconde hypothèse est celle d'un véritable parti nationaliste et militariste, pesant sur les dirigeants civils et agissant parfois en conjonction avec des conservateurs de l'appareil du Parti. La crise de l'Occident, et

11. « À propos du phénomène de "loyauté interne" des cadres militaires » (« Budui ganbu "ye chongzheng" xianxiang bingbu xianjian »), *Quotidien de l'Armée de Libération* (*Jiefang Qunbao*), 17 juin 2012, repris par http://news.ifeng.com/mainland/detail_2012_06/17/15356890_0.shtml.

les interprétations qu'elle suscite quant au déclin de celui-ci, serait un facteur essentiel en faveur de cette hypothèse. Et enfin, on ne peut négliger l'explication par l'hyperconcentration, et par conséquent l'étroitesse, du contrôle sur l'armée en la personne de Hu Jintao, numéro un d'une direction par ailleurs collective. Après Mao, Deng et Jiang Zemin, Hu a eu du mal à s'imposer à la tête de la Commission des affaires militaires. Il ne semble avoir partagé ce rôle avec aucun autre dirigeant civil ou militaire, mais exerce nécessairement celui-ci à la façon d'un empereur distant. Ce qui, bien sûr, recoupe aussi sa prudence légendaire et le souci de ne pas donner prise à des reproches précis, en particulier en matière de patriotisme. Bref, dans ce domaine comme dans celui de la réforme politique ou économique, Hu Jintao a évité les choix tranchés, et par conséquent favorisé une stratégie de l'ambiguïté.

Celle-ci s'avère obsolète, à mesure que les capacités chinoises grandissent, et que des discours naguère sans portée réelle deviennent des objectifs crédibles, avec des conséquences pratiques qui jettent le trouble en Asie-Pacifique.

CHAPITRE 9

Le nationalisme, chantage et alibi

Le durcissement de la politique étrangère chinoise, la priorité donnée aux dépenses militaires et la propension aux incidents de souveraineté ne sont pas seulement le résultat d'un nationalisme d'en haut. Le nationalisme est une base de légitimité pour un régime qui s'est forgé pendant la guerre sino-japonaise. L'opinion publique chinoise y joue donc un rôle. Mais s'exprime-t-elle seulement comme le chœur antique de la tragédie, simple révélateur et amplificateur des décisions du sommet ? Ou bien est-elle devenue un aiguillon, à la faveur de l'ouverture partielle sur l'information internationale et des débats sur les réseaux sociaux ? Cet aiguillon contraindrait alors les dirigeants à aller de l'avant, en stigmatisant la modération et les compromis.

Là où les manifestations politiques et l'apologie de la démocratie politique restent interdites, les humeurs nationalistes sont apparues en pleine lumière. Il s'agit de protestations qui explosent contre un partenaire étranger – les États-Unis, le Japon et même, en 2008, la France. Courroux des internautes chinois sur les forums et les réseaux sociaux, manifestations de rue, prises de position aussi d'officiers supérieurs techniquement à la retraite, mais conservant une grande surface publique.

La question que posent ces poussées d'activisme est fondamentale. Mais elles sont aussi le reflet d'un système d'éducation et de propagande qui a endoctriné l'opinion, et en particulier les jeunes générations après 1989[1]. Elles relèvent parfois d'une manipulation consciente, le gouvernement chinois pouvant ainsi ouvrir le robinet des protestations pour venir en appui de ses revendications internationales. Il a un usage de ces émotions comme gesticulation à l'intention des partenaires de la Chine. Il se présente souvent à l'étranger comme messager et modérateur à la fois d'une opinion patriotique et colérique. L'expression nationaliste peut aussi servir à tenir en respect l'opinion libérale et favorable à une transition démocratique en Chine même.

L'étranger, source de curiosité

La question ne peut être séparée de celle, plus générale, des rapports de l'État autoritaire avec la société. Cette dernière a été enhardie par le modèle de l'économie de marché et de l'individualisme consumériste. La politique étrangère au sens large (y compris la défense) reste un cas particulier. C'est le domaine où le contrôle de l'information et l'endoctrinement sont les plus étroits. Mais c'est aussi un domaine où la curiosité individuelle est grande, et où abondent les jugements de valeur. Ceux-ci peuvent se fonder sur l'activisme patriotique, ou au contraire sur le dénigrement des tares de la culture chinoise : l'auto-ironie est forte.

1. Un auteur a particulièrement bien transcrit cet endoctrinement à travers l'évolution de la cartographie officielle : William A. Callahan, « The Cartography of National Humiliation and the Emergence of China's Geobody », *Public Culture*, 2009, vol. 21, n° 1, p. 141-173.

L'étranger a longtemps été une source d'information interdite mais prestigieuse. Le bulletin d'information interne au Parti, *Cankao Xiaoxi* (*Nouvelles de référence*), dans des versions à la diffusion d'autant plus restreinte que son contenu était révélateur, était largement fait à partir de dépêches d'agence étrangères. *Global Times* (*Huangqiu Shibao*), le nouveau quotidien du groupe de presse du Parti, dans sa version anglaise ou chinoise, aujourd'hui plus lu que le *Quotidien du peuple*, est largement axé sur l'analyse et le commentaire internationaux. Ce tropisme international n'est pas nouveau et reflète la curiosité chinoise pour le monde. Une vieille anecdote suffira pour l'illustrer : l'auteur de ces lignes, en juillet 1982, patientait dans la salle d'embarquement de l'aéroport de Xiamen (Fujian), alors encore très provincial, quand un enfant d'une douzaine d'années, envoyé par ses parents à l'issue d'un conciliabule chuchoté, lui demanda soudain : « Pourquoi Gromyko a-t-il été démis de ses fonctions ? » L'illustre ministre des Affaires étrangères soviétique venait de quitter son poste, mais nous ne sûmes que répondre à l'enfant en mission d'information…

La révolution de l'information a fait le reste, même si on exagère sa portée sur l'ensemble de la population. Elle est plus importante dans le domaine international, à cause des innombrables sites étrangers auxquels l'internaute chinois a accès. Celui qui veut s'informer peut le faire, car les *firewalls* instaurés par la censure officielle ne sont pas étanches.

Médias, Internet et fabrication de l'opinion

La masse des internautes se contente toutefois de suivre ces informations à travers les forums et les réseaux sociaux, qui diffusent à la vitesse de l'éclair informations et analyses simplifiées par la brièveté de la communication. Il y a donc à la fois information en provenance de l'étranger, et en même temps déformation prodigieuse de ces informations.

Elles sont filtrées par la censure qui s'attaque, à l'aide de mots clés, aux sites jugés hostiles ou aux informations sensibles, dans le domaine intérieur comme dans celui de la politique étrangère. Plus largement, des consignes sont données en temps réel, à partir du Département de la propagande, à la fois sur les informations qui peuvent être mentionnées ou non, sur celles qui doivent être mises en avant. Certaines de ces directives sont permanentes et sont devenues célèbres, comme celle qui commande de ne pas évoquer de mauvaises nouvelles à l'approche des fêtes ou d'anniversaires sensibles. Elles concernent aussi les relations internationales : présenter les États-Unis sous un jour critique, ne pas relayer des vues étrangères jugées « hostiles », interpréter les événements internationaux pour en tirer les leçons politiques souhaitables[2].

Et, enfin, une classe d'internautes activistes promeut des interprétations patriotiques ou légitimistes : des critiques allant dans l'autre sens n'auraient guère de chance de rester longtemps en ligne. C'est ainsi qu'un des experts

2. La résurgence de la propagande, le plus souvent sous une forme non directement idéologique, est très bien décrite par Anne-Marie Brady, « Guiding Hand : The Role of the CCP Central Propaganda Department in the Current Era », *Westminster Papers in Communication and Culture*, printemps 2006, n° 3.1,

chinois les plus réputés des relations internationales, lui-même fréquemment consulté par les officiels, s'est rendu compte qu'il ne pouvait envoyer par courriel à un parent l'un de ses propres articles, paru dans une prestigieuse revue américaine : les mots clés contenus par l'article provoquaient la disparition de la pièce attachée au courriel…

De grands médias officiels – la télévision centrale, ses bulletins d'information et ses émissions de débat à l'américaine, le *Global Times* évoqué plus haut, Phoenix TV depuis Hong Kong – consacrent une couverture immense à l'actualité internationale. Ils se crédibilisent en associant à leurs émissions journalistes et experts étrangers. Mais les thèmes et les opinions sont orientés ou filtrés. Y compris parfois par l'autocensure des participants : quoi de plus rentable, avec la plus grande audience du monde, que de montrer la modération qui fait réinviter à nouveau les étrangers classés « amis de la Chine » ? À rebours, et notamment dans l'édition et la presse écrite, ce sont les opinions extrêmes chinoises qui font vendre. Certains experts chinois sont connus pour avoir compris avant d'autres l'audience sans risque que pouvait leur valoir un nationalisme virulent. Ainsi du plus grand best-seller de l'édition économique chinois, *La Guerre des monnaies*[3]. Dans une suite à son best-seller, Song Hongbin prédit une monnaie mondiale unique, résultat en 2024 d'un complot américain.

---

3. Voir p. 116, note 14.

Frustration sociale et nationalisme

Peut-on affirmer pour autant que l'opinion publique chinoise est finalement plus nationaliste et querelleuse que le gouvernement ? Cette affirmation est souvent répétée par les diplomates et experts chinois. Elle est parfois appuyée sur des sondages d'opinion, notamment ceux effectués à intervalles réguliers par la Ligue de la jeunesse communiste et par son quotidien, qui ont accrédité l'idée d'un tournant globalement antilibéral, antioccidental et nationaliste depuis 1989, en particulier dans la jeunesse[4]. Elle est évidemment renforcée par les manifestations d'activisme sur la Toile, et dans les forums des principaux médias officiels, ou de quelques sites spécialisés dans les affaires stratégiques.

Rien n'est moins sûr, pourtant. Non seulement les sondages en question ne sont pas faits sur un échantillonnage représentatif, mais il s'agit souvent en fait de réponses volontaires à des questionnaires publiés – autrement dit, sans garantie d'anonymat, qui est de toute façon un problème en Chine.

Un contre-exemple à ces sondages très contrôlés existe, fait sur une base plus scientifique dans la population urbaine de Pékin entre 1998 et 2002 : il s'agit d'une des périodes de plus forte tension, avec les suites du bombardement américain de l'ambassade de Chine à Belgrade, l'incident de l'avion EP-3 près de Hainan et la détérioration des relations avec le Japon. Pourtant, l'enquête montre une opinion publique – et plus encore une classe moyenne chinoise – persuadée (à 80 et 70 %) des avantages de l'interdépendance

4. Sondages de 1987, 1995 et 2003. *Cf.* François Godement, « Un manifeste nationaliste », *China Analysis*, janvier-février 2006, n° 3, p. 23-24.

internationale, favorable à l'amitié avec les États-Unis (à près de 55 %), partagée sur le principe du nationalisme *right or wrong*, partagée aussi sur la suppression des barrières tarifaires et avec une forte minorité s'opposant à la hausse des dépenses militaires[5].

En fait, le nationalisme n'est-il pas surtout répandu chez les jeunes diplômés urbains et les étudiants ? Ne servirait-il pas de soupape d'expression pour des étudiants et jeunes diplômés sans emploi, ou sous-payés et mal logés, qui forment les nouvelles « tribus de fourmis » (*yizu*) urbaines ? Les manifestations nationalistes sont d'ailleurs aussi l'occasion de hisser des bannières revendicatrices plus spontanées et parfois incongrues. Ainsi, à Wuhan, lors d'une manifestation devant un magasin Carrefour, un participant exhibe une pancarte sur laquelle il a écrit « Est-ce vraiment votre seule raison de manifester ? », avant d'être promptement interpellé[6]. Tout comme l'hostilité à la globalisation dans les pays développés est sous-tendue par d'autres frustrations, le nationalisme en Chine est en train de devenir le vecteur spécifique d'une classe moyenne jeune et éduquée, mais soudainement dévaluée à la fois par l'insuffisance des emplois qualifiés et la hausse brutale de l'immobilier urbain. On peut également relever une corrélation plus étrange : en 1986 et en 1988, des incidents racistes antiafricains ont éclaté sur les campus universitaires à la veille de manifestations pour la démocratie. Dans les deux cas, le statut de boursiers de l'État de ces étudiants, par rapport aux étudiants chinois, avait été un catalyseur de ces mouvements.

Il existe donc un ancrage sociologique réel mais limité au néonationalisme – celui d'une population jeune, éduquée et frustrée dans ses aspirations par la montée des inégalités.

---

5. Alastair Iain Johnston, « Chinese Middle Class Attitudes Towards International Affairs : Nascent Liberalization ? », *The China Quarterly*, septembre 2004, vol. 179, p. 603-628.

6. Témoignage local, mai 2008.

Cette même base est aussi la plus susceptible de tourner son mécontentement contre le Parti-État. Elle est loin d'incarner l'ensemble des classes moyennes, sans parler des ouvriers ou de la paysannerie : sauf quand surviennent des grèves dans des entreprises étrangères (et les plus dures ont eu lieu dans des firmes coréennes), le *laobaixing* chinois, c'est-à-dire le peuple, semble bien absent des manifestations nationalistes.

Les modèles occidentaux censurés

Les opinions nationalistes extrêmes le plus souvent tolérées sont très rarement repoussées par les dirigeants chinois. C'est une soupape de sécurité pour le mécontentement et les frustrations, et c'est aussi un moyen de dissuasion à l'intention de ceux qui prôneraient trop largement des réformes politiques importées. S'il existe une poignée de dirigeants qui, comme Wen Jiabao, jouent du registre de l'autocritique libérale, il n'en existe plus aucun qui s'appuie ouvertement sur des modèles étrangers et sur l'appel à l'émulation d'une culture internationale ouverte. Ce registre-là a été banni en 1989 avec les événements de Tiananmen. Il faut en effet remonter, avant mai 1989, à la parution encouragée par le secrétaire général du Parti Hu Yaobang d'une revue shanghaïenne, le *World Economic Herald*[7], pour trouver trace d'un appel des dirigeants à des modèles économiques et politiques étrangers. Accusé de propager ces modèles, le *Herald* fut fermé en avril 1989 par Jiang Zemin – qui y gagna ses galons de dirigeant national.

7. Le *Shijie jingji baodao* (世界经济报导) a été publié à Shanghai de 1980 à avril 1989.

De même, un téléfilm au retentissement national, *L'Élégie du fleuve*[8], qui opposait la Chine « jaune », c'est-à-dire continentale, agraire, bureaucratique et chauvine, à la Chine « bleue », c'est-à-dire maritime, marchande, libérale et ouverte sur l'étranger, a été blâmé pour les événements de 1989. Ce type de production a disparu depuis lors.

Il est, en revanche, facile de trouver des exemples de porte-voix nationalistes dans des institutions influentes. Le *Quotidien du peuple* a tout simplement lancé en 1999, après le bombardement de l'ambassade de Chine à Belgrade, son propre forum nationaliste : *Qiang guo luntan* (*Forum pour un pays puissant*[9]) est un bon thermomètre de la mobilisation officielle contre une cible ou une autre. En 2005 est apparue à la prestigieuse Université Tsinghua une revue extrêmement nationaliste, *China and World Affairs*. Dirigée par Justin Lin Yifu (qui deviendra ensuite le *chief economist* de la Banque mondiale), elle regroupe des avocats connus ou moins connus du nationalisme et du conservatisme, comme Pan Wei ou Yan Xuetong. Or la revue n'a connu que six numéros, en 2005 et 2006[10]. Tout comme une autre revue, *Strategy and Management*[11], qui avait été fermée en septembre 2004 : mais l'exemple est contestable, car si la revue (surnommée avec affection « S&M » par ses lecteurs à Washington...) brillait par son intransigeance géopolitique, c'est pour un article critique de la Corée du Nord qu'elle a chuté...

---

8. *Heshang* (河殇), un documentaire fondé sur l'histoire et le cours du fleuve Jaune, fut diffusé, en Chine et à l'étranger, en juin 1988, avant d'être retiré en septembre 1988 : son destin est exactement parallèle à celui de Zhao Ziyang, soumis à une première autocritique à la réunion du Parti de Beidahe fin août 1988.

9. 强国论坛, accessible sur http://bbs1.people.com.cn/boardList.do?action=postList&boardId=1.

10. *China and World Affairs* (*Zhongguo yu Shijie Guancha*) ; voir François Godement, « Un manifeste nationaliste », art. cit.

11. *Zhanlue yu Guanli*, 战略与管理.

Un site Web, à la fois maoïste et nationaliste, s'est distingué jusqu'à sa fermeture, le 6 avril 2012, en réaction à l'affaire Bo Xilai. Utopia[12], qui revendiquait d'être dans les 600 sites les plus fréquentés de Chine, et est rattaché à une librairie de Pékin, se fait remarquer par la quantité d'articles nationalistes qu'il publie, et parfois par leur virulence. À l'inspiration d'un visiteur, le site avait lancé en février 2012 un concours pour désigner les « dix plus grands traîtres de Chine » sur une liste de 18 noms jetés en pâture[13].

Il est impossible d'aller en prison ou d'être chassé de son emploi et, le plus souvent, de subir une critique officielle ou publique en péchant par nationalisme. Il y a bien des activistes nationalistes, mais non une dissidence nationaliste, car le régime ne se veut pas d'adversaires sur ce front. La parenthèse des années 1980 semble loin, quand les promoteurs des réformes soutenaient aussi l'introduction des idées occidentales. C'est ainsi qu'en janvier 2012 un discours de Hu Jintao dénonce « l'intensification du complot occidental pour diviser et affaiblir la culture et l'idéologie chinoises[14] ». Il n'y a rien de nouveau dans un tel discours – sinon l'expression d'un regret, plutôt réaliste, de la faiblesse du *soft power* chinois dans le monde. Mao d'une façon quasi permanente, Deng en cas de nécessité politique ont recouru aux mêmes arguments pour mettre fin aux débats politiques sur l'avenir du système.

Le débat de politique extérieure existe donc, dans l'opinion publique comme chez les experts. Mais les termes

12. www.wyzxsx.com, adresse aujourd'hui bloquée.

13. Danwei, un site australien de recherche sur l'Internet chinois, a publié une interview du fondateur d'Utopia après la fermeture de celui-ci : http://www.danwei.com/interview-before-a-gagging-order-fan-jinggang-of-utopia/.

14. *Qiushi*, revue théorique du PCC, 2012, n° 1. http://chinacopyrightandmedia.wordpress.com/2012/01/04/hu-jintaos-article-in-qiushi-magazine-translated/.

en sont tout aussi biaisés que sur le terrain de la politique intérieure. Comme un yo-yo, le régime peut laisser s'exhaler le nationalisme et son complexe d'infériorité-supériorité : la Chine humiliée par des adversaires arrogants, l'encerclement, et aussi la force géopolitique d'une Chine nouvelle qui impose sa volonté à des nations déclinantes et divisées. Une autre preuve du contrôle par l'État-parti existe : elle est à rechercher dans la facilité avec laquelle ces mouvements s'évanouissent ensuite, parfois à partir d'une seule consigne visible, ou même sans consigne apparente. Dans les cas où l'agitation persiste, il faut en chercher la raison dans des divisions internes au sommet du pouvoir chinois.

Un cas d'école : les relations sino-japonaises

Il n'est de meilleur exemple pour illustrer ce contrôle que celui des relations sino-japonaises tout au long de l'histoire de la Chine populaire. S'il est un domaine où les réactions émotionnelles sont prévisibles, c'est bien celui-ci : l'agression et l'occupation japonaise ont laissé des stigmates profonds. Le cours réel de ces relations est généralement méconnu ou incompris en Occident, et en particulier en Europe. Une vision s'est imposée, à la fois dictée par le sentiment d'un révisionnisme dominant au Japon, et celui d'une éternelle légitimité du sentiment antijaponais en Chine.

En fait, quel que soit l'héritage de l'agression militaire japonaise, le gouvernement chinois a contrôlé, et même empêché, l'expression de sentiments antijaponais de 1954 jusqu'au début des années 1980. Recevant des parlementaires japonais en 1954, Zhou Enlai remettait « soixante ans de relations difficiles » dans le contexte d'une « histoire et d'une amitié de plusieurs milliers d'années » : ce sont exactement les termes qui seront employés en 2006, au moment où le gouvernement chinois enraye les mouvements de protestation sino-japonais. Ce qui ne s'invente pas. En octobre 1955, Mao reçoit un groupe d'acteurs de kabuki, le théâtre traditionnel japonais, et leur dit : « Il n'y a aucune raison de vous demander de rendre compte de vos dettes passées. Vous vous êtes déjà excusés. Vous ne pouvez pas continuer à vous excuser tous les jours, non ? Ce n'est pas bon pour un pays de faire des jérémiades. C'est quelque chose que nous autres Chinois comprenons bien. » L'année suivante, un procès public pour crimes de guerre d'un millier de soldats japonais va aboutir à l'acquittement de 95 % d'entre eux. Nombre d'entre eux avaient fait des confessions terrifiantes sur leurs crimes, jamais démenties d'ailleurs par les intéressés après leur retour à Tokyo. Elles sont enfouies dans les archives, mais seront publiées un demi-siècle plus tard – en 2005, c'est-à-dire en pleine querelle sino-japonaise[15] ! Jusqu'en 1982, la littérature, les films et même les monuments en mémoire de la guerre évitent de s'en prendre au Japon – des historiens de Nankin sont même accusés dans les années 1960 « d'inciter à la haine nationale et la vengeance » quand ils évoquent le massacre commis dans leur ville par les troupes japonaises[16].

Le rétablissement des relations diplomatiques en 1972 s'accompagne aussi de la renonciation par la Chine à des réparations. Manuels et sources officielles mettent l'accent sur « une poignée de militaristes japonais », évitant d'incriminer le

15. Justin Jacobs, « Preparing the People for Mass Clemency : The 1956 Japanese War Crimes Trials in Shenyang and Taiyuan », *The China Quarterly*, mars 2011, n° 205, p. 152-153 et 158-159.

16. Daqing Yang, « Convergence or Divergence ? Recent Historical Writings on the Rape of Nanjing », *The American Historical Review*, juin 1999, vol. 104, n° 3, p. 58, cité par James Reilly, *Strong Society, Smart State : The Rise of Public Opinion in China's Japan Policy*, New York, Columbia University Press, 2011, p. 59.

Japon dans son ensemble. On mise – de part et d'autre – sur l'oubli : la propagande de l'ère maoïste n'exploite jamais l'existence de courants d'extrême droite au Japon, ni les visites de politiciens japonais au temple Yasukuni, haut lieu du souvenir militaire et nationaliste à Tokyo. Quand les cendres des 14 criminels de guerre de classe A condamnés au procès de Tokyo (dont l'amiral Tojo) y sont transférées en 1978, cela ne déclenche aucune réaction officielle chinoise. La même année, les deux pays signent leur traité de paix, et tombent d'accord pour mettre de côté leurs différends territoriaux. Le Japon inaugure une assistance économique à la Chine – et va jouer un rôle majeur dans la première phase des réformes chinoises, par ses prêts et investissements. Même ce tournant-là n'est pas une rupture avec les années 1950 ou 1960. Dès 1950, malgré la guerre de Corée et les sanctions américaines, la Diète avait voté une disposition permettant aux entreprises japonaises de commercer avec la Chine par des intermédiaires : ce furent les « compagnies-valises » (*suitcase companies*), souvent situées à Hong Kong. Au début des années 1960, quand la Chine émerge du Grand Bond, son premier financement étranger est celui d'une flotte de pêche par le Japon[17]. Les Japonais ont accepté un « paiement différé », puisque la doctrine maoïste de l'autosuffisance excluait alors le recours à des prêts étrangers…

17. Yoshihide Soeya, *Japan's Economic Diplomacy with China, 1945-1978*, Oxford, Clarendon Press, 1998.

Le Japon, enjeu de la politique intérieure

Cette mise au rencart de l'histoire souffre un premier accroc en 1982 – quand les médias officiels chinois lancent une brève attaque contre des manuels scolaires japonais, suivant en cela des manifestations qui ont lieu à travers l'Asie, mais non en Chine. Dans les années suivantes, les réformateurs au pouvoir à Pékin – Hu Yaobang et Zhao Ziyang – vont au contraire approfondir et vanter publiquement l'entente sino-japonaise. Hu Yaobang lance même une fête de l'amitié en invitant trois mille jeunes Japonais sur la place Tiananmen. C'est la visite officielle que rend celui-ci au temple Yasukuni le 15 août 1985 qui va modifier la donne. Le gouvernement chinois y réagit avec mesure, mais des manifestations étudiantes éclatent un mois plus tard. Le *Quotidien du peuple* ne les encourage guère, évoquant au contraire le spectre des gardes rouges durant la Révolution culturelle. Hu Yaobang continuera sa politique d'amitié avec le Japon, allant jusqu'à donner l'accolade à Nakasone Yasuhiro lors de la visite de celui-ci en novembre 1986. Tout au plus y a-t-il eu des revendications économiques : le Japon était devenu de loin le premier partenaire de la Chine.

Mais les conditions politiques ont alors changé du tout au tout en Chine au sommet du Parti. Les conservateurs lancent une attaque furieuse contre les velléités de réforme politique de Hu Yaobang. Dans ce contexte, et selon le témoignage direct de Zhao Ziyang dans ses mémoires, les gestes de Hu en faveur du Japon font partie du dossier à charge qui permet de le destituer en 1987[18]. Ses adversaires conservateurs voient

18. Zhao Ziyang, *Prisoner of the State*, *op. cit.*, p. 167.

alors un intérêt politique à susciter des manifestations antijaponaises, en fait dirigées contre le trop libéral secrétaire général du Parti...

Concluons : dans sa phase totalitaire, la Chine maoïste a empêché après 1954 l'expression de sentiments antijaponais. Dans la plus intense période de libéralisation politique de son histoire, entre 1978 et 1986, ces sentiments ont commencé à se manifester tardivement, mais ont été contenus par l'appareil. C'est la lutte interne au sommet du Parti, avec de tout autres enjeux, qui explique leur éruption à ciel ouvert. Deux ans plus tard, alors que la corruption est un thème dominant des manifestations de Tiananmen, le sentiment antijaponais en est entièrement absent – et c'est au contraire la mort de Hu Yaobang, à la fois leader réformateur et bouc émissaire des conservateurs nationalistes qui déclenche les événements.

L'éducation patriotique

Alors, qu'est-ce qui a changé vis-à-vis du Japon depuis 1989 ? À très court terme, officiellement rien. Inquiet des sanctions internationales après Tiananmen, le régime a au contraire repris ses bonnes relations avec le Japon. Celui-ci obtient de ses partenaires occidentaux du G7 de se retirer des sanctions internationales contre la Chine dès juillet 1990. Mais, à plus long terme, il se produit un renversement global de la propagande. Ce renversement ne vise pas le Japon, mais va avoir de lourdes conséquences pour les relations sino-japonaises. Après l'enterrement de la décennie libérale 1979-1989, le Parti reprend en main l'éducation et la propagande en direction de l'opinion, et surtout de la jeunesse. Tandis que les sources d'information extérieures sont taries, une grande campagne d'éducation patriotique va dérouler ses spires. Les jeunes des années 1980 ignoraient à peu près tout de la guerre sino-japonaise. Le souvenir réanimé de celle-ci va devenir une des bases de l'éducation. Les crimes de l'armée japonaise, notamment à Nankin, le révisionnisme dans les médias japonais, les problèmes territoriaux mais aussi les comportements des Japonais en Chine vont devenir la cible facile des émotions publiques. Tout peut y passer, et pas seulement des thèmes historiques ou géopolitiques : les défauts de fabrication de véhicules japonais, ou la prestation en tenue déshabillée par des étudiants nippons à une fête de fin d'année dans une université chinoise, deviennent une source d'incidents et de manifestations.

Bien sûr, de vrais squelettes ressortent aussi des placards. Le massacre de Nankin reçoit ainsi monument et célébration officielle, et une génération d'historiens activistes mène une campagne internationale. Un accident survenu en 2003 à des ouvriers déterrant des obus chimiques japonais enfouis depuis la guerre – une opération qui est étroitement subventionnée par le gouvernement japonais – devient le thème d'une nouvelle campagne. Les officiels japonais ont beau jeu de remarquer que certaines de ces manifestations surviennent à la veille des réunions de la commission officielle pour fixer l'aide japonaise au développement chinois. Elles constituent alors une mise en condition des négociateurs japonais.

En novembre 1998, le voyage au Japon du président Jiang Zemin constitue un épisode clé. Deux désaccords deviennent publics. Le premier désaccord – le refus japonais d'exclure formellement Taïwan et ses parages d'une éventuelle coopération militaire nippo-américaine – est bien plus important sur le plan stratégique, que le second : Jiang Zemin n'a pas obtenu pour la Chine les excuses écrites pleines et entières que le Japon a faites au président sud-coréen Kim Daejong deux mois plus tôt. C'est pourtant ce second motif, et le thème général des excuses japonaises et du souvenir historique, qui va servir de motif formel pour la dégradation, huit ans durant, des relations entre les deux pays. On insiste parfois sur les sentiments antijaponais supposés de Jiang Zemin, qui aurait été battu à 14 ans par des soldats nippons. À tout le moins ces sentiments n'étaient pas apparus pendant les premières années de son pouvoir.

De 1998 à 2006, les relations sino-japonaises vont donc connaître plusieurs phases de crise, dont la plus aiguë au printemps 2005. Le motif officiel est le plus souvent celui des visites au temple de Yasukuni du Premier ministre japonais Koizumi Junichiro. Le choix de la querelle est judicieux pour la Chine : l'opinion publique internationale peut difficilement sympathiser avec ces gestes sur un site qui rend hommage, même si c'est parmi les morts de toutes les guerres, aux criminels de guerre condamnés en 1946 par les procès de Tokyo. La nature privée du temple rend difficile un déménagement de leurs cendres : 13 des 14 familles des condamnés de Tokyo ont pourtant accepté ce transfert, mais pas celle de l'amiral Tojo, le responsable de la guerre du Pacifique. Les manifestations vont se réveiller en Chine, particulièrement fortes en 2005 – à un moment où la popularité du Premier ministre Koizumi faiblit au Japon.

À nouveau en septembre 2010, l'affaire du capitaine chinois arrêté par les garde-côtes japonais déclenche soudainement des manifestations dans cinq grandes villes chinoises, dont Chongqing et Chengdu. Le caractère massif, ordonné et même parfaitement organisé, des manifestations à Chongqing intrigue : si la région, siège du gouvernement républicain pendant la guerre du Pacifique, a été bombardée par l'aviation japonaise, elle n'a jamais été occupée. N'y a-t-il pas eu un zèle particulier de Bo Xilai, en lien avec une partie de l'armée et des dirigeants centraux, pour provoquer une surenchère nationaliste ? Et pourtant, pendant la même période, le gouvernement chinois a aussi adopté de nombreux accommodements pragmatiques avec le Japon. La coopération sur les vieilles armes chimiques enfouies est le fruit d'un accord officiel. Les autorités chinoises ont soutenu les manifestations patriotiques sur les îles Diaoyutai-Senkaku, mais n'ont nullement modifié leur attitude effective sur la souveraineté. Elles se sont adaptées à la baisse puis à la disparition de l'aide économique japonaise. Régulièrement, des visiteurs chinois de haut rang célèbrent deux mille ans d'amitié entre les deux peuples.

En réalité, les autorités veulent jouer sur les deux tableaux dans leurs relations avec le Japon[19]. À une réconciliation en surface, qui laissait enfouis les grands problèmes de la relation a succédé une « paix froide » (*lenghe*[20]), par allusion à la guerre froide. Les autorités croient possible de poursuivre les relations pragmatiques. Des deux côtés, les experts relèvent d'ailleurs la hausse constante des échanges commerciaux, qui fait de la Chine le premier marché du Japon, devant les États-Unis. Mais soit pour exercer une pression sur le gouvernement japonais dans divers domaines, soit parce que le nationalisme est devenu à la fois un moyen de contrôle et un vase d'expansion pour l'opinion publique chinoise, on laisse aussi éclater ces manifestations, quand elles ne sont pas organisées avec le concours d'organisations de masse du Parti.

---

19. François Godement, « Deux tigres peuvent-ils cohabiter sur la même montagne ? Une table ronde sur les relations sino-japonaises », *China Analysis*, juillet-août 2006, n° 6-7, p. 12-18.
20. 冷和.

De l'usage de l'opinion publique en politique étrangère

Cet usage du sentiment nationaliste est un fil conducteur. On le retrouve depuis les manifestations antiaméricaines de 1999 (après le bombardement accidentel de l'ambassade chinoise à Belgrade), puis contre le Japon, notamment au printemps 2005 ou en octobre 2010, et contre la France lors des événements tibétains après mars 2008. Bien souvent ces manifestations sont très organisées, pourvues souvent de bannières et de mots d'ordre qui ne peuvent avoir été mis au point ni fabriqués loin des yeux et des oreilles du Parti et de la Sécurité publique. En 2008, cet encadrement s'étend aux manifestations à l'étranger de résidents chinois – en général des étudiants.

Que ces manifestations soient tolérées, encadrées ou encouragées ne signifie pas qu'un sentiment spontané n'y entre pas. Le bombardement de l'ambassade chinoise de Belgrade par un avion furtif B2 venu du Missouri est un événement fort en 1999. Une fois montée en épingle, l'obstination du Premier ministre Koizumi à se rendre au temple Yasukuni est décriée dans toute l'Asie, et témoigne d'une incompréhension des enjeux de diplomatie publique. Un député plusieurs fois ministre des Affaires étrangères, Komura Masahiko, favorable au rapprochement avec la Chine explique en privé[21] que Koizumi a agi non pas tant par conviction, mais pour maintenir une relation d'égalité avec la Chine et ne pas paraître céder à ses directives. Cela l'oppose à Nakasone Yasuhiro, infiniment plus nationaliste et persuadé du bon droit des visites au temple des morts de la

21. Entretien à Tokyo, octobre 2004.

guerre, mais qui n'y était allé qu'une seule fois pendant son mandat, par souci des relations avec la Chine.

Dans le cas des manifestations antifrançaises de 2008, on a du mal à voir quelle hostilité publique la France peut attirer en Chine, le sac du Palais d'Été remontant à plus d'un siècle en arrière[22]. Les manifestations antifrançaises répondent à celle de Paris, qui avait saisi l'occasion du passage de la torche olympique en route pour protester contre la répression de Lhassa. L'émotion suscitée par la politique chinoise au Tibet n'a pas été limitée à la France. Mais à Paris, un manifestant a arraché la torche olympique des bras d'une athlète chinoise handicapée. L'incident a été diffusé à satiété en Chine, où il suscite une indignation compréhensible. Les meilleures mises en scène sont fondées sur des émotions réelles, et l'image est devenue le plus puissant des vecteurs dans la société chinoise.

Inévitablement, les manifestations dépassent parfois les intentions de ceux qui ont été leurs parrains, ou qui ont encouragé le développement d'une opinion nationaliste. Les activistes nationalistes antijaponais rejoignent d'autres courants antioccidentaux, et également les idéologues et publicistes qui n'ont de cesse de dénoncer la trahison de la Chine par des élites vendues à l'Occident. Le gouvernement doit alors sonner la retraite, et pour cela envoyer des messages à travers ses canaux de communication, pour indiquer que les démonstrations doivent s'arrêter. Tout comme les manifestations de rue, les débordements des internautes peuvent s'interrompre en un clin d'œil, mais non sans une consigne officieuse. Au printemps 2005, c'est l'ancien ambassadeur en France, Wu Jianmin, diplomate devenu

22. Thibaud Voita, « "À bas la France !" Chronique des mouvements antifrançais du printemps 2008 », *China Analysis*, mai-juin 2008, n° 18, p. 10-13, www.centreasia.eu.

président de l'Université diplomatique de Pékin, qui a parcouru les universités pour recommander la modération. Wu Jianmin, dont le fait d'armes essentiel restera la victoire de la Chine contre ses critiques à la Commission des droits de l'homme de Genève en 1997, a ainsi été mobilisé en service commandé.

Or les témoins occidentaux prêtent en général une attention beaucoup plus soutenue à la phase ascendante des campagnes nationalistes qu'à leur extinction programmée, beaucoup moins médiatique. Dans la tradition politique du régime, l'utilisation de mouvements de masse est fréquente, y compris par la manipulation en coulisses. En 2008, cette façon d'agir a même essaimé à l'étranger, où plusieurs ambassades ont cautionné les mots d'ordre des manifestations de résidents chinois contre la politique jugée favorable au dalaï-lama de leur pays d'accueil. C'était sans aucun doute une première depuis la Révolution culturelle, quand le mouvement garde rouge avait débordé à Hong Kong, se muant brièvement en émeute contre l'administration coloniale britannique, et quand le régime avait également suscité des incidents de « volontaires » avec les garde-frontières soviétiques sur l'Oussouri. Pour n'avoir jamais viré à la violence (sinon en Corée), et pour avoir été considérées comme une réponse aux manifestations protibétaines, ces manifestations de 2008 témoignent du bras très long des autorités chinoises sur leurs ressortissants, même à l'étranger.

Mais la même tradition d'encouragement de mouvements de masse, une caractéristique du système de pouvoir maoïste, inclut aussi la capacité d'y mettre fin. Ce qui compte pour juger du contrôle qu'a le système sur l'opinion publique, c'est la rapidité et l'uniformité des remises en ligne qui suivent une phase d'effervescence publique. Elle n'est bien sûr pas homogène sur tous les sujets.

CHAPITRE 10

Une erreur de diagnostic stratégique

En politique étrangère comme pour les courants de la politique intérieure, la capacité de donner des coups d'arrêt en sonnant la fin des manifestations publiques ou des débordements d'expression semble inentamée. En témoignent les consignes de modération suivies d'effet en 2010-2011 dans deux domaines : celui des revendications verbales concernant la mer de Chine du Sud (mais non avec le Japon) à partir d'août 2010, puis vis-à-vis des États-Unis en décembre 2010.

Cette maîtrise d'ensemble de la politique laisse entière la question des raisons qui ont pu pousser les dirigeants à passer à l'action. Un terme, on l'a vu, est au cœur des revirements successifs : celui de *core interests* ou « intérêts fondamentaux », devenus un sujet de polémique. Il englobe d'habitude Taïwan et le Tibet, définissant une zone où la Chine n'entend pas reculer sur ses revendications, et se réserve le droit d'employer la force. Le terme d'intérêts fondamentaux a été employé pour la première fois dans la presse officielle en février 2002[1] – avant l'accession au

1. *Quotidien du peuple*, 28 février 2002, cité par Michael D. Swaine, « China's Assertive Behavior – Part I. Core Interests », *China Leadership*

pouvoir de Hu Jintao au 16e Congrès du Parti. Et ce terme n'est pas apparu sous la plume d'un activiste nationaliste, mais sous celle d'un des experts géostratégiques chinois les plus modérés, Wang Jisi, dont la proximité personnelle avec le président Hu Jintao est de notoriété publique. Tout à son initiative d'ouverture stratégique à la Chine, le président Obama a repris l'expression dans la déclaration conjointe sino-américaine qui clôt sa première visite officielle en Chine. Or, à partir de 2009, le terme est épisodiquement employé dans la presse officielle chinoise pour englober la mer de Chine méridionale. Ce n'est pas un hasard. Les Nations unies ont fixé une date butoir en mai 2009 pour faire valoir les revendications des pays riverains sur le plateau continental. La Chine a aussitôt abandonné l'idée de négociations multilatérales régionales, revenant à des négociations bilatérales qui placent chaque interlocuteur d'Asie du Sud-Est en situation d'infériorité. Prenant date, la Malaisie et le Vietnam ont alors affiché des revendications importantes. Cela conduit à son tour la Chine à déposer devant les Nations unies une « note verbale » où figure explicitement un « tracé en neuf traits » : des traits discontinus sur le pourtour de la mer de Chine, qui peuvent signifier la revendication de la Chine sur tout l'espace maritime régional[2]... C'est donc la perspective d'un règlement juridique international qui a paradoxalement suscité l'escalade régionale.

Monitor, 22 février 2011, n° 34, http://www.hoover.org/publications/china-leadership-monitor/article/67966.

2. La note est accessible sur http://www.un.org/Depts/los/clcs_new/submissions_files/mysvnm33_09/chn_2009re_mys_vnm_e.pdf.

Le clash sino-américain

Mais, jusqu'au printemps 2010, les trois éléments de revendication chinois dans cette direction sont restés disjoints : on observe des incidents navals – essentiellement avec le Vietnam et les Philippines, à la fois les plus proches et les plus faibles sur mer. On trouve également des défis directs ou indirects à la présence de la marine américaine. Enfin, la presse officielle grossit parfois le trait en étendant à la mer de Chine la notion d'intérêt fondamental. Aucun lien n'est toutefois établi entre ces trois éléments, qui restent bien distincts.

C'est sur une initiative américaine au printemps 2010 que les trois éléments vont fusionner. La presse américaine révèle que lors d'une rencontre de préparation en mars à Pékin du dialogue stratégique sino-américain, un des interlocuteurs chinois a inclus la mer de Chine méridionale dans les « intérêts fondamentaux » chinois[3]. Des témoignages indirects font également état d'une violente sortie d'un officier chinois lors du dialogue stratégique lui-même. Et c'est après ces fuites dans la presse qu'un certain nombre de gouvernements d'Asie du Sud-Est saisissent l'occasion du Forum régional Asean pour mettre en cause l'attitude chinoise – suscitant à leur tour une brutale et maladroite réplique. Le ministre des Affaires étrangères chinois, Yang Jiechi, explique que « la Chine est un grand pays, et les autres pays sont de petits pays, c'est un fait »… Deux officiers supérieurs chinois techniquement à la retraite – mais fort actifs dans les *think tanks* pékinois –, Luo Yan et Yang Yi, vont rivaliser de déclarations antiaméricaines à l'automne 2010. Il

3. Edward Wong, « Chinese Military Seeks to Extend Its Naval Power », *New York Times*, 23 avril 2010.

s'y ajoute les déclarations, bien officielles celles-là, qui critiquent la gestion de leur dette publique par les États-Unis. Pour la première fois, la Chine se pose ouvertement en créancier inquiet. Mais ces déclarations alimentent évidemment les commentaires sur le déclin des États-Unis et la supériorité du modèle économique chinois.

Indiscutablement, un débat s'est alors ouvert, au moins entre instituts, *think tanks* et géopoliticiens chinois. Il porte sur la réalité du déclin américain, ou même d'une crise historique du capitalisme, et sur la stratégie internationale de la Chine. Le principal institut géostratégique chinois y consacrera en novembre 2010 une table ronde dont la synthèse a été publiée[4]. La position la plus radicale y est tenue par un chercheur d'institution militaire. Celle de la modération, qui prévaut dans la conclusion, est le fait de chercheurs du CICIR. Ils ne diffèrent pas sur le pronostic d'ensemble, celui d'une accession de la Chine au leadership mondial d'ici à 2025. Mais le point de vue le plus radical discerne une crise du capitalisme aussi forte que celle des années 1930, remettant en question l'économie libérale dans son ensemble. Les modérés soulignent que la prééminence militaire américaine existera encore un certain temps, et pour certains qu'il faut « accompagner » le déclin inexorable des États-Unis plutôt que s'opposer frontalement à eux. Le débat vise même le programme militaire chinois – dont les modérés critiquent l'accent sur un ou plusieurs porte-avions, à leurs yeux moins efficaces que les armes spatiales ou la cyberguerre.

Hyperréaliste, le débat oppose aussi deux camps. Il y a ceux qui croient que l'avantage économique de la Chine est irrésistible. Ils relèvent qu'en Asie « la chair est plus forte que

4. Voir *Xiandai Guoji Guanxi* (*Relations internationales contemporaines*), revue du CICIR (China Institutes of Contemporary International Relations), novembre 2010, p. 1-24, et son analyse par François Godement, « La stratégie chinoise en débat », *China Analysis*, mars 2011, n° 32, p. 41-48.

l'esprit », autrement dit que l'attrait commercial de la Chine aura raison des préventions contre elle. D'autres pensent que pour être attractive, la Chine doit désormais contribuer à la gouvernance et aux « biens publics » internationaux. La table ronde critique le ministère des Affaires étrangères, jugé « flou ». Mais sa conclusion va dans le sens de la modération : il existe une compétition réelle, mais « rationnelle et mesurée » avec les États-Unis.

Les faucons retournent au perchoir

Cette publication relativement confidentielle est le premier signal d'un revirement, ou faut-il dire d'un ressaisissement au sommet. Le 6 décembre 2010, Dai Bingguo, conseiller d'État et plus haut responsable de la politique extérieure chinois, publie un document officiel[5]. Il y proteste des intentions de « développement pacifique » et de coopération internationale de la Chine, et situe la politique étrangère dans l'héritage « de modestie et de prudence » tracé par Deng Xiaoping. Il définit les « intérêts fondamentaux » chinois d'une façon qui paraît d'abord limitative. Elle reste en fait ambiguë, mais c'est la direction principale qui compte. Certes, il ne propose que sa « compréhension personnelle » de ceux-ci : l'engagement est faible. Mais seul Taïwan est cité explicitement. En revanche, trois domaines très larges sont définis : le système politique, y compris le rôle directeur du Parti et le socialisme ; la « souveraineté, l'intégrité territoriale et l'unité

5. Dai Bingguo, « Zhongguo guowu weiyuan Dai Bingguo : jianchi zou heping fazhan zhi lu » (« State Councillor Dai Bingguo : Adhere to the Path of Peaceful Development »), *Waijiaobu Wangzhan* (戴秉国 : "中国国务委员戴秉国 : 坚持走和平发展道路", 外交部网站), 6 décembre 2010.

nationale » – ici peuvent revenir à volonté toutes les revendications passées ; et la « garantie d'un développement économique et social soutenable ».

On est alors à deux mois d'une visite d'État du président Hu aux États-Unis – une échéance importante. Et qui justifie de modérer le ton des expressions chinoises. À partir du texte de Dai Bingguo, on peut aussi bien conclure que la Chine est revenue à la prudence quant à ses intérêts fondamentaux, et en particulier que Dai ne cite pas la mer de Chine méridionale. Mais il ne mentionne pas non plus le Tibet ou le Xinjiang – qui quelques mois plus tôt faisaient partie de l'énumération usuelle des « intérêts fondamentaux ». Dai a voulu rassurer, mais en retournant à l'ambiguïté, qui est la marque de fabrique de Deng Xiaoping en politique étrangère. Rien n'interdit dans la formulation de Dai que l'ensemble des revendications territoriales puissent être un jour traité, à nouveau, comme un « intérêt fondamental ».

Cette ambiguïté n'est pas celle d'un homme ou d'un moment, c'est celle d'une stratégie à long terme. La suite des événements en 2011 en témoigne. D'un côté, le soufflé de l'agitation nationaliste, revendicative et antioccidentale retombe quelque peu. Des voix plus modérées s'expriment soudainement dans la presse et même à l'étranger. Wang Jisi publie dans la revue américaine *Foreign Affairs* un article[6] où il donne une version optimiste des rapports sino-américains. Devenu une sorte de Raymond Aron chinois par sa modération lucide, Wang oscille parfois entre la rationalisation d'une politique qu'il sait tiraillée par d'autres ambitions et la nostalgie d'un libéralisme plus affirmé. Il existe des indications sérieuses qu'il a au moins partiellement inspiré la rédaction du texte de Dai Bingguo. Mais il va plus loin. S'exprimant

6. Wang Jisi, « China's Search for a Grand Strategy – A Rising Power Finds its Way », *Foreign Affairs*, mars-avril 2011.

en chinois, peu après l'article de *Foreign Affairs*, il indique ce que coûte, sur le plan international, l'ambiguïté des intentions futures affichées par la Chine. « Cacher ses talents et attendre son heure », la fameuse maxime de Deng, suscite le doute et les interrogations sur l'avenir[7]. Wang souhaite que la célèbre maxime soit complétée – ou remplacée ? – par une proclamation de modestie et d'humilité. Ces derniers mots signent la prise de position pour l'intégration régionale et la coopération, et contre la confrontation internationale.

Au même moment, le duo des officiers nationalistes, Luo Yan et Yang Yi, s'est rendu à Washington pour affirmer, de rencontre en rencontre, que leurs positions ne reflétaient qu'un point de vue personnel, et non celui du gouvernement chinois. La visite officielle de Hu Jintao se passera bien, même s'il est resté en complet veston de ville pour le dîner officiel à la Maison Blanche.

Sur le terrain, une accalmie fragile

Ainsi, le système a aligné les expressions en matière de politique étrangère, et dans le sens d'une modération affichée. Mais qu'est-ce que cela change ? Dans les six premiers mois de l'année 2011, l'administration maritime chinoise multiplie les incidents avec les Philippines et le Vietnam en mer de Chine méridionale[8]. En juillet, un répit s'annonce : la

7. Wang Jisi, « La question de la position internationale de la Chine et la maxime stratégique "Cacher ses talents et attendre son heure, tout en participant" », *Guoji wenti yanjiu*, 2011, n° 5, analysé par F. Godement, « Politique étrangère : revenir à la modestie », *China Analysis*, août 2011, n° 34, p. 44-47.

8. Carlyle A. Thayer, « Chinese Assertiveness in the South China Sea and Southeast Asian Responses », *Journal of Current Southeast Asian Affairs*, 2011, vol. 30, n° 2.

Chine a obtenu que les pays de l'Asean reconnaissent par écrit qu'ils traitent avec elle en tant que pays, donc de façon bilatérale, et non comme une organisation commune. La division des partenaires d'Asie du Sud-Est mérite bien une pause. En janvier 2012, le *Quotidien du peuple* cite pour la première fois les îles Diaoyutai-Senkaku au nombre des « intérêts fondamentaux » de la Chine, accusant le Japon de les mettre en cause de façon ouverte. En mars 2012, les incidents avec des pêcheurs philippins et vietnamiens ont repris, en même temps qu'une mise en garde est adressée aux navires garde-côtes japonais.

D'autres traits méritent d'être relevés dans cette étrange séquence. D'abord, la maîtrise indiscutable qu'a la Chine dans la conduite des incidents. Les plus spectaculaires impliquent toujours des flottilles de pêcheurs qui ne peuvent engager l'État chinois lui-même. Les arrestations de pêcheurs étrangers sont le fait de l'administration maritime chinoise – qui dispose de navires armés d'une taille respectable, mais n'engageant pas la réputation de la marine chinoise. Les défis plus inopinés, notamment à la VIIe flotte américaine, sont lancés par des sous-marins qui surgissent là où on ne les attend pas. La Chine entend garder le contrôle d'une stratégie d'irritants, et ne pas se laisser entraîner dans une escalade – qui suivrait par exemple une surréaction contre des unités navales chinoises importantes.

L'intégration économique, un contrepoids

Loin de la mer de Chine, une autre hypothèque pèse sur la conduite de la politique étrangère chinoise : celle des intérêts économiques puissants qu'a suscités l'intégration du pays à l'économie globale. L'ancrage au dollar et la stérilisation de réserves de change importantes créent évidemment une synergie financière avec les États-Unis, même si celle-ci n'est guère populaire en Chine – son enjeu dépasse de loin la politique étrangère elle-même. Mais il existe des dépendances bien plus précises, jamais vues dans un régime communiste. Le tropisme des élites chinoises pour la société américaine est incontestable, y compris pour les familles des dirigeants eux-mêmes. Il était inconcevable d'imaginer la famille de dirigeants soviétiques ou les enfants d'un chef des renseignements militaires de Moscou résidant aux États-Unis (c'est arrivé en Chine). La fille de Hu Jintao peut épouser un nouvel entrepreneur de l'informatique dont la vie professionnelle s'est déroulée dans la Silicon Valley aux États-Unis. Celle du Premier ministre a travaillé pour Crédit suisse-First Boston. Celle du successeur putatif, comme on l'a relevé, étudie à Harvard, tout comme le fils de Bo Xilai. Les États-Unis ne sont pas les seuls concernés : depuis le début des années 1990, le fils de Qiao Shi, alors membre du Comité permanent du Bureau politique et patron de la Sécurité, est employé… par le service international de la BBC à Londres. Celui de Zeng Qinghong, autre membre du Comité permanent et vice-président de la République jusqu'en 2008, a acheté sur la rade de Sidney une luxueuse villa – après toutefois le départ formel à la retraite de son père. Il n'y a décidément pas que les nouvelles classes urbaines chinoises qui soient influencées par la globalisation et une proximité retrouvée avec l'Occident.

Cette plasticité de la société et même de son milieu dirigeant a souvent été identifiée comme le talon d'Achille de la politique étrangère chinoise. Le mariage des intérêts n'entraîne-t-il pas convergence, assimilation et finalement disparition de l'indépendance ? Il entraîne en tout cas en Chine un cynisme généralisé sur la corruption au sommet du

Parti-État. Mais l'impact de ces faits porte plutôt sur la politique intérieure, et sur la conduite des affaires économiques que sur la politique étrangère.

La projection internationale des grandes entreprises chinoises a alimenté aussi l'hypothèse d'une dépendance. Leurs rivalités animeraient la percée économique chinoise dans de nombreux cas, et en même temps leurs intérêts entraîneraient la politique étrangère chinoise dans des directions dangereuses. Certes, Sinopec et la CNOOC, les deux géants de l'industrie pétrolière, ont été en concurrence au Soudan ou au Nigeria. Huawei et ZTE – deux sociétés de structure formelle privée mais dont le soutien étatique est évident – se disputent les marchés des télécommunications internationaux. Huawei en particulier, fondé par un ancien officier, présidé par une ancienne cadre de la Sécurité d'État, à l'actionnariat opaque et censément détenu par certains de ses propres salariés, a bénéficié d'une ligne de crédit de plus de 30 milliards de dollars de la China Development Bank. Celle-ci est notoirement jalousée par ses confrères, en partie à cause de son meilleur bilan en Chine même et de l'influence de son fondateur Chen Yuan, fils d'un grand dirigeant[9], mais aussi parce qu'elle a pu se proclamer banque d'investissement, alors qu'elle est évidemment publique. D'une source chinoise bien informée, on peut apprendre qu'en Iran, dont la Chine est le premier partenaire économique, les représentants des firmes chinoises critiquent la diplomatie officielle, trop sensible aux pressions occidentales sur les sanctions. Après la perte soudaine de 18 milliards de dollars de contrats en Libye avec la chute de Kadhafi, les grandes entreprises chinoises et l'armée, furieuse d'avoir eu à improviser une évacuation des

9. Chen Yun, l'inventeur de la formule « tâter les pierres pour traverser la rivière ».

ressortissants chinois, ont vitupéré contre le ministère des Affaires étrangères chinois. À l'ONU, lors d'un week-end animé au Conseil de sécurité, les représentants chinois ont en effet laissé passer la résolution 1973, autorisant l'usage de la force pour éviter un massacre de la population civile.

Mais croit-on vraiment que l'ambassadeur chinois à l'ONU, ou même le ministre des Affaires étrangères, avait le pouvoir de décision dans ce cas, tout comme dans le choix chinois, en 2002-2003, de ne pas opposer de veto à une intervention américaine contre l'Irak de Saddam Hussein ? L'exemple démontre au contraire que c'est le gouvernement chinois qui peut, dans certains cas, arbitrer ses intérêts stratégiques contre les intérêts économiques de ses entreprises. Dans le cas du soutien de la Chine à la Corée du Nord, les deux coïncident. Peut-on penser que les intérêts commerciaux en Corée du Nord, pour bien réels qu'ils soient, suffisent à expliquer la protection stratégique accordée à ce régime ? En 2011, le commerce chinois avec la Corée du Nord dépasse 6 milliards de dollars. Pour Pyongyang, c'est immense : 70 % du commerce extérieur nord-coréen, et un quart du produit intérieur brut, si celui-ci peut être estimé. Mais la même somme ne représente qu'un soixantième du commerce chinois avec la Corée du Sud, moins de deux millièmes du commerce extérieur chinois dans son ensemble. Il serait bien plus facile de justifier par des impératifs économiques une politique plus favorable… à la Corée du Sud.

Une erreur de diagnostic stratégique

L'hypothèse de divisions tranchées au sein de la politique étrangère chinoise fait long feu en ce qui concerne la prise de décisions dans les domaines les plus importants : ceux des relations avec l'Asie, ancrage naturel et aire de revendications chinoises, ainsi qu'avec les États-Unis, le principal partenaire et rival stratégique que la Chine a dans sa ligne de mire. Dispersion et divisions bureaucratiques, gestion des mouvements d'opinion, intérêts particuliers compliquent et parfois brouillent l'action extérieure. En aucun cas ils ne la paralysent durablement ou ils ne la font basculer dans une direction imprévue.

Ce qui frappe dans le déploiement de la politique étrangère chinoise, c'est son caractère à la fois tenace et minutieux. Dotée de ressources humaines abondantes et de plus en plus compétentes, la diplomatie chinoise excelle dans ce qu'on appelle en jargon les « relations bilatérales », c'est-à-dire de pays à pays. Les rites d'une tradition qui donne toute son importance à la face sont le socle de la politique étrangère. Les très nombreux déplacements des dirigeants chinois à l'étranger, la qualité de l'accueil officiel fait en Chine au dernier des sous-secrétaires d'État du plus petit gouvernement de l'Europe des 27 en témoignent. Mais aussi la fureur déployée à propos d'affronts symboliques comme les manifestations d'opposants à l'étranger, ou les accrocs intentionnels : alors que la Chine est en pleine crise avec le Royaume-Uni autour du régime politique de Hong Kong à la veille du rattachement de 1997, Christopher Patten, dernier gouverneur de Hong Kong, se voit contraint de rejoindre à pied ses interlocuteurs officiels de Pékin à cause d'un pneu crevé sur son véhicule officiel. Quand le vice-président américain Walter Mondale effectue en 1979 la première visite officielle après la reconnaissance diplomatique de la Chine populaire, il est certes accueilli à l'aéroport avec tous les honneurs. Mais pour rencontrer Deng Xiaoping, il doit gravir les marches d'un haut escalier à l'Assemblée nationale chinoise, escalier en haut duquel se penche vers lui le président chinois[10], dont la taille n'atteint pas 1,60 mètre... D'innombrables anecdotes témoignent de cette attention et de cette sensibilité à la face.

Certes, il est impossible de dire quel est l'ultime dessein chinois : les dirigeants ne le formulent qu'en termes très idéologiques et vagues, et il faut sans doute les croire quand ils affirment que leur priorité est celle du développement intérieur et de la stabilité – autrement dit, des intérêts nationaux ou de régime. Mais s'imaginer que leur capacité d'action et de mobilisation ou, au contraire, leur capacité de retenue et de négociation vont se trouver altérées par la montée de courants d'opinion intérieure, ou par des lobbies économiques chinois, c'est inverser la hiérarchie entre l'État et la société.

La continuité avec des prédictions ou des ambitions déjà anciennes est au contraire saisissante. Ainsi, les incidents maritimes de 2010-2011 sont l'application directe de la loi de février 1992 sur la souveraineté territoriale et les zones adjacentes, qui autorise l'usage de la force sur toute leur étendue[11]. À cette époque, on citait déjà l'opposition entre la marine chinoise et le ministère des Affaires étrangères, plus soucieux des relations de bon voisinage. Mais l'essor de la

10. Entretien avec Michel Oksenberg, ancien conseiller national de sécurité pour l'Asie.

11. La loi est déposée auprès des Nations unies : http://www.un.org/depts/los/LEGISLATIONANDTREATIES/PDFFILES/CHN_1992_Law.pdf.

marine est l'aspect le plus tangible de la politique de défense… depuis 1982. L'homme qui arrive en charge effective de la Commission des affaires militaires en 1992, Liu Huaqing (vice-amiral en 1955, promu général et revenu en charge de la marine chinoise en 1982), était extrêmement proche de Deng Xiaoping. Par rapport à ces faits, relever les réticences de la diplomatie chinoise est secondaire. La seule vraie différence entre les années 1990 et la période 2010-2011, c'est que la Chine avait longtemps maintenu une politique de « sauts de puce » en mer de Chine, évitant les confrontations trop voyantes, et ne s'en prenant qu'à un pays à la fois. 2009-2011 marque une rupture avec cette tactique. Croire que la polarisation soudaine des conflits relève d'une désorganisation bureaucratique, c'est sous-estimer le système dans son ensemble. Bien plus probablement, l'intensité des crises internationales en 2009 a précipité une décision fondée sur une analyse optimiste : la crise financière s'ajoutant à l'enlisement américain en Afghanistan, l'affaiblissement japonais, la dispersion des États d'Asie du Sud-Est étaient bien au rendez-vous.

Il reste un facteur négatif : le seul vrai chantage qui s'exerce au sein de la direction collective, c'est l'impératif de la défense du régime et du territoire tel que la Chine populaire l'a défini. Cet impératif existe pour Taïwan, mais il peut être élargi. C'est beaucoup, mais ce n'est pas nouveau, et cette pression procède plus du système politique qu'elle ne s'exerce sur elle. Le chantage signifie surtout qu'à l'approche d'une succession politique, des rivaux potentiels ne se lanceront pas dans une ouverture internationale risquée : Hu Yaobang l'avait tenté avec le Japon à son détriment en 1986. Mais même ce chantage mutuel n'exclut pas le réalisme en situation de faiblesse d'ensemble : la Chine populaire a pratiqué le compromis et réglé un certain nombre de conflits territoriaux quand elle était internationalement isolée et vulnérable[12].

Comme dans d'autres domaines, le système a sa « logique floue » : les intérêts et les débats existent, les dérapages aussi, tout comme la concurrence entre administrations, et entre grandes entreprises. Hu Jintao illustre ici aussi son principal talent politique – après dix ans de pouvoir, nul n'est capable de dire quelles sont ses options personnelles. De cette stratégie évasive on aurait bien tort de déduire un vide. L'assertivité et l'agressivité dont la Chine a fait preuve depuis 2008 ont reposé sur un diagnostic erroné, celui d'un affaiblissement décisif du monde qui entoure la Chine – depuis les voisins asiatiques jusqu'au grand rival américain. Derrière la description d'un monde multipolaire se cache parfois le pronostic d'une ère internationale des « seigneurs de la guerre », par référence à l'époque la plus chaotique de l'histoire chinoise contemporaine, celle des années 1920. Le réalisme, l'héritage même de Darwin et du darwinisme dans la géopolitique se combinent avec la tradition stratégique chinoise pour privilégier l'analyse et même le culte des rapports de force. C'est ainsi que le Parti communiste a longtemps vécu ses luttes, de la guerre civile aux affrontements entre factions et lignes rivales.

12. Taylor M. Fravel, « Regime Insecurity and International Cooperation : Explaining China's Compromises in Territorial Disputes », *International Security*, automne 2005, vol. 30, n° 2.

Redécouvrir l'héritage stratégique

Sur ce plan, il y a continuité entre les événements de 2010-2011 et les notions stratégiques élaborées au début des années 1990 – en pleine réaction antioccidentale après Tiananmen, et parfois même avec des scénarios stratégiques des années 1980. Deux chercheurs américains aux orientations très différentes ont étudié de près le corpus des textes stratégiques chinois, soit dans l'histoire classique, soit à travers les débats des années 1990. Alastair Iain Johnston, déjà cité, a publié un livre historique qui est aussi prophétique[13]. Il discerne dans la tradition stratégique deux registres qui s'opposent : une culture accommodatrice qui associe normes et conciliation, représentée par Confucius et Mencius. Et une culture belligène, fondée sur le réalisme stratégique, qu'incarne en particulier Sun Tzu. C'est cette dernière approche qui est le plus souvent mise en exergue dans les débats stratégiques chinois, et d'abord par Mao, qui y a sans doute trouvé plus de sources d'inspiration que chez Lénine ou Clausewitz. Le défi lancé par Johnston – à une époque où l'Université chinoise a dû abandonner ce domaine laissé aux seuls officiers – est tel qu'il a pratiquement, par ricochet, inspiré plusieurs tentatives chinoises de créer une école de relations internationales, de Wang Yizhou (Université de Pékin) à Yan Xuetong (Université Tsinghua). Les deux fils que Johnston discerne chez les classiques sont présents à diverses phases de l'histoire chinoise, et encore aujourd'hui. Michel Pillsbury s'est plus encore rapproché du

13. Alastair Iain Johnston, *Cultural Realism : Strategic Culture and Grand Strategy in Chinese History*, Princeton, Princeton University Press, 1998.

présent. Il a traduit et interprété un important corpus de textes et de débats stratégiques des années 1990[14]. Il s'est rendu impopulaire auprès de la plus grande partie de la communauté stratégique et sinologique américaine, parce que ses conclusions allaient à l'inverse des interprétations dominantes. Et aussi, il faut bien le dire, parce qu'il a été un des éléments influents de l'Office of Net Assessment du Pentagone dirigé par Andrew Marshall, pour promouvoir la « révolution dans les affaires militaires », autrement dit l'escalade technologique qui deviendra le programme de Donald Rumsfeld et George W. Bush en 2001. Mais faut-il noyer le messager qui apporte de mauvaises nouvelles ? Relus après plus d'une décennie, et parfois une génération, les textes révélés par Pillsbury soutiennent avantageusement la comparaison avec bien des pronostics. Dès 1987, des chercheurs stratégiques chinois envisageaient que l'économie chinoise dépasse celle des États-Unis avant 2025. Ils évoquaient le déclin à venir des États-Unis, et un monde multipolaire parfois proche de l'anarchie. Au début des années 1990, ils prévoyaient que la Chine aurait plusieurs groupes de porte-avions en 2010, ainsi qu'une station spatiale habitée : les deux projets sont en cours de réalisation. Plus contestables apparaissent la prédiction d'un conflit autour de la réunification de Taïwan en 2010, et surtout l'obsession que croit discerner Pillsbury des conflits asymétriques et des « armes magiques » censées compenser l'infériorité militaire chinoise. Certains développements récents en sont pourtant l'écho – l'accent sur la cyberguerre, ou le développement d'armes antisatellite, dont la nature suggère une « guerre des débris » dans l'espace. Et la mise au

14. Michael Pillsbury, *China Debates the Future Security Environment*, National Defence University Press, Washington DC, janvier 2000, accessible sur http://www.au.af.mil/au/awc/awcgate/ndu/chindebate/pills2.htm.

point par la Chine d'un missile balistique antinavire à longue portée (plus de 2 000 kilomètres), surnommé le « tueur de porte-avions » (*hangmu shashou*[15]), agite aujourd'hui la communauté stratégique[16].

On peut relativiser ces conclusions. Dans toute armée existent des scénarios parfois extrêmement improbables ou tout simplement erronés. Mais il est indéniable que le champ des réflexions stratégiques chinoises reste très loin des théories de l'intégration d'un monde globalisé, et souvent en prise directe avec une tradition belligène.

15. 航母 杀手.

16. Mathieu Duchatel et Alexandre Sheldon-Dupleix, « Missile antinavires : la nouvelle arme magique ? », *China Analysis*, printemps 2011, n° 31, p. 38-41.

CHAPITRE 11

Intégration et souveraineté : le débat stratégique

Pendant la grande décennie de la réforme (1978-1988), l'illusion de l'autodissolution du Parti communiste dans l'économie de marché a suscité l'espoir d'une transition politique. Puis, pendant une autre décennie, de la mort de Deng Xiaoping en 1997 à l'apogée internationale de la Chine aux jeux Olympiques, un nouvel espoir a pris le relais : celui d'une conversion de la Chine aux règles et aux normes de la gouvernance internationale et à un ensemble d'objectifs multilatéraux renforcés depuis la fin de la guerre froide. Cet espoir n'était pas sans quelque justification. La Chine entrait dans le système commercial international, adhérait à plusieurs traités en matière de limitation des armements. Ses représentants déployaient une grande compétence sur tous les aspects juridiques de la souveraineté et du système international, et une grande capacité de négociation. Ils intervenaient aussi dans des domaines nouveaux, comme celui des droits de l'homme, des droits sociaux et de l'environnement.

L'implication croissante de la Chine dans la gouvernance internationale suscite évidemment l'espoir d'une influence en retour de cette dernière sur les experts, les élites et finalement les dirigeants chinois. Les experts – qu'il s'agisse du contrôle des armements, de l'environnement, du commerce international, de la gouvernance financière et du droit – sont un sas par lequel innovations et réformes entrent en Chine. Les élites dans leur ensemble subissent l'attrait de l'éducation et des valeurs internationales, à commencer par la stabilité du cadre légal. Les dirigeants seraient ainsi amenés, à travers ces cercles concentriques de socialisation internationale, à abandonner leur vision réaliste héritée de la géopolitique du XIXe siècle. Celle-ci reposait sur la primauté de la souveraineté étatique et sur la rivalité stratégique. En lieu et place de ces jeux à somme nulle, la Chine d'après la guerre froide rejoindrait le monde des institutions libérales d'après 1945. Elle serait amenée, à partir de son ascension économique et financière, à rallier ainsi une gouvernance mondiale intégrée aux règles communes. La compétition multipolaire y serait relative et non absolue : la concurrence de marché l'arbitrerait, plus que la puissance militaire ou l'affrontement idéologique.

Indiscutablement, cette vision existe bien chez une partie des experts chinois. Elle est par exemple représentée par un groupe d'universitaires et de banquiers chinois en octobre 2011 : dans leur rapport *La Chine en 2020*, ils donnent comme objectif une « cogouvernance intégrée et multipolaire », fondée sur la convergence croissante des valeurs et le déclin des idéologies[1]. Même une telle analyse n'est pas exempte de présupposés ancrés dans la doctrine réaliste : celui en particulier de l'hégémonie militaire américaine et d'un duopole économique sino-américain voué à éclipser les économies de second rang.

Cette vision influence-t-elle vraiment les dirigeants et leurs décisions à long terme ? Répondre à cette question,

1. « Une cogouvernance intégrée et multipolaire : à la recherche d'une position internationale de la Chine en 2020 », *Caijing*, 19 octobre 2011.

c'est poser celle de la part relative de l'internalisation des normes et règles internationales dans les conceptions dirigeantes chinoises, et celle de la simple adaptation de circonstance aux contraintes extérieures. La question se pose, bien sûr, pour tout État souverain. La réponse varie selon qu'on adopte une vision à court terme (qui fait pencher vers le réalisme) ou à long terme, laquelle peut dicter une intégration plus poussée. Au final, on saura si c'est un principe de coopération, d'intérêts et de valeurs partagées qui prédomine, ou bien le vieil axiome réaliste de la compétition et son complément, la loi du plus fort.

Le précédent historique japonais

La Chine n'est pas le seul État pour lequel ces questions se posent. Le souverainisme, l'isolationnisme ne sont pas des exclusivités chinoises. Les États-Unis sont à la fois la puissance qui porte le plus nettement l'engagement pour des valeurs universelles au nom de leur « destinée manifeste » (*manifest destiny*) et celle qui refuse avec le plus de constance l'intrusion des traités internationaux dans les domaines où ils peuvent gêner l'intérêt national : le refus de ratifier l'interdiction complète des essais nucléaires, le refus également de ratifier la Convention des Nations unies sur le droit de la mer (en vigueur depuis 1994), celui d'accepter la juridiction du Tribunal pénal international, et le soutien tenace à des normes américaines comme celles régissant les noms de domaine Internet, en sont de bons exemples. Par sa taille, la puissance chinoise a toutes chances de rester une entité souveraine viable au XXIe siècle, là où les États européens, par exemple, ne peuvent envisager leur avenir qu'au moyen de l'intégration à un marché et une région plus vastes. Et le drame du Japon contemporain, confronté au déclin démographique, est bien son isolement identitaire dans l'Asie-Pacifique. Sa difficulté à surmonter l'histoire, son impossibilité à penser une interdépendance économique régionale l'ont empêché d'assumer le leadership des démocraties asiatiques. La Chine ne souffre pas des handicaps historiques du Japon, car elle est une puissance émergente sans complexe de culpabilité quant à son passé.

Le Japon est pourtant bien le précédent historique le plus intéressant au cas chinois. Dans les années 1920, alors qu'il est la puissance émergente de l'époque et rattrape les pays industriels, il a pu lui aussi hésiter entre la voie de l'intégration multilatérale et celle de l'ascension solitaire. On l'oublie, le Japon était un membre fondateur de la Société des nations en 1919, y revendiquant l'inscription formelle de l'égalité raciale – dont le président Woodrow Wilson, généralement considéré comme le président américain le plus convaincu de pratiquer un interventionnisme moral, n'a pas voulu ! Nombre de diplomates et/ou d'aristocrates libéraux s'engageaient pour une diplomatie internationaliste, mais la caste des jeunes officiers, certains grands groupes économiques assoiffés d'expansion extérieure, et des intellectuels à la fois populistes et nationalistes embarquèrent le Japon dans la conquête de l'Asie. Ils jouaient sur le mécontentement à l'égard de la Diète, des partis et des politiciens, et bénéficièrent d'un atout crucial : le gouvernement civil n'avait qu'un contrôle limité sur l'armée, dont le commandant en chef, quoique distant, était l'empereur. Diplomates internationaux policés d'un côté, proconsuls militaires de l'autre : c'est parfois une opposition, mais parfois aussi une complémentarité. Le Japon pratique ce qu'un grand historien japonais nomme une « politique étrangère sans idéal[2] » : elle

2. *Mushiso* ou « politique sans idéal », selon Akira Iriye, cité par Thomas W. Burkman, *Japan and the League of Nations, Empire and World Order, 1914-1938*, Honolulu, University of Hawai Press, 2008, p. 11.

repose sur les rapports de force, et se justifie par le passé des pays occidentaux, leur propre ruée impérialiste et coloniale. Selon le mot d'un célèbre diplomate japonais, « les puissances occidentales ont enseigné au Japon le jeu de poker, mais une fois qu'elles ont accumulé la plupart des jetons elles ont déclaré que ce jeu était immoral, et elles ont alors adopté le jeu de bridge[3] ». Dans ce Japon des années 1920, avant même la crise mondiale qui provoquera une désagrégation sociale, l'hésitation est déjà grande entre deux systèmes de valeurs. L'un est celui de la « Porte ouverte » américaine après les colonisations européennes exclusives, et de la stabilisation par la négociation des rapports de force dans le Pacifique : la conférence de Londres en 1920 a fixé des ratios de taille à respecter entre les grandes marines, et promis (sans lui demander son avis) l'ouverture de la Chine à tous. L'autre est celui des zones d'influence exclusives, des rapports de force, et aussi de l'idéologie de la revanche au nom de l'asiatisme.

Contrairement à ce qu'on croit généralement, le Japon, les Occidentaux (essentiellement les États-Unis et la Grande-Bretagne), et même la Chine républicaine incarnée par le réaliste Chiang Kai-shek après 1926, ont longtemps oscillé dans leurs rapports mutuels. Le Japon alternait provocations et conciliation. Les Occidentaux, eux, alternaient sanctions et « apaisement » : ce fameux *appeasement* qui en Europe est identifié à l'esprit de Munich et à Neville Chamberlain, mais qui est en fait né de l'attitude pragmatique de l'Angleterre envers le Japon après la fin de leur entente. Et la Chine elle-même – plus souvent qu'à son tour enjeu des rivalités entre l'Occident et l'empire japonais – a aussi tenté, à plusieurs reprises jusqu'en 1936, de concilier le Japon pour arrêter sa progression.

---

3. Yosuke Matsuoka, délégué japonais à la Ligue des Nations lors du retrait de 1933.

Il n'était pas possible avant 1929 et la crise mondiale d'anticiper la route que prendrait le Japon impérial, sa fuite en avant militariste. Et on ne peut comparer directement la Chine d'aujourd'hui et le Japon de l'ère Taisho dans les années 1920 : paradoxalement, le Japon avait des institutions plus démocratiques et pluripartisanes que la Chine de 2012. Sa culture politique reflétait le suprématisme ethnique, et l'idolâtrie de la force, dont on ne retrouve que des aspects affaiblis dans la Chine du XXIe siècle.

La tentation d'une sphère d'influence

Ce qui frappe, tout de même, c'est l'analogie qui existe entre des politiques étrangères ambivalentes, un pied dans les règles internationales et les échanges mondiaux, un autre dans l'ascendance régionale. Il existe aussi une analogie entre les Occidentaux des années 1920, partagés entre l'accommodement ou un coup d'arrêt aux ambitions japonaises, et le dilemme américain actuel – s'adapter à une puissance montante chinoise en faisant le pari qu'elle s'intégrera, ou la contrer en s'appuyant sur ses partenaires du système international. Enfin, l'ambiguïté de l'empereur japonais, l'autonomie acquise en son nom par une armée qui échappe au contrôle du gouvernement civil, la coïncidence d'une fragmentation bureaucratique des décisions et d'un puissant chantage nationaliste sont autant d'éléments qui apparaissent aussi dans la situation chinoise.

On ne peut s'empêcher de relever aussi que la réflexion stratégique chinoise, en 2009-2010, a identifié, au-delà du possible déclin américain (souvent perçu comme un leurre dangereux), l'analogie entre le monde après la crise de 2008 et la montée des périls des années 1930. Parmi les géopoliticiens ou philosophes occidentaux les plus populaires aujourd'hui en Chine figurent Alfred Mahan, promoteur de la stratégie de suprématie navale britannique au XIXe siècle, et Carl Schmitt. Ce dernier, avant de se rallier au nazisme, a en particulier légitimé l'idée d'États plus importants que les autres et prévalant, y compris par leurs normes, dans un espace régional sous influence. Appliquée aux régions voisines, la notion d'« intérêts fondamentaux » rappelle celle des zones d'influence – que le Japon fit d'ailleurs reconnaître par les États-Unis en 1919. Aujourd'hui, quand un géopoliticien chinois réaliste cherche à définir un compromis stable avec les États-Unis, il préconise un « retour à Yalta ». C'est-à-dire en fait à la conférence du Caire de 1943, qui garantit à la Chine de récupérer Taïwan et les territoires annexés de force par le Japon (Diaoyutai-Senkaku et peut-être même Okinawa). Il s'agit d'établir un équilibre de puissance dans le Pacifique où la marine chinoise se déploie au-delà de la « première chaîne » d'îles (du Japon à Taïwan, aux Philippines et à Singapour[4]). Loin, très loin de la globalisation, cette conception s'apparente de près aux formes d'équilibre que les États-Unis et le Royaume-Uni tentèrent d'instaurer avec le Japon dans le Pacifique des années 1920.

C'est dire que la question de l'adoption par la Chine d'une vision internationale globale reposant sur des normes communes et sur la coopération, ou au contraire de l'adoption celle d'une compétition multipolaire dans un monde délaissant les institutions occidentales d'après 1945, n'a pas de réponse simple. Le sujet divise autant à l'étranger qu'en

4. Zhang Wenmu, « Back to Yalta : A Roadmap for Sino-US Relations », *China Security*, mars 2012, n° 19, http://www.chinasecurity.us/index.php?option=com_content&view=article&id=491&Itemid=8-.

Chine. À l'étranger, ceux des « internationalistes » qui sont aussi des sinologues ont souvent souscrit à la première vision à partir des années 1990. Plusieurs études ont voulu trouver, avec les négociations commerciales pour l'OMC, à partir de la familiarisation de la Chine avec les normes environnementales, un véritable processus d'acculturation et de convergence[5]. Certains ont même voulu identifier une réussite décisive du *soft power* chinois en Asie ou une évolution décisive de la politique de défense chinoise vers de nouveaux enjeux transversaux et transnationaux[6]. La Chine évoluerait ainsi vers une communauté de références et de normes au sein des institutions internationales, même si elle se montre sourcilleuse de sa souveraineté[7]. À l'inverse, les « internationalistes », qui n'étaient pas des spécialistes de la Chine et n'avaient pas directement accès aux sources chinoises, ont souvent choisi la conclusion réaliste la plus pessimiste, celle qui mène à une confrontation inéluctable[8].

Cette opposition souffre des exceptions : ainsi, c'est à partir de la lecture des seuls textes stratégiques publiés par des officiers de l'armée chinoise, que Michael Pillsbury a dégagé une vision apocalyptique de la confrontation à venir, conséquence de la montée de la Chine.

Et, à l'inverse, des non-sinologues ont pu croire à un engagement décisif de la Chine dans la coopération

5. Michel Oksenberg et Elizabeth Economy, *China Joins the World – Process and Prospects*, New York, Council on Foreign Economic Relations, 1999.

6. Bates Gill, *Rising Star : China's New Security Diplomacy*, Washington, Brookings Institution Press, 2007.

7. Rosemary Foot, *Rights Beyond Borders : The Global Community and the Struggle over Human Rights in China*, Oxford University Press, 2000 et (avec Andrew Walter), *China, the United States and the Global Order*, Cambridge, Cambridge University Press, 2011.

8. Aaron Friedberg, « Will Europe's Past be Asia's Future ? », *Survival*, automne 2000, vol. 42, n° 3, p. 147-159, et « The Future of U.S.-China Relations : Is Conflict Inevitable ? », *International Security*, automne 2005, vol. 30, n° 2, p. 7-45.

internationale et les normes multilatérales. En oubliant d'ailleurs que ces dernières ne sont vraiment devenues tangibles qu'avec la fin de la guerre froide en Europe[9]. La politique d'engagement positif de l'Union européenne à l'égard de la Chine et, dans une certaine mesure, celle des États-Unis, ont été fondées sur ces prémisses. Le premier document officiel de l'Union européenne sur la Chine, publié en 1995, parie sur la réforme, l'intégration, la responsabilité et la contribution de la Chine au nouvel ordre international[10]. La doctrine américaine, symbolisée par la proposition adressée à la Chine en 2005 de devenir un « coactionnaire responsable[11] » est tout aussi explicite : « *Relationships built on shared interests* and *shared values are deep and lasting*. » En Europe comme aux États-Unis, c'est alors à l'évolution de la société chinoise qu'on a choisi de faire confiance.

Les partenaires de la Chine lui prévoient un rôle très supérieur à ce qu'il est aujourd'hui. Soit ils s'y adaptent par avance en faisant des concessions. C'est bien l'*appeasement* – qui permet à la Chine d'engranger des gains diplomatiques sans effort, à partir de l'ombre portée de son influence future. Soit ils tentent d'obtenir, pendant qu'il en est encore temps, des engagements de la Chine pour l'avenir – c'est la version réaliste, car quelque peu défensive, de l'engagement constructif. Il ne reste plus guère de partisans déclarés de la

9. Charles Grant, Katinka Barysch, *Can Europe and China Shape a New World Order ?*, Londres, Centre for European Reform, 2008. Charles Grant est revenu sur sa thèse en 2010 : http://centreforeuropeanreform.blogspot.com/2010/01/chinas-peaceful-rise-turns-prickly.html.

10. COM (1995) 279 final, « A long term policy for China-Europe relations », Bruxelles, 5 juin 1995, http://eeas.europa.eu/china/docs/index_en.htm.

11. Robert B. Zoellick, « Whither China : From Membership to Responsibility ? », National Committee on U.S.-China Relations, New York, 21 septembre 2005, disponible sur http://www.ncuscr.org/recent-remarks-and-speeches.

troisième option, celle de l'« endiguement » (*containment*), tant une coopération de la part de la Chine paraît un objectif international important. Et pourtant, cette coopération ne vient que tardivement et parfois du bout des lèvres. Ceux qui se veulent optimistes parlent d'un verre à moitié vide, à moitié plein. D'autres n'hésitent pas à dire que la Chine utilise les atouts du système international sans y contribuer elle-même, et qu'elle campe sur une position défensive de sa souveraineté. En août 2011, Robert Zoellick, l'inventeur de la formule du « coactionnaire responsable », a parlé de la Chine comme d'un « coactionnaire réticent[12] ».

Intégration ou adaptation ?

Les jugements diffèrent suivant un critère essentiel. Ceux qui se fondent sur l'évolution de la société chinoise dans son ensemble, et de ses multiples courants, sont plutôt confiants en une évolution positive, tant les canaux de communication et l'ouverture à l'extérieur sont importants. Ceux qui jugent seulement sur pièces, et d'après l'action de l'État-parti chinois et de ses succursales, sont en général pessimistes. Il existe une frontière indécise entre les deux points de vue. C'est évidemment là qu'est l'approche la plus intéressante. Quand on cherche, par exemple dans la politique chinoise de contrôle des armements et de lutte contre la prolifération, la part d'adoption ou d'intégration de normes globales, et celle de simple adaptation réaliste à des contraintes internationales, on découvre que c'est bien

12. Robert Zoellick, remarques à l'Asia Society, 14 août 2011, http://asiasociety.org/business/economic-trends/robert-zoellick-china-reluctant-stakeholder-world-economic-woes.

l'adaptation réaliste qui a dicté les changements des années 1990[13]. La Chine campe sur sa souveraineté ou sur une mise en exergue des responsabilités des autres grandes puissances, ce qui la dédouane. Mais elle est sensible au risque d'isolement ou d'encerclement, ainsi qu'à la perte de légitimité internationale qui peut s'accroître avec le temps. Elle évolue alors vers la participation sans contribution à des institutions ou des normes internationales, utilisant au besoin celles-ci pour faire de l'obstruction juridique. Avec le temps, à partir d'interactions internationales accrues, cette participation limitée peut pourtant conduire à des intérêts mutuels de plus en plus étendus. On peut imaginer sans difficulté que la Chine n'a intérêt ni à un effondrement des marchés occidentaux, ni à un réchauffement climatique, ni à une situation d'anarchie internationale : son interdépendance est bien réelle, et plus profonde qu'avant l'ère des réformes et de l'ouverture.

Cependant, deux réserves majeures doivent être faites : les dirigeants chinois partent de la priorité absolue de leur souveraineté. Il n'y a pas d'acquis irréversible, pas d'automaticité, ni d'intégration qui passe par un abandon. Ceux qui ont voulu croire à une transition inéluctable en sont pour leurs frais : dans de nombreux domaines depuis 2008, la Chine a stoppé toute évolution ou fait machine arrière. Des droits de l'homme (où même la ratification formelle des conventions des Nations unies est toujours en question) à l'Organisation mondiale du commerce (où l'accord pour l'entrée de 2001 apparaît aujourd'hui comme le plafond, et non le plancher des concessions chinoises), au désarmement (aucune évolution significative depuis la signature du Traité

13. Alastair I. Johnston, « Learning Versus Adaptation : Explaining Change in Chinese Arms Control Policy », *The China Journal*, janvier 1996, n° 35.

d'interdiction complet des essais nucléaires en 1996), à l'environnement (où l'après-Kyoto semble définitivement bloqué), la convergence chinoise s'est interrompue.

Avec objectivité, Alastair Iain Johnston rappelle que les États-Unis privilégient eux aussi leur souveraineté sur la coopération internationale[14]. En effet, au XXIe siècle, les États-Unis et la Chine sont les deux seuls États dont la souveraineté peut résister à la globalisation. Les États-Unis, parce qu'ils incarnent, à la fois comme pays-monde absorbant populations, cultures et épargne mondiale la globalisation dans sa phase ascendante. La Chine, parce que la restauration par les dirigeants de son héritage stratégique lui donne les moyens de s'intégrer, mais aussi de résister à la globalisation. Elle a un pied dans le système international, un pied au-dehors de celui-ci. Elle associe les outils militaires du réalisme stratégique à la diplomatie commerciale. Elle combine économie de commandement et concurrence de marché. Elle contrôle la société dont elle laisse pourtant s'étendre le dynamisme individuel. Bref, la Chine a une stratégie duale.

Retour vers l'histoire – jusqu'où ?

L'argument est parfois avancé, et de plus en plus souvent en Chine même, que si elle était productrice de normes et de règles internationales, autrement dit si l'ordre global était moins « occidental » et plus « chinois », la Chine contribuerait mieux au système international. Cette hypothèse d'une norme chinoise, d'un « consensus de Pékin », ou d'une théorie chinoise des relations internationales, a pris le relais des dénonciations d'un ordre impérialiste et colonial

14. *Ibid.*, p. 61.

injuste. La quasi-totalité de ses exemples et de ses justifications est recherchée dans l'histoire chinoise – souvent dans son ère impériale, et parfois dans ses dynasties antiques. La mode à Pékin n'est même plus à citer les Qing (1644-1911, incluant l'époque du choc avec l'Occident), ni les Ming (1368-1644, la conquête de l'Ouest, l'amiral Zheng He et sa « non-colonisation », le système tributaire), ni même les Song ou les Tang : c'est du côté des dynasties Zhou, Han et Qin, il y a plus de deux mille ans, que se situent les exemples à la mode des relations internationales chinoises. Cette époque est d'abord celle des Royaumes combattants, puis celle de l'unification chinoise : elle mêle compétition « internationale » et incorporation sous une autorité reconnue. C'est donc l'intégration et l'unification de la Chine qui servent de modèle pour envisager la stratégie internationale à l'ère de la globalisation. Ces exemples procèdent à l'évidence de l'histoire et des processus politiques internes à la culture chinoise, et non de l'invention d'une nouvelle culture stratégique. Bref, la politique extérieure procéderait d'un modèle intérieur à la culture chinoise.

Il faut donc sortir de l'intemporalité de la géopolitique instantanée, celle qui jauge le choc des intérêts et des projections militaires en mer de Chine, qui évalue les puissances comparées. On ne peut mettre sur le même plan une nation depuis toujours projetée vers l'avenir, les États-Unis, et une nation depuis toujours à la poursuite de son héritage identitaire, la Chine. Il faut aussi dépasser le cadre de l'après-guerre mondiale, quand le Pacifique est devenu un « lac américain », tandis que la Chine vivait une phase de repli autarcique.

Car la politique étrangère chinoise est plus que toute autre en tension entre son héritage, l'interdépendance qui résulte des échanges extérieurs et l'anticipation d'une puissance sans précédent. L'héritage sert parfois de position de repli pour une diplomatie qui est de toute façon peu libre de ses initiatives. Son conservatisme est à court terme la meilleure manière d'éviter les risques, et d'abord celui d'encourir des reproches en Chine même.

L'hésitation entre rétrospection et anticipation traverse le mécanisme de prise de décision chinois – pour autant qu'on le connaisse. Les « cinq principes de la coexistence pacifique » – un décalque de la doctrine indienne, emprunté après 1955 à Nehru – sont toujours là : le plus important d'entre eux reste la non-intervention dans les affaires intérieures, sur laquelle est assise la souveraineté absolue. Mais la stratégie chinoise, naguère partagée entre diplomatie de voisinage et hostilité aux « superpuissances » américaine et soviétique, a aussi dû s'adapter à l'extension globale des intérêts du pays. Souverainiste par tradition, la Chine a découvert sa dépendance à l'égard de certains « biens communs » du système international : à commencer par les institutions du commerce international, la protection des ressortissants, puis peu à peu des normes qui influencent aussi la situation de la Chine. Traités et accords internationaux sur la limitation des armements et la prolifération, droit de la propriété intellectuelle ou plus prosaïquement standards des produits exportés : l'attachement chinois à la souveraineté doit souvent reculer devant l'intérêt de participer à des consensus, à défaut de les avoir suscités. Les investissements chinois à l'étranger suscitent des interrogations – sur le comportement de leurs entreprises en matière sociale, environnementale, fiscale – qui peuvent devenir plus importantes que les relations de gouvernement à gouvernement. Et c'est encore plus vrai quand ces investissements arrivent dans des pays développés aux législations exigeantes.

Et pourtant, les principes hérités exercent aussi une influence sur les décisions, notamment à travers le rôle d'une opinion publique naissante, élevée au biberon du nationalisme et à son narratif. Celui-ci réussit l'exploit de combiner un complexe d'infériorité et de victimisation avec un sentiment de supériorité croissant, assis sur le succès de décennies de réformes réinterprétées en « modèle chinois ». De même, la nature du système bureaucratique et celle de l'économie d'État favorisent la rigidité extérieure. L'Armée de libération populaire est une structure de commandement vertical qui n'est pas adaptée à la communication et à la diplomatie publique : or celles-ci sont devenues inséparables de la projection de force. La diplomatie fuit les risques et les responsabilités, et ne cultive guère l'innovation, institutionnelle ou individuelle. Les grandes entreprises d'État, surtout dans leurs rapports avec des pays autoritaires, peuvent aggraver l'image de la Chine, comme le relève un géopoliticien chinois à propos de la Birmanie[15].

Une chose est sûre. Entre principes et intérêts pragmatiques, la Chine populaire a le plus souvent choisi l'adaptation pragmatique. Au début des années 1950, quand elle soutenait la guérilla communiste à travers la minorité chinoise travaillant sur les plantations de caoutchouc de Malaisie, la Chine n'en négligeait pas pour autant d'acheter à cette même Malaisie une bonne partie de sa récolte de latex, dont elle avait le plus grand besoin pour son économie. Grand producteur de cuivre, la Chine maoïste mit dehors en un clin d'œil l'ambassadeur du Chili d'Allende après le coup d'État de 1971 – car l'entente sur le cuivre était une nécessité avec ce pays. L'intérêt d'État a alors prévalu sur le tiers-mondisme. Le même réalisme peut parfaitement dicter des accommodements et des adaptations importantes aux besoins et aux valeurs d'autrui. Si bien que le réalisme commande aux partenaires de la Chine d'examiner d'abord quels sont ses intérêts effectifs dans toute proposition.

15. Zha Daojiong, « All roads to Myanmar », *Pacnet*, n° 6A, 25 janvier 2012, www.csis.org/files/publication/Pac1206-A.pdf.

Construction nationale et revendications territoriales

Il faut se référer d'abord à l'histoire pour mettre en perspective la stratégie internationale de la Chine. La formation même de la nation chinoise est un processus d'expansion territoriale appuyée sur l'essor et la migration démographiques. Ce fut la « marche vers le Sud », et vers l'Ouest, qui n'aurait pu se produire sans un État fort et un sentiment d'appartenance important. Elle a très tôt conféré ses limites extrêmes au territoire « national », fondant jusqu'à nos jours des revendications épisodiques ou permanentes, selon le cas.

Aucune des revendications actuelles n'a été continue dans le passé. Même pas celle de la réunification de Taïwan, que Mao avant la guerre sino-japonaise ne voyait pas comme appartenant à la Chine. Sûrement pas celle de la mer de Chine, oubliée de tous à la fin de l'empire Qing et aux débuts de la République chinoise. Ni le Tibet, trois fois conquis et abandonné depuis le XIVe siècle. À l'inverse, la Mongolie-Extérieure, aujourd'hui État indépendant issu de l'ex-Union soviétique, a longtemps été revendiquée par la Chine, y compris par la Chine républicaine. De vastes étendues sibériennes ont été revendiquées contre la Russie de 1969 à 1991, avant que la négociation sino-russe ne se concentre avec succès sur le cours de l'Oussouri, enjeu beaucoup plus restreint. L'ancien royaume du Kokuryo, qui recoupe une partie de la Chine du Nord-Est et de la péninsule coréenne, est parfois décrit comme ayant été chinois, ce qui irrite les Coréens du Nord autant que ceux du Sud. L'État indien d'Arunachal Pradesh, contigu de la Birmanie et du Tibet, est contesté par la Chine depuis la fixation de la frontière par les Britanniques à la ligne McMahon (1914), séparant cet État du Tibet. Mais la revendication était en veilleuse, jusqu'à ce qu'en 2008 le dalaï-lama déclare indien, et donc sous son contrôle effectif, le monastère de Tawang, à la frontière avec le Tibet chinois. Or en septembre de la même année, le Royaume-Uni de Gordon Brown a fait un geste envers la Chine en abrogeant sa très vieille politique qui ne concédait qu'une « suzeraineté » chinoise sur le Tibet, et non une souveraineté pleine et entière, sur le toit du monde. Une déclaration gênante du dalaï-lama, et une concession sans contrepartie de l'ancienne puissance coloniale aux Indes ont suffi pour que la Chine sorte de son silence et ne cesse, depuis lors, de provoquer l'Inde à propos de l'Arunachal Pradesh.

Bref, le catalogue des revendications territoriales chinoises est une sorte d'auberge espagnole, où le régime peut puiser à sa guise, s'en servant parfois comme prétexte, ou au contraire les mettant en veilleuse pour améliorer les relations avec un partenaire. Deng Xiaoping repoussant en 1978 « aux générations futures » la résolution des îles Diaoyutai-Senkaku avec le Japon, la diplomatie chinoise signant en 2002 une déclaration, au demeurant juridiquement non contraignante, sur la « conduite des parties en mer de Chine méridionale » sont des exemples – positifs – de la versatilité chinoise. Elle peut aller dans les deux sens.

Les deux termes de la culture stratégique chinoise

Mais la Chine a aussi créé, bien avant le choc du XIXe siècle avec l'Occident, un système de relations où la force brute ne joue qu'un rôle limité, par rapport aux intérêts économiques et à une forme de *soft power* ritualisé. C'est le système du tribut, à son apogée sous les Ming, qui crée des relations d'interdépendance avec voisins et partenaires éloignés. Il est aujourd'hui remis à la mode par une école chinoise de relations internationales. Elle souligne son côté « gagnant-gagnant », puisque le tribut associait don et contre-don. L'empereur chinois pouvait parfois y consacrer plus de ressources que son pays n'en retirait, par exemple pour soumettre les populations situées au-delà du col himalayen du Karakorum, au nord-est du Pakistan et de l'Afghanistan actuels : là, en d'autres termes, où les bannières militaires de l'Empire n'avaient aucune chance de gagner une guerre. En somme, le système du tribut aurait été l'ancêtre d'une liberté de commerce fondée sur des étalons et des règles chinoises.

La culture stratégique de l'empire chinois oscille ainsi entre deux termes. D'un côté, le discours belliciste fondé sur le primat de la force et de la ruse. Son bréviaire machiavélien reste *L'Art de la guerre* de Sun Tzu. De l'autre côté, le discours confucéen sur l'harmonie des intérêts conduit à une politique d'assimilation progressive, fondée sur l'intérêt mutuel. Les Qing, en particulier, ont remis au goût du jour les « Cinq Appâts » qu'avait identifiés un mémorialiste pour l'empereur Han au IIe siècle avant Jésus-Christ[16]. Ils ont utilisé les échanges commerciaux pour amener vers eux les peuples qui les environnaient. Pour cela, ils ont créé un système d'échanges contrôlés, concédant un rôle à des marchands désignés. C'est ce que les Occidentaux appelleront le « système de Canton ». Sauf que ce dernier n'est que l'application locale aux Britanniques d'une politique forgée à l'ouest de la Chine, pour capter et assimiler tribus et États

16. Les « Cinq Appâts » définis par le mémorialiste Jia Yi sont : habits et carrosses élégants, mets délicieux, musique et femmes de compagnie, demeures palatiales, faveurs et réceptions impériales.

dans l'Empire chinois. Bien sûr, diviser pour régner était une seconde nature de l'État chinois, une pratique affûtée d'abord au contact de la mosaïque de l'Asie centrale avant d'être appliquée, sans autant de succès, aux barbares occidentaux.

C'est alors la construction de l'État qui prime sur le nationalisme. Les Qing expérimentent aussi vers l'Asie centrale, au milieu du XVIIIe siècle, des institutions nouvelles d'économie mixte – et notamment le système de « gestion par les marchands, supervision par les officiels » (*guandu shangban*[17]) appliqué à des entreprises nouvelles dans les secteurs à moderniser[18]. Ce système sera, au dernier tiers du XIXe siècle, au cœur des politiques de restauration et d'autorenforcement de la dynastie confrontée à la supériorité des moyens occidentaux. Dans ce cas précis, c'est bien une innovation issue de la politique étrangère, en l'occurrence avec l'Asie centrale contiguë, qui crée une institution économique intérieure à la Chine. La politique étrangère procède de la culture stratégique et de l'histoire chinoise. Mais en retour elle peut aussi, par ricochet, inspirer des institutions intérieures autonomes. Et ce, non seulement dans la dimension de la réforme occidentalisante (comme cela fut le cas avec le Collège des interprètes ou avec les douanes maritimes, contrôlées par les Britanniques), mais aussi bien dans une dimension purement nationale. Comment ne pas penser aujourd'hui à l'essor international, non seulement des entreprises d'État chinoises réformées et favorisées par les subventions publiques, mais aussi à celui d'entreprises nouvelles – comme Huawei ou ZTE dans les communications, Haier dans l'électroménager – qui ne sont ni

17. 官督商办.

18. Peter C. Perdue, *China Marches West : The Qing Conquest of Central Eurasia*, Cambridge, Harvard University Press, 2005, p. 263.

formellement publiques, ni tout à fait privées ? Comment ne pas penser que le caractère hybride du capitalisme chinois ne remonte ni à la planification à la soviétique, ni au « capitalisme bureaucratique » dénoncé par Mao dans la Chine républicaine de Chiang Kai-shek, mais bien à un mode de gestion déléguée, dirions-nous aujourd'hui, qui date de l'ère impériale ?

De même, la dynastie Qing a aussi pacifié et assimilé l'Ouest chinois non seulement en y implantant des colonies militaires (les *bingtuan*[19], une tradition plurimillénaire que la Chine maoïste a reprise presque à la lettre avec le Corps de construction du Xinjiang). Mais en encourageant aussi l'émigration au-delà de la Grande Muraille, notamment celle des « branches nues » (*guang gun*[20]), des paysans pauvres célibataires. Autrement dit, les Qing ont pratiqué la colonisation militaire, mais ils ont aussi utilisé les mouvements de population et le commerce comme un levier pour intégrer les régions voisines : c'est un mouvement qui se poursuit encore aujourd'hui, au Xinjiang et au Tibet notamment, dont le « nouveau peuple » est formé en majorité d'émigrants récents issus de la paysannerie du Sichuan. Quand on analyse aujourd'hui la poussée chinoise en Afrique depuis la fin des années 1990, on est frappé de l'analogie avec les processus de « colonisation intérieure » de la dynastie Qing : à côté des ambassades et des rites, il y a les avantages mutuels du commerce le plus souvent contrôlé par l'État et ses entreprises, mais aussi la diffusion d'une émigration pauvre – travailleurs sous contrat ou même détenus libérés sous condition, familles commerçantes qui tissent leurs réseaux, délogeant à la fois le commerce libanais et les entreprises néocoloniales d'import-export.

19. 兵团.
20. 光棍.

Aucune théorie moniste – qu'elle mette l'accent sur la géopolitique de la force ou au contraire sur l'expansion capillaire de l'économie et de la société chinoise, et sur le *soft power* – ne rend compte à elle seule de la percée internationale de la Chine, ni par conséquent de la direction de sa politique étrangère.

La Chine officielle est lancée dans le projet d'une armée capable de tenir tête, sinon aux États-Unis, du moins à n'importe quelle autre nation. Mais elle s'est aussi approprié le discours du libre-échange et du *win-win*, naguère slogan de l'administration Clinton pour ouvrir les portes de l'Asie-Pacifique. Le *win-win* chinois, comme le système tributaire avant lui, suppose bien une forme d'allégeance à des règles et des valeurs chinoises, ne serait-ce que parce que l'économie chinoise est dirigée, et que ses acteurs sont étatiques et semi-étatiques. Il repose toutefois plus sur la persuasion et sur l'intérêt que sur la contrainte ou l'usage de la force.

Entre l'ère de l'expansion géographique et démographique ou du système tributaire, et celle de la montée contemporaine de la Chine au cœur d'une zone d'influence de plus en plus large, il y a eu bien sûr près de deux siècles d'effacement et de perte d'influence. Malgré ses prétentions idéologiques et sa capacité de mobilisation, le maoïsme n'avait pas restauré l'influence chinoise au-delà d'une indépendance retrouvée. Il a conduit une politique étrangère généralement prudente en actes, sinon en paroles, *a contrario* des violents changements de cap de la politique intérieure. Ce serait exagéré de dire que la Chine maoïste, de 1949 à 1976, ne s'est lancée dans aucune aventure militaire. L'entrée dans la guerre de Corée en 1950, la « guerre des cimes » de trois semaines avec l'Inde en 1962 sont bien des entreprises militaires majeures. On peut y rattacher la propension de la Chine maoïste à affirmer par la force ses revendications territoriales – sur Taïwan, avec la prise de petites îles côtières en 1955, les bombardements de Quemoy et Matsu en 1958, et au Tibet, où après l'entrée de l'Armée de libération populaire en 1950, la Chine a exercé seule le pouvoir à partir de 1959. En pleine Révolution culturelle, elle suscite des incidents, limités, avec l'Union soviétique sur l'Oussouri. Au début même de l'ère des réformes en 1979, Deng Xiaoping a cautionné une « leçon » militaire de trois semaines au Vietnam. Il a ensuite affirmé, contre l'avis même de certains de ses généraux, que l'Armée de libération populaire serait stationnée à Hong Kong après le rattachement à la Chine.

Il n'y a pas de primat de la culture belliciste

Mais ces actions constituent des exceptions plutôt que la règle. La Chine est entrée avec réticence dans la guerre de Corée en octobre 1950, poussée par Staline qui s'était lui-même embarqué à la suite de Kim Il-sung, le dictateur nord-coréen. Elle avait abondamment mis en garde les États-Unis contre une avancée militaire américaine jusqu'au Yalu, le fleuve frontalier avec la Corée. Les actions militaires chinoises de 1955 et 1958 contre Taïwan sont des actions symboliques destinées à accréditer sur le long terme la volonté de réunification de l'île avec la Chine. Après 1958, avec des « bombardements » d'obus chargés de tracts, et jusqu'en 1996, la Chine n'a plus conduit de véritables opérations militaires dans le détroit de Taïwan. En mars 1996, l'instauration de zones d'exclusion maritime et aérienne pour procéder à des essais de missiles autour de l'île peut faire penser à la répétition générale d'un blocus. L'apparition de porte-avions américains aux portes du détroit de Taïwan (contrairement aux rumeurs du moment, ils n'ont par contre pas parcouru ce détroit) a sonné la fin de l'expérience. La Chine a ainsi déposé sa carte de visite, mais sans aller jusqu'à risquer un conflit.

L'offensive contre l'Inde en 1962 comme celle contre le Vietnam en 1979 sont aussi des opérations soigneusement contrôlées et limitées dans le temps, quel que soit leur succès militaire, douteux dans les deux cas. Après 1949, la Chine s'est impliquée dans des revendications territoriales avec chacun de ses 14 voisins. Mais elle a souvent reculé, ou transigé et conclu des accords, contrairement à la réputation que sa propre propagande lui donne. Sur une échelle de Richter de la propension au conflit, il est clair que la Chine est plus offensive quand il existe un enjeu effectif de population chinoise, et surtout appartenant à l'ethnie majoritaire Han. Elle est plus disposée à transiger quand elle est en situation de faiblesse ou menacée de division intérieure. Exemple classique, Mao a interdit en janvier 1965 à ses généraux toute intervention militaire directe contre les États-Unis en Indochine, limitant le soutien chinois pour le Nord-Vietnam à la livraison et au transit d'armements, et à la fourniture de sapeurs et d'ingénieurs pour réparer les infrastructures bombardées au Vietnam. Cette retenue s'explique par la coïncidence de la lutte politique en Chine même, et par la prudence à l'égard des États-Unis. En 1954 par contre, l'armée chinoise dirigée par le futur maréchal Chen Yi n'avait pas hésité à participer directement au siège des troupes françaises à Diên Biên Phu[21]. Depuis 1979, à l'ère de la réforme, la Chine ne s'est plus lancée dans aucun conflit militaire direct, et ses dépenses militaires ont même stagné

21. François Joyaux, *La Chine et le règlement du premier conflit d'Indochine – Genève 1954*, Paris, Publications de la Sorbonne, 1979, p. 66.

dans un premier temps, de 1979 à 1989. Des escarmouches extrêmement limitées avec le Vietnam et les Philippines en mer de Chine méridionale, des manœuvres militaires autour de Taïwan en 1996, ne peuvent être considérées comme des offensives militaires en bonne et due forme.

Le choix persistant de la paix – et le retrait parallèle du soutien à la totalité des mouvements insurrectionnels de par le monde – est étonnant. Car depuis 1989 et les événements de Tiananmen, qui ont amené le régime à s'appuyer à nouveau plus étroitement sur l'armée, les dépenses militaires chinoises ont crû chaque année de plus de 10 % – sauf en 1998, année de la crise économique asiatique, et en 2009, possible contrecoup de la crise financière globale. Ce budget, même dans sa mesure officielle, est le second au monde, après bien sûr les États-Unis, mais très en avant des dépenses militaires des autres États asiatiques.

Pourquoi, de 1989 à 2009, l'augmentation des dépenses militaires n'a-t-elle pas eu de plus fortes conséquences sur la politique étrangère chinoise ? C'est sans doute parce que la quasi-totalité des succès chinois depuis 1978 découlaient de l'intégration internationale. Celle-ci ne contredisait pas l'héritage historique, bien au contraire. L'ouverture et la réforme, slogans fondateurs de l'ère Deng Xiaoping, sont eux-mêmes des échos de l'histoire chinoise depuis le XIXe siècle. L'ouverture, c'est l'ancien « mouvement des activités à l'occidentale » du XIXe siècle, et la diplomatie de la « porte ouverte » que les États-Unis surent promouvoir avec la Chine, contre la vision étriquée des colonialismes européens et la quête japonaise de contrôle exclusif. La réforme, c'est le leitmotiv obsessionnel des élites chinoises au contact de l'Occident, depuis l'instauration des ports ouverts et des traités inégaux. Dans cette perspective, la transition est perpétuelle. Elle ne concerne pas seulement le devenir d'un système dont les rouages léninistes et maoïstes ont montré leurs limites, mais aussi l'aggiornamento de la culture et de l'identité chinoise.

La porosité des institutions et de la société chinoise

Un des plus grands paradoxes de la tradition sinologique littérale, c'est que des Occidentaux y exaltent la singularité et l'unicité de la culture chinoise, saisie à partir d'un corpus de textes classiques. Plus les sinologues sont littéraires et grammairiens, et moins ils sont historiens ou philosophes ; plus leur interprétation littérale des textes et des institutions chinoises souligne une étrangeté irréductible. Ce n'était guère le cas, on peut le relever, d'un Robert Needham, dont la monumentale histoire de la science en Chine était en même temps une ode aux échanges entre civilisations.

On ne peut nier le choc de la langue, l'évidente prégnance d'une pensée symboliste qui contraste avec les canons logiques de la culture occidentale. Mais comment ne pas voir que la culture politique chinoise et ses institutions sont aussi poreuses aux influences extérieures qu'une société individualiste et curieuse ? Comment oublier que la politique étrangère chinoise s'est formalisée au contact avec l'Occident en opposant le *ti* et le *yong*[22] – le principe et l'utilité, en d'autres termes la persévérance dans l'être et l'assimilation ? L'appel des modèles étrangers, à commencer par ceux de l'Occident, est une constance, depuis l'influence des Jésuites sous les Qing. Quand ces derniers concluent un traité historique avec la Russie tsariste à Nerchinsk (1689),

22. 体用.

les interprètes et intermédiaires de la négociation sont des Jésuites, et le traité, rédigé d'abord en latin, porte aussi leur influence. On le voit, la Chine alors « fermée » a en quelque sorte reconnu l'utilité d'une institution internationale, l'Église, et d'une langue internationale, sans pourtant s'en remettre à elle. À l'ère des traités et des ports ouverts, les Qing devront confier en 1863 la nouvelle administration des douanes maritimes à un ancien employé consulaire britannique, Robert Hart. Il la dirigera pendant quarante-huit ans. Il est difficile de trouver une influence équivalente dans la Chine maoïste ou même aujourd'hui. Mais le prix Nobel d'économie Robert Mundell, dont l'œuvre porte sur les zones monétaires optimales, jouit d'un permis de résidence permanent à Pékin, et a certainement eu une influence majeure dans les décisions monétaires chinoises : la parité fixe du yuan avec le dollar, qui a fait de la Chine (plus que du Japon !) depuis 1994 un membre d'une zone dollar implicite en Asie, puis la flexibilité limitée de la devise chinoise, et enfin l'internationalisation limitée du yuan, sans libre convertibilité, lui doivent beaucoup.

Cette acceptation et utilisation d'influences étrangères ne sont pas seulement un outil pragmatique pour « traiter avec les Barbares ». Et les Occidentaux ne sont pas les seuls à avoir exercé une influence culturelle majeure en Chine. Les Chinois ont vécu deux siècles et demi sous la domination d'une dynastie mandchoue, les Qing – dont la langue, les règles et le système militaire différaient largement de la culture Han ; la capitale elle-même, Pékin, était partagée entre quartiers mandchous et chinois fermés la nuit, avec des hôpitaux réservés aux Mandchous, qui formaient un tiers de la population. Quoique ceux qui refusent cette dynastie Qing étrangère se soient appuyés sur un légitimisme Han – « à bas les Qing, restaurons les Ming » –, il reste que la dynastie fondatrice du nationalisme chinois contemporain, celle qui a reconnu cinq peuples dans le creuset national, est un règne étranger. Le tropisme étranger suscite la première « révolution culturelle » chinoise, avec le mouvement du 4 mai 1919 : nationaliste et dirigé contre le traité de Versailles et l'emprise étrangère en Chine, il critique pourtant toute la culture chinoise et exalte l'occidentalisation. Le confucianisme est alors décrié et rendu responsable de tous les échecs de la société chinoise.

Avant le confucianisme et jusqu'au XIe siècle, le bouddhisme et, à travers lui, l'hindouisme ont prospéré en Chine. Moines, mathématiciens et astronomes hindous sont entrés jusqu'à la cour impériale chinoise ; l'un d'entre eux a dirigé le Bureau des astronomes au VIIIe siècle, comme le rappelle le prix Nobel d'économie Amartya Sen[23]. L'itinérance et la propagation bouddhistes encouragent aussi la diffusion de textes écrits et le libre débat – deux traits qui sont parfois décriés par la bureaucratie impériale.

Jamais l'attrait de modèles étrangers n'a trouvé d'expression aussi pure que lors des événements de mai-juin 1989 sur la place Tiananmen quand les étudiants édifièrent une réplique en carton-pâte de la Statue de la Liberté, rebaptisée Déesse de la Démocratie. Les médias mondiaux ont alors accès, en direct et en images, aux événements, jusqu'à la coupure du courant finale qui donne le signal de l'assaut. Le degré d'ouverture de cette décennie 1980 reste un sujet d'étonnement, mais elle était aussi fondée sur le pragmatisme, une vision des gains relatifs à retirer de l'importation de modèles et de recettes occidentales et capitalistes.

---

23. Amartya Sen, « Passage to China », *New York Review of Books*, 2 décembre 2004.

Le dualisme stratégique permet la réversibilité

L'extraversion entraîne la versatilité – une aptitude à capter les modèles pour les adapter au terrain chinois, mais aussi à en changer en rejetant des greffes qu'on aurait pu croire éternelles. En 1911, les Chinois coupent leurs nattes imposées par la dynastie mandchoue ; en 1960, la Chine rejette le modèle soviétique et tous ses conseillers, tournant le dos à une décennie d'influence économique, culturelle et linguistique. L'importance des réformes accomplies depuis 1978, l'énormité des emprunts faits au capitalisme occidental, l'intensité des échanges humains avec le monde extérieur ne peuvent que recréer une tension avec l'autre terme de la culture politique chinoise – celui de la préservation et du contrôle. La différence avec un autre système politique, c'est que l'État-parti, au-dessus de la société, sans contrainte autre que de préserver une façade de légitimité, peut faire volte-face d'une façon organisée. Des observateurs chinois ont fait le parallèle entre 1989 et l'épisode des réformes avortées lors des cent jours de 1898 – lorsque l'impératrice régente Cixi a liquidé les partisans du prince réformateur Guangxu, laissant d'ailleurs à ce dernier la vie sauve. Mais après 1898, l'Empire n'avait plus guère de capacité de changement économique, et sa reprise des réformes politiques est vite éclipsée par la révolution de 1911. L'État-parti, lui, a réussi après 1989 la contre-réforme politique, et accéléré l'essor économique et l'intégration au marché mondial.

La période qui s'ouvre après Tiananmen est celle de l'encouragement au nationalisme dans l'éducation et les médias, par réaction à l'Occident et aux influences démocratiques[24]. L'intelligentsia et ceux des dirigeants qui s'étaient avancés sur la voie de l'occidentalisation sont fustigés. Sanctionnée par le G7 (y compris, pour un an seulement, par le Japon...), la Chine a concentré son énergie diplomatique sur le voisinage asiatique, et en particulier l'Asie du Sud-Est. Cautionnés par l'Amérique du temps de la guerre froide, des États comme l'Indonésie, Singapour et Brunei sont inquiets du virage américain vers la promotion de la démocratie et des droits de l'homme après la chute de l'Union soviétique. Ils vont établir (ou rétablir, dans le cas de l'Indonésie) des relations diplomatiques avec la Chine : c'est la première fois que celle-ci touche des dividendes de son attitude antidémocratique, avec trois États parmi les plus intégrés au commerce international. Ils convergent sur la stabilité politique, et bientôt sur des « valeurs asiatiques » opposées aux valeurs globales promues par l'Occident.

C'est ainsi que l'ouverture sur l'extérieur s'est rééquilibrée pour inclure une dimension de « préservation nationale » – *baoguo*[25] – et la volonté, guère plus nouvelle, de contrôler la société. Dans les deux cas, c'est un retour du balancier. Le nationalisme, qui s'énonce souvent comme le patriotisme en chinois, la crispation identitaire et la fermeture font aussi partie du legs historique. Le contrôle et la limitation des points d'échange avec l'étranger sous la dynastie Qing, la tentative d'autarcie de l'ère maoïste, sont des moments récurrents de l'histoire chinoise, tout comme l'explosion de la xénophobie à la fin du XIXe siècle, ou depuis 1989 la confluence de courants antioccidentaux. Ils donnent au nationalisme une connotation avant tout défensive, même quand celui-ci va de l'avant dans les directions les plus

24. Zhao Suisheng, *A Nation-State by Construction : Dynamics of Modern Chinese Nationalism*, Stanford, Stanford University Press, 2004.
25. 保国.

nouvelles. Lors du défilé militaire d'une ampleur sans précédent qui marque le soixantième anniversaire de la Chine populaire en octobre 2009, les soldats qui saluent le lever du drapeau sur la place Tiananmen parcourent chacun cent soixante-neuf pas – un par année écoulée depuis la défaite de la guerre de l'Opium en 1840. La rhétorique de l'humiliation vient ainsi légitimer l'entreprise militaire et la politique étrangère chinoises[26].

Mais cette légitimation va dans deux directions bien différentes : d'une part, celle d'une revanche qui exalte la force et applique au monde contemporain les règles de la géopolitique du XIXe siècle. À cet égard, un roman chinois a connu en 2004 un succès immense : il exaltait le comportement des loups dans la steppe mongole, par contraste avec la naïveté des agneaux chinois[27]... Et d'autre part, celle de la promotion de conceptions et d'une action chinoise aux antipodes de l'histoire européenne, faite de croisades, de conquêtes et de mission civilisatrice : la Chine dont les navigateurs avaient découvert l'Afrique mais sans y prendre pied, la Chine solidaire des pays en développement et dont l'objectif global est la « démocratisation des relations internationales » (Hu Jintao), une Chine qui n'a jamais pratiqué l'agression ni la colonisation et qui ne donne pas de leçon, est une Chine aux mains blanches. Cette seconde direction est aussi importante que la géopolitique de la force. Elle explique que la Chine, même parvenue au rang de seconde puissance mondiale, conserve une posture de politique étrangère fondée sur l'innocence et la naïveté surprise, maniant finalement le complexe d'infériorité comme un atout sur la scène internationale.

---

26. *Wu wang guo chi* (*N'oubliez jamais l'humiliation nationale*), Pékin, Zhongguo huaqiao chubanshe (Éditions chinoises d'outre-mer), 1992.
27. Jiang Rong, *Le Totem du loup*, Paris, François Bourin, 2007.

La politique étrangère chinoise ne peut donc être séparée de sa culture politique. Ni des conflits internes à cette culture et du sentiment d'identité nationale. L'éloge de mandarins modernisateurs ou au contraire la critique de leur faiblesse à l'égard de l'étranger, la célébration ou le dénigrement de la culture chinoise font partie du paysage, et ce conflit n'est pas près de s'éteindre. Tout récemment, la dénonciation officielle de Liu Xiaobo, prix Nobel de la paix en 2010 et prisonnier politique, s'appuie sur les propos qu'il avait tenus vingt-deux ans auparavant à Hong Kong, invoquant la nécessité de « trois cents ans de colonisation de la Chine » pour qu'y réussisse, enfin, une révolution historique. L'anecdote reflète à la fois le tournant occidentaliste des élites chinoises dans les années 1980, et la stigmatisation nationaliste ultérieure. Experts et même officiels de la politique étrangère chinoise ont pris l'habitude d'être invectivés ou menacés par le biais d'Internet. Certains reçoivent par la poste des comprimés de calcium, censés leur donner une échine plus solide pour faire face à l'Occident. En juin 2012, l'amiral Zhang Zhaozhong, commentateur militaire attitré de la télévision nationale, se lance dans une diatribe contre « 1 million de traîtres » – diplomates, économistes et militaires – qui « travaillent pour les États-Unis ». Zhang est un habitué des propos outranciers – il a évoqué une frappe nucléaire chinoise en réplique à une éventuelle action militaire occidentale contre l'Iran. Qu'il évoque le chiffre de 1 million de personnes est inquiétant – parce que ce chiffre est à l'échelle des pires campagnes maoïstes d'antan. Mais il est aussi une reconnaissance, bon gré mal gré, du clivage culturel qui traverse les élites chinoises.

On ne peut donc isoler la politique étrangère du contexte de la politique intérieure chinoise, ni des courants qui traversent la société. En théorie, un régime autoritaire, doté d'un appareil centralisé, soumis à la tutelle d'un parti léniniste, a des avantages immenses pour la conduite de sa politique étrangère. Les débats, s'ils existent, ont lieu au sommet de l'appareil, et sont largement inconnus des partenaires étrangers de la Chine. Les rouages de l'État peuvent être mobilisés, et leur fonctionnement est à l'abri de l'opinion publique. Le gouvernement peut effectuer des tournants soudains dans sa politique étrangère, sans craindre la critique : qu'on songe à la rupture sino-soviétique de 1959-1963, à la normalisation avec le Japon en pleine Révolution culturelle, ou à l'intensité du rapprochement stratégique avec les États-Unis dans la première phase de la réforme, en 1978-1979. Mais est-ce toujours le cas ?

La démocratie fait partie de la compétition

La Chine populaire a pratiqué l'oubli de l'histoire, jusqu'à celle du Parti communiste lui-même, dont toute version officielle fut bannie pendant la Révolution culturelle. Aujourd'hui encore, les paroxysmes totalitaires – Grand Bond en avant et Révolution culturelle – sont passés sous silence, notamment dans l'éducation. Mais il était naïf de croire que l'ère des réformes et de l'ouverture, après 1978, serait inéluctablement celle de la projection vers l'avenir, et de la convergence vers des normes globales. La société chinoise s'est ressaisie de son héritage et de son identité stratégiques. Au-delà de la narration du « siècle d'humiliation », la culture classique est sollicitée de tous côtés. L'idéologie officielle n'en retient que les termes confucéens – ceux de l'harmonie et de la bénévolence, interprétés comme une théorie des avantages mutuels, variante chinoise du *win-win* libéral. La controverse étrangère sur la question du *soft power* chinois manque son objet : en pratique, c'est la diplomatie commerciale et les avantages comparatifs du partenariat avec la Chine qui ont tenu lieu de *soft power*.

Mais nombre des exégètes de la culture stratégique évoquent l'autre terme de l'héritage, celui d'une géopolitique darwinienne. Elle puise elle-même ses sources dans le réalisme stratégique chinois : attentif au rapport de force, avec une défense de l'avant qui recommande à tout le moins de préparer la guerre pour garantir la paix – *si vis pacem, para bellum*. L'extrême attention à la représentation, à la « face », la construction de rites enserrant les partenaires dans un script entièrement prévisible relèvent aussi de cette tradition – en même temps qu'ils répondent à l'attente étrangère, et en particulier occidentale, pour l'empire du Milieu et sa « cité interdite » du pouvoir. Que vaudraient les thèses de Henry Kissinger sans la Grande Muraille ?

Nous sommes en face de deux risques interprétatifs. L'un est de croire au conte de fées de la convergence internationale. Le régime chinois et son système ne sont pas solubles dans l'économie de marché. Mais l'autre risque, c'est de prendre au pied de la lettre les rappels de l'identité stratégique chinoise, et d'imaginer une culture crispée sur l'héritage nationaliste, revendicatif et belligène du passé. L'héritage impérial est un script, la vulgate nationaliste un narratif, et l'intangibilité des frontières un mythe revendiqué : le régime puise dans ce répertoire à son gré, mais l'abandonne aussi quand cela lui paraît opportun. Ces décors lui sont d'autant plus nécessaires que les dirigeants chinois n'ont pas de vue innovatrice ni de grand dessein pour le système international. S'ils en avaient une, auraient-ils gâché l'opportunité que leur ouvrait la déroute financière de l'Occident en 2008-2010 pour asseoir leur influence ?

Auraient-ils laissé prendre en otage leur stratégie internationale par des querelles cartographiques ranimées en Asie ? En vérité, ils s'adaptent ou ils pèsent sur le système international, selon le rapport de force. Après 2008, ils ont déduit de la crise financière globale un changement de ce rapport de force en leur faveur. Le bouton sur lequel ils ont appuyé en premier était le plus traditionnel qui soit – l'affirmation et la revendication dans ce que la Chine estime être son aire de voisinage. Paradoxalement, d'autres initiatives plus novatrices – comme par exemple une prise de responsabilités accrue à l'ONU, ou dans les institutions financières internationales – étaient jugées plus risquées.

Deux ans plus tard, le réflexe souverainiste chinois a presque suscité une coalition du refus en Asie. Presque, mais pas tout à fait. Si le Japon a pratiqué pendant les cinquante ans du maoïsme le commerce séparé avec la Chine en marge de la guerre froide, si les firmes coréennes ont misé sur le marché chinois, ce n'est pas pour se priver de ces atouts aujourd'hui. Tout comme l'avancée chinoise était un réflexe surgi du passé plutôt qu'une stratégie, le reflux asiatique relève d'un principe de précaution et non d'une véritable alliance.

Le repli chinois – amorcé en décembre 2010 par Dai Bingguo, mais non véritablement confirmé – n'est pas plus l'annonce d'un règlement : tout au plus, un retour à l'ambiguïté. Il est possible que les politiques de bon voisinage, la diplomatie commerciale bilatérale, aujourd'hui complétées par la formation d'une zone monétaire autour de la devise chinoise, effacent l'image plus martiale de l'entreprise maritime chinoise. Ce qui serait vraiment étonnant, ce serait que la Chine mette fin à ce dualisme.

Certains experts ou idéologues chinois perçoivent bien le déficit d'influence internationale qui résulte de ce balancement entre stratégie d'intégration économique et tentation impériale[28]. Ils cherchent à identifier un modèle chinois dans les relations internationales. C'est alors un modèle rétrospectif qui est proposé. Son illustration la plus remarquable – sinon la plus susceptible de persuader les opinions publiques démocratiques – est fournie par Yan Xuetong[29]. Dédaigneux des institutions internationales actuelles qui reflètent l'asymétrie passée de pouvoir en faveur des Occidentaux, Yan cherche son modèle des relations internationales dans l'histoire des Royaumes combattants. Le plus influent d'entre eux, celui des Zhou, s'est imposé aux autres par son autorité humaine (« *humane authority*[30] »), et non par la conquête ou l'hégémonie au sens strict. Yan prône le même modèle pour la Chine du XXIe siècle, sans pour autant rejeter le réalisme le plus simplifié : pour compter dans la puissance mondiale, dit-il, il faut une population « d'au moins 200 millions de personnes ». Et il croit également retrouver la trace de l'autorité humaine des Zhou dans la politique de front uni du Parti communiste chinois : la projection d'un outil de pouvoir intérieur sur le plan international est révélatrice d'une approche autoritaire. Car le front uni du Parti a été un instrument tactique de la conquête du pouvoir, un miroir aux alouettes, qui, encore aujourd'hui, gère huit petits partis « démocratiques » parfaitement inconnus.

Mais le plus saisissant, c'est que lorsque Yan trace les contours contemporains d'une « autorité humaine », il retrouve de la façon la plus imprévisible un programme de

---

28. Selon l'expression clairvoyante de François Joyaux, *La Tentation impériale, Politique extérieure de la Chine depuis 1949*, Paris, Imprimerie nationale, 1994.

29. Yan Xuetong, *Ancient Chine Thought, Modern Chinese Power*, Princeton, Princeton University Press, 2011.

30. Un terme que Yan Xuetong déduit du caractère chinois 王 (*wang*), signifiant à la fois « monarque » et « règne ».

réforme politique qu'on croirait inspiré du 1989 chinois. L'autorité humaine, écrit-il, c'est aujourd'hui la loi universelle des élections démocratiques, de la responsabilité des dirigeants, en particulier en matière de corruption, de la liberté de voyager, et d'une liberté de pensée qu'il semble toutefois réserver aux conseillers du prince – les *think tanks* et leurs experts !

N'ironisons pas. Yan Xuetong, souvent étiqueté néoconservateur chinois à cause de son réalisme géopolitique et de son antiaméricanisme stratégique, est un intellectuel public de talent, y compris sur le plan international. Mais sa plongée dans la pensée stratégique classique lui a fait prendre conscience d'un obstacle majeur à toute politique étrangère chinoise adaptée à la puissance effective de son pays : l'inadaptation du système politique. En termes superficiels, il rejoint Hu Jintao déplorant l'inefficacité du *soft power* chinois. Mais en réalité, il comprend que la compétition des modèles, sur laquelle repose sa vision des relations internationales, suppose une réforme politique profonde de la Chine. Yan analyse avec un froid réalisme les limites de l'hégémonie occidentale, qui s'épuise dans ses efforts internationaux. Mais le principe même du système chinois bride aussi sa politique étrangère et limite l'impact d'un succès économique éclatant. Au terme d'un effort remarquable pour fonder l'avenir stratégique de la Chine à partir de son identité historique, Yan découvre une toute petite condition préalable de l'influence – l'application de la démocratie politique. « Le système électoral est devenu la norme politique universelle aujourd'hui [...]. La Chine doit faire du principe moral de la démocratie un de ceux qu'elle promeut[31]. »

31. Yan Xuetong, *Ancient Chinese Thought, Modern Chinese Power*, *op. cit.*, p. 219.

Même à regret et par le détour de la politique extérieure, il a ainsi rejoint Hu Yaobang, Zhao Ziyang et peut-être bientôt Wen Jiabao, qui sur le dernier versant honorable au service de la réforme de leur vie, ont également posé cette nécessité première – la démocratie.

CHAPITRE 12

Épilogue : à l'ombre de Pékin

Une « démocratie » qui se limite à une procédure à l'intérieur du Parti communiste. Un « équilibre des pouvoirs » qui est celui des différents organes du Parti-État. Des entreprises privées, qui n'en ont souvent que le nom, financées par les subventions publiques et dirigées par des initiés. Une économie hybride qui anticipe sur une croissance massive, aggravant la fuite en avant des investissements et des exportations. Une réforme tronquée qui a généré une inégalité sociale parmi les plus fortes au monde. Une intégration internationale conçue *a minima*, faisant de la Chine un recours pour tous ceux qui veulent préserver la souveraineté étatique au détriment de la gouvernance internationale. Une politique de « coexistence pacifique » qui débouche sur un défi territorial et stratégique à l'échelle du Pacifique occidental, avec un parfum de retour aux années 1920.

Décrite ainsi, l'ascension de la Chine a de quoi inquiéter. Doit-on être libéral pour deux ? Peut-on ouvrir nos marchés publics, nos entreprises et faire une place à la Chine en tête des émergents, quand celle-ci, bien loin d'appliquer la même ouverture, restaure un État léniniste fort avec des traits oligarchiques, exporte ses déséquilibres et freine les efforts de gouvernance internationale ? D'ailleurs, comment penser un monde où la plus grande économie, premier détenteur de réserves en devises, seconde puissance militaire, conserverait le statut dérogatoire d'économie en développement ? Que pèsent les rêves de régulation financière internationale, si les deux tiers des flux de capitaux chinois transitent par des places offshore ? À quoi peut prétendre une politique de l'environnement si la Chine, devenue le premier pollueur mondial, prend la tête de la résistance internationale à des plafonds obligatoires pour les émissions ? Doit-on accueillir à bras ouverts les Instituts Confucius et les journalistes officiels d'une puissance qui maintient en prison son unique prix Nobel de la paix et réprime les délits d'opinion ?

L'adaptation hyperréaliste

Ces interrogations sont réalistes. Mais ce n'est pas toujours ainsi que le monde raisonne quand il s'agit de la Chine. L'hypercroissance et l'attente générale de l'apparition d'une hyperpuissance chinoise engendrent des réflexes d'adaptation qui sont… hyperréalistes. Pour les voisins asiatiques, ce peut être la création d'un bloc commercial qui utilise la Chine pour exporter vers des tiers, même si cela donne à terme des atouts économiques irréversibles à celle-ci. Pour les États-Unis, ce peut être l'acceptation d'une dépendance mutuelle qui fait de la monnaie chinoise un satellite de la zone dollar, et fournit produits et capitaux à bon compte pour le marché américain. Comme l'a reconnu Hillary Clinton, la secrétaire d'État américaine, il est difficile de présenter des exigences à son principal créancier. Pour les Européens, ce peut être la course aux capitaux chinois – pour financer la dette publique, renflouer des secteurs en difficulté, ou tout simplement pour faire prospérer les secteurs de rente – immobilier, luxe, vignoble, marché de l'art.

Et, après tout, le système politique en place est d'abord tourné vers lui-même – vers son autolégitimation, sa capacité d'anticipation et d'évitement d'événements imprévus, son monopole du pouvoir. La politique extérieure et la stratégie internationale de la Chine sont une conséquence secondaire de ces priorités et non un objectif direct. La Chine n'a pas de projet pour le monde, ni de modèle alternatif de gouvernance internationale, sinon pour rendre celle-ci aussi peu intrusive que possible. Si elle fédère bien des votes dans les enceintes internationales, ce sont presque toujours des votes négatifs – contre une intervention, ou contre une norme, ou encore une sanction. Et elle trouve presque toujours des alliés de circonstance. Y compris, quand il s'agit du climat et des taxes carbone, aux États-Unis.

Est-ce à dire que l'influence internationale de la Chine peut être vue simplement comme un événement de marché à l'instar de l'ascension de l'Arabie saoudite après 1973, ou du Japon dans les années 1980 ? La Chine est entrée à l'OMC, l'Organisation mondiale du commerce, qui lui garantit l'accès aux marchés internationaux. Depuis lors, la Chine a donné sa priorité extérieure à l'accès aux ressources – dont son économie a besoin – et aux marchés qui permettent sa croissance rapide. Cette priorité aux échanges, accompagnée d'un traitement différencié de ses partenaires, désarme les réflexes géopolitiques – ce que la propagande officielle appelle les « mentalités de guerre froide » ou les « protectionnismes ». Reconnaissons-le aussi, les dirigeants chinois ont joué avec une habileté dont pouvait seulement rêver le Lénine de la NEP. Ils ont accepté l'investissement étranger, l'ont utilisé comme un levier pour leurs exportations, et créé des dépendances qui lient leurs partenaires.

Mais ce sont bien ces dépendances nouvelles, et l'existence d'un pouvoir fort, dominant toutes les décisions importantes, qui distinguent la Chine de ses prédécesseurs, qu'il s'agisse du Japon – géant économique, nain politique –, de l'Arabie saoudite ou même de l'Union soviétique, restée jusqu'au bout une puissance pauvre. Certes, sur le plan économique, la Chine crée tout au plus un empire par inadvertance, et non un projet classique d'hégémonie économique ou politique. Et, c'est vrai, le Japon d'après guerre, appuyé sur son « triangle de fer », la sainte trinité des hauts fonctionnaires, des grandes entreprises et d'un parti politique dominant, a longtemps faussé les mécanismes de son marché intérieur. L'ascension du Japon s'est elle aussi accompagnée d'un débat sur son économie et de critiques destinées à ouvrir le marché japonais à la concurrence. Mais, d'une part, l'échelle de l'économie chinoise est bien plus grande, l'accumulation de ressources financières publiques y est plus importante, et les mécanismes coercitifs du système chinois sont bien plus rigoureux que ne l'était le clientélisme de la démocratie politique nippone. D'autre part, la conjonction de la puissance économique et de capacités géopolitiques donne à la Chine des moyens d'influence et de pression bien plus forts. On peut le vérifier au niveau des entreprises comme à celui des États.

Une dépendance dissuasive

Au niveau des firmes, citons deux exemples : une grande entreprise automobile européenne implantée en Chine voit ses propres sous-traitants systématiquement éliminés par des concurrents chinois locaux. Ils se plaignent auprès de l'Union européenne, mais la grande entreprise européenne refuse absolument de les soutenir et d'être citée : elle a trop peur de perdre sa propre part de marché en Chine. Second exemple : la percée internationale des géants chinois des télécommunications, Huawei et ZTE, est grandement facilitée par les crédits massifs à des taux exceptionnellement bas consentis par le système financier étatique. Mais quand l'Union européenne envisage une action pour concurrence déloyale sur ces subventions déguisées, leurs concurrents européens – Siemens, Alcatel, Ericsson – refusent de soutenir publiquement l'action européenne, tant ils ont peur d'être sanctionnés en Chine. Quand l'Union européenne réclame à la Chine un accès réciproque aux marchés publics, la Chine retire aussitôt les grandes marques allemandes (Audi, BMW) de la liste des constructeurs automobiles autorisés pour les achats des administrations : c'était un des rares marchés publics ouverts aux entreprises étrangères.

Au niveau des États aussi, l'adaptation prime sur les revendications. Les nations d'Asie du Sud-Est sont certes effrayées de la montée en puissance de la Chine et de ses revendications en mer de Chine méridionale. Elles accueillent les États-Unis avec une ferveur inusitée, et concluent des accords de coopération militaire avec l'Australie, le Japon ou l'Inde. Mais la croissance de la Chine les entraîne dans son orbite. Une large part de leurs exportations vers la Chine ne fait qu'y transiter, pour se retrouver dans des marchandises chinoises à destination des grands pays occidentaux : le Japon et la Corée sont dans le même cas. Voilà qui lie leur politique à celle des exportations chinoises, sur le plan commercial. Cela les rend prudents à l'égard de propositions américaines ou européennes de libre-échange. Car celles-ci ont à leur égard des exigences plus fortes que celles de la Chine, qui incorpore les produits de ses voisins dans ses exportations vers le reste du monde.

Ils sont aussi sceptiques sur la ténacité américaine face à la Chine. Au cours de la dernière décennie, les États-Unis ne sont pas arrivés à dissuader la Corée du Nord de poursuivre son entreprise nucléaire et balistique – et n'ont jamais pu persuader la Chine de les appuyer. L'Amérique a exercé de très fortes pressions politiques à Taïwan, évidemment à la demande de la Chine, pour décourager toute velléité de déclaration d'indépendance de l'île. L'administration Obama a commencé son mandat en 2009 par un rapprochement avec Pékin. Elle n'a jamais été au bout de ses intentions de dénoncer la politique monétaire chinoise comme « manipulatrice », tout simplement parce que l'ancrage du yuan chinois au dollar américain préserve les intérêts américains autant que chinois. Ce sont les tiers – Japon, Union européenne, Brésil – qui ont fait les frais de la sous-évaluation de la monnaie chinoise. Seule la crise de l'euro (et non pas une demande ou une pression internationale) a de façon totalement inattendue donné une solution provisoire à l'Europe, en faisant baisser considérablement le cours de l'euro en 2011-2012. Les voisins asiatiques de la Chine ont besoin de l'allié américain, mais ont des doutes sur la solidité des garanties américaines, particulièrement si la Chine évite toute offensive frontale mais pratique une politique de renforcement progressif et d'usure.

L'Europe est plus éloignée que jamais du théâtre stratégique asiatique. La baisse constante des budgets militaires – et d'abord en Allemagne, première puissance économique européenne – exclut tout engagement direct des Européens en Asie. La lutte contre la piraterie dans l'océan Indien et un rôle de fournisseur aux armées asiatiques constituent la limite de l'horizon prévisible après le repli d'Afghanistan.

De plus, l'eurocrise qui dure depuis quatre ans déjà a suscité de nouvelles divisions, mettant à mal l'unité dans les négociations avec la Chine. Ce sont d'abord des divisions entre le Royaume-Uni et le continent. Londres a tout intérêt à attirer les capitaux chinois comme ceux d'autres investisseurs offshore, sans poser de questions ; et très peu intérêt à une position de négociation commune des Européens sur la régulation financière et les investissements, qui diminuerait le rôle de la place de Londres. Ce sont ensuite des divisions entre les pays européens qui ont encore des champions nationaux et des entreprises innovatrices susceptibles de bénéficier d'une ouverture des marchés chinois, et ceux qui n'en ont plus. Naguère plutôt protectionnistes, les pays d'Europe du Sud et de l'Est multiplient aujourd'hui les démarches pour attirer investissements et prises de participation chinoises dans leur économie. Enfin, les deux premières économies européennes, la France et l'Allemagne, se divisent et jouent de plus en plus leur propre jeu bilatéral avec la Chine. Pour l'Allemagne, c'est fonction d'une conjonction favorable : le boom des investissements chinois et l'explosion de la consommation de luxe favorisent à la fois les exportateurs allemands de biens d'équipements et ceux d'automobiles dites premium. Pour la France, c'est à la fois le résultat d'une situation économique très vulnérable, menacée directement par la récession en Europe du Sud, et d'une dépendance de nos grands groupes industriels : pour conserver une part du marché chinois, il faut à la fois accepter des transferts de technologie et ouvrir la porte aux capitaux chinois dans les entreprises et les contrats publics européens. Voilà comment la France, officiellement porte-parole d'une demande de « réciprocité » à l'égard de la Chine, est devenue simultanément la première destination européenne des investissements industriels directs chinois en 2011, pour un montant de 5,7 milliards : dont 3,2 milliards vers GDF-Suez, des accords avec Areva et EDF qui aboutissent en 2012 à faire une place à la filière nucléaire chinoise sur les marchés européens.

Quant à l'Union européenne et la zone euro, elle joue une partie difficile sur le plan financier avec les grands argentiers et créditeurs, au premier rang desquels la Chine. C'est certainement une illusion que d'imaginer que la Chine puisse « venir au secours de l'Europe » en vertu d'une entente cordiale. Mais on peut observer que les États-Unis ont pratiqué en 2012 un lobbying intense en direction des grands pays émergents pour bloquer, et non favoriser, leur appui à l'Europe au sein du FMI. Dans ces conditions, une Europe seule dans la tourmente ne multiplie pas les sujets de discorde avec la Chine. Certains thèmes européens, comme celui de plafonds légaux pour les gaz à effet de serre ou d'une taxe sur les pollueurs mondiaux, semblent déjà appartenir à un passé aussi révolu que les discours d'Aristide Briand à la Société des Nations. En sera-t-il de même pour la capacité de négociation européenne en matière d'investissements et de régulation financière, théoriquement ouverte à l'Union européenne par son traité de Lisbonne ? Si la crise du crédit européen s'aggrave, elle retentira effectivement sur tous les instruments communautaires, à commencer par la politique extérieure et la capacité de négociation économique.

Or les flux en provenance de Chine sont bien plus importants que ne l'indiquent les repères habituels. Rien ne rend compte des achats chinois, directs ou par des intermédiaires et des places offshore, dans toutes les entreprises du CAC 40, généralement autour de 4-5 % : c'est-à-dire en dessous du seuil des 10 % qui en ferait des investissements directs industriels. Ni bien sûr des achats extrêmement importants dans l'immobilier ou dans des secteurs comme les grands vignobles. Dans certains domaines – la propriété immobilière ou l'acquisition d'aéroports et de bases logistiques (à Châteauroux et Vatry pour la France, mais une quinzaine de projets analogues existent en Europe) –, la plus grande discrétion est de mise. La Chine s'intéresse aussi aux infrastructures, à la distribution et au marché de l'énergie et des médias. Les stratégies économiques que la Chine a mises au point au Moyen-Orient et en Afrique s'appliquent aujourd'hui à l'Europe.

Les plus grandes universités mondiales se battent pour attirer des étudiants chinois acquittant les frais entiers de leur scolarité. La présence simultanée de plusieurs enfants de dirigeants chinois à Harvard – de loin la « marque » universitaire la plus prestigieuse en Chine – laisse tout de même perplexe sur les procédures d'admission : le hasard semble faire bien les choses. En Europe, la London School of Economics ou Sciences Po à Paris dépendent désormais pour leurs finances des étudiants chinois *zifei,* c'est-à-dire acquittant tous les frais de scolarité sans bourse.

Le même dilemme traverse le grand public. Dans une économie internationale où la production est globale, mais les dépenses sociales restent nationales, c'est-à-dire locales, taxer la consommation – c'est-à-dire en définitive tous les produits finaux, où qu'ils soient produits – est une idée susceptible de diminuer l'écart de compétitivité qui existe entre les pays à forte protection sociale, et ceux qui n'en ont qu'un embryon. Mais quel consommateur de Walmart ou de Carrefour paiera volontairement un prix plus élevé pour son panier, aujourd'hui aux deux tiers importés, généralement de Chine ? Dans l'Europe en crise comme dans les économies en développement, les réseaux de distribution chinois et les produits bas de gamme sont des facteurs de préservation du niveau de vie. La question du protectionnisme sur les biens de consommation courante est complètement dépassée en Europe : la Chine concurrence d'autres producteurs à bon marché, et non les usines ni les emplois européens, qui ont depuis longtemps perdu la partie pour ces productions de masse.

Gains visibles, pertes socialisées

D'ailleurs, les déséquilibres et les injustices du « modèle » chinois jouent-elles toujours en défaveur de ses partenaires plus développés et mieux gouvernés ? L'atelier industriel chinois et sa machine à exporter ont permis un abaissement sans précédent des prix à la consommation dans le reste du monde : qu'on songe à la chute des prix de l'habillement, ou des appareils grand public. Les industries du luxe – françaises en particulier – justifient leurs prix élevés en ne fabriquant pas en Chine. En revanche, celle-ci a popularisé leurs produits au moyen de la contrefaçon, et quel touriste s'en est jamais plaint ? Quand la fabrication chinoise ne rime pas avec un prix bas (exemple de l'iPhone, assemblé en Chine pour seulement 5 dollars par rapport à un prix final cent fois plus élevé), c'est le résultat d'une stratégie de marketing qui n'a pas son origine en Chine. L'immaturité et l'insécurité des marchés financiers chinois poussent les nouveaux riches à expatrier leur fortune ou à la dépenser rapidement en biens importés statutaires. Cette sud-américanisation peut servir les intérêts d'une caste dirigeante. Elle dessert les intérêts du pays et plus encore la légitimité du régime. Mais elle comble évidemment les gérants financiers, les entreprises du luxe, et en général tous ceux dont le marché est celui de la rente.

Les dirigeants chinois mettent souvent en garde leurs partenaires contre le « protectionnisme » ou contre l'« encerclement » stratégique par l'Occident. En réalité, les intérêts des partenaires de la Chine sont bien trop profondément divisés, à la fois entre firmes et entre pays, pour permettre des attitudes unifiées. Mais ces intérêts sont inégalement perçus, selon qu'il s'agit de gains ou de pertes. Les gains que peuvent faire des entreprises étrangères sur le marché chinois, ou qui reçoivent des capitaux chinois, sont identifiables et apparents. Les pertes qui découlent du modèle hybride de l'économie chinoise, et des déséquilibres financiers, sont beaucoup moins manifestes. Ainsi, la hausse mondiale des cours de l'énergie et des matières premières, accentuée par la demande et la spéculation chinoises, plaît aux pays producteurs mais n'aliène personne en particulier. Il existe des exceptions comme celle des terres rares, ces minéraux dont la Chine a trusté la production en raison des contraintes environnementales dans d'autres pays. En poussant leurs prix à la hausse et en restreignant leur exportation, la Chine pénalise les entreprises internationales utilisatrices de ces minéraux. Mais plus généralement, les pertes qu'engendre le modèle économique chinois pour ses partenaires sont diffuses : inflation latente des produits primaires, déficits commerciaux, surcapacités de production, bulle de capitaux qui s'ajoutent aux surplus des pays producteurs d'énergie.

Il en va exactement de même du côté chinois. Les gains de marché que permet la mobilisation financière chinoise – par exemple, l'effet des crédits subventionnés pour les géants chinois des transports, des télécommunications et des énergies alternatives (solaire, éolien et batteries), ou les profits de la vente de terre et de la bulle immobilière, sont concentrés sur des milieux bien connectés avec le pouvoir politique. Les pertes inhérentes à une épargne forcée et dévalorisée qui absorbe 50 % du revenu des Chinois, ou bien résultant d'une inflation des prix locaux très au-delà de l'indice officiel, ne ciblent personne en particulier.

Voilà qui donne à la poursuite du mode de production chinois de puissants atouts réalistes : ses tenants et ses bénéficiaires, en Chine et à l'étranger, sont influents et bien identifiés. Ses critiques emploient des arguments de bien public, mais expriment beaucoup plus rarement des intérêts précis, susceptibles de se constituer en lobbies.

Le choix de la réforme

En ouvrant leur économie et en courtisant les investissements internationaux, les dirigeants chinois ont rencontré bien moins d'obstacles que ne le prévoyait leur vision géopolitique héritée de Lénine et des traités inégaux. La conséquence paradoxale du succès des premières réformes, et de l'arrivée de la Chine au premier rang de l'économie globale, c'est qu'elle a rendu moins nécessaires, ou moins urgentes, les réformes politiques. Le vieil adage tocquevillien, selon lequel un pouvoir ne prend jamais autant de risques que quand il commence à se réformer, ne s'est pas appliqué à la Chine. Le régime a tiré un profit extraordinaire de ses réformes initiales, et a tourné le dos aux projets de réforme politique. « *If it ain't broke, don't fix it* » (« Si ce n'est pas cassé, ne le réparez pas »), disent les militaires américains : cet adage-là pourrait aujourd'hui être adopté sans hésitation par l'État-parti chinois. Le ressort de l'hypercroissance n'a jamais cassé, même à la suite de la plus grande crise économique internationale depuis les années 1920. Ce n'est pas vrai des autres économies émergentes. L'Inde et le Brésil, l'Afrique du Sud ou l'Indonésie, les ex-dragons asiatiques (Corée, Taïwan), n'ont pas le même taux de croissance que la Chine.

Et pourtant, on l'a vu, le modèle économique chinois et le système politique, en vérité la coalition d'intérêts qui porte cette croissance, sont insoutenables à terme. Ce qui constitue une prédiction, non une prévision fiable. Après tout, les États-Unis ont accumulé, pendant près de vingt ans, des déficits extérieurs également insoutenables avant de rencontrer la grande crise de 2008. Alors, d'où viendra le changement qui brisera le cercle vicieux entre le surinvestissement chinois et les déséquilibres extérieurs ? Qui peut soutenir une réforme décisive, quand les intérêts investis dans le *statu quo* sont si tangibles, et les bénéfices éventuels du changement beaucoup plus dispersés ?

Deux choses sont en train de changer rapidement. C'est d'une part le rapport de l'économie chinoise au monde, et d'autre part les expectatives de la population chinoise.

Le modèle économique chinois arrive à son terme parce qu'il rencontre des limites internationales. L'accumulation de devises crée un risque important pour la Chine. Ses achats et investissements innombrables dans l'énergie et les matières premières finissent par pénaliser la Chine à cause de la montée des prix. Ses entreprises d'État tentent d'exporter hors de Chine leur stratégie, mais leur coût en capital est extraordinaire, et n'est possible qu'à cause de l'accumulation de devises. Plus elles se dirigent vers des pays développés et démocratiques, plus leurs pratiques « informelles » pour contourner les règlements et leur gestion de la main-d'œuvre apparaissent inadaptées. Or la crise des économies occidentales réduit les perspectives d'exportation à l'avenir. L'Europe est en récession, et il n'est pas concevable que les États-Unis, pris dans la spirale de la dette publique, puissent accepter ou même supporter longtemps un déficit commercial de plus de 300 milliards de dollars avec la Chine. Cela rend indispensable l'injection – en vérité le retour – de capitaux chinois vers les États-Unis et l'Europe.

Soit ce seront des prêts aux finances publiques – et ceux-ci sont dans certains cas risqués, dans d'autres affectés de taux d'intérêt quasi nuls ou même négatifs : il faut payer pour prêter. Le modèle chinois, qui dégage chaque jour, chaque mois, chaque année, des capitaux excédentaires devant impérativement être placés à l'étranger pour ne pas faire monter la monnaie chinoise, se retourne alors contre lui-même. L'achat de matières premières et de ressources minières ou pétrolières n'est pas une échappatoire car ces produits sont comptabilisés en dollars, et donc étroitement dépendants d'une monnaie dans laquelle la Chine a déjà placé trop de réserves.

L'autre voie possible est celle de l'investissement international sous forme de participation dans des entreprises étrangères ou d'implantation d'entreprises chinoises. Or la structure de China Inc., l'économie hybride pilotée par l'État, plongeant ses ramifications à travers des circuits de financement opaques, ne pourra pas être acceptée dans ces conditions par les partenaires des économies développées. Une chose est d'investir en Chine, avec ses règles locales, une autre est de laisser l'économie d'État chinoise appliquer ses méthodes ailleurs. D'ailleurs, les plans d'internationalisation de la monnaie chinoise reposent généralement sur des accords avec des économies comparables à l'économie chinoise – c'est-à-dire pilotées par l'État. Et le système relationnel chinois, très efficace pour le petit commerce et pour l'environnement politique chinois, entraîne des risques considérables dans l'environnement légal beaucoup plus complexe et plus exigeant d'une véritable économie de marché.

C'est pourquoi la projection internationale de l'économie chinoise ne peut se poursuivre qu'avec une réforme décisive en Chine même. Or couper le cordon ombilical avec les finances publiques, avec le système relationnel qui assure les contrats, c'est s'attaquer au soubassement économique du Parti unique. C'est donc une réforme politique.

Cette nécessité recoupe une accélération de l'évolution intérieure, à partir de la société chinoise. Ses attentes montent : protestations de paysans spoliés de leurs terres, revendications salariales des ouvriers de l'industrie d'assemblage, pressions pour améliorer la situation relative des migrants, indignations sur les atteintes à la santé et à l'environnement, demande générale de sécurité juridique, dénonciations de la corruption. Rien de tout cela ne constitue une situation prérévolutionnaire. Il existe un courant d'opinion important dans les classes urbaines, et dans la frange libérale du Parti et des médias, pour reprendre à leur compte chacune de ces demandes. Mais leur addition revient à changer le système politique, en assurant une séparation des pouvoirs et en particulier une plus grande indépendance de la justice, en donnant un rôle aux associations, en étendant la représentation électorale au-dessus des villages.

Ce n'est pas nécessairement un bouleversement démocratique, un printemps chinois comme ont semblé le redouter les dirigeants chinois après le printemps arabe. Les Chines extérieures à la Chine – Taïwan, Hong Kong, Singapour – ont toutes connu une longue phase de démocratie limitée et contrôlée – dont seul Taïwan est véritablement sorti pour fonder une démocratie complète. Les assemblées mixtes – composées à la fois de membres élus et de députés nommés, ou désignés par des groupes plus restreints – existent ou ont existé en Asie du Sud-Est.

À l'échelle de la Chine, les risques sont indéniablement plus grands. Le moindre n'est pas, comme l'affaire Bo Xilai l'a démontré, le risque d'une coalition populiste appuyée par la fraction la plus conservatrice de l'appareil et balayant les libéraux réformateurs. C'était – déjà – ce qu'avaient donné les premières élections provinciales (pourtant avec un corps électoral limité) sous les Qing, après leur instauration en 1905. Et c'est ainsi, dans le Japon démocratisé de la fin des années 1920, qu'une coalition d'officiers nationalistes et d'agitateurs populistes a défait l'oligarchie libérale japonaise, provoquant la course à l'abîme vers la guerre du Pacifique.

L'oligarchie chinoise actuelle, faite à la fois de descendants par le sang des dirigeants révolutionnaires et de cadres cooptés par le Parti et très liés à lui, a acquis des intérêts personnels et financiers à l'étranger. Mais elle n'a elle-même pas intérêt à mettre en place l'économie libérée et la société indépendante qu'exige l'internationalisation. Il lui faut par contre maîtriser l'agitation nationaliste ou populiste

Parvenu à un carrefour, le Parti-État peut très bien décider de ne plus avancer et de différer la réforme. Il fera alors marche arrière, et on en apercevra vite les conséquences négatives : essor d'une idéologie nationaliste de substitution, cassure irrémédiable avec les éléments légalistes, enfermement d'une économie d'État qui échouera dans le projet d'internationalisation.

Il est dans ces conditions déjà remarquable qu'une fraction de l'élite sache, et parfois dise, que le mode de développement actuel de la Chine n'est pas longtemps soutenable. L'aile réformatrice qui est réapparue se heurte à bien des intérêts acquis. Elle n'est pourtant pas seulement une aspiration idéaliste. La compatibilité internationale de la croissance chinoise dépend de réformes qui renforcent la consommation intérieure et la protection sociale en Chine.

Alors que les conservateurs peuvent mobiliser le nationalisme, les réformateurs ont besoin, y compris pour résister à ce chantage intérieur, d'un environnement international pacifique pour avancer leur cause. Ils ont souvent regardé pour cela vers le Japon ou vers l'Europe, plutôt que vers les États-Unis avec qui la relation de force prédomine souvent.

Ce choix est chinois. L'Occident diminué a perdu ses illusions de changer la Chine. C'est celle-ci qui retrouve aujourd'hui, à la faveur d'une succession politique moins routinière que prévu, un débat salutaire sur son avenir.

Table des matières

DU MÊME AUTEUR
CHEZ ODILE JACOB

La Renaissance de l'Asie, 1993.

« L'Asie nucléaire : retour vers le futur », *in* F. Heisbourg, *Les armes nucléaires ont-elles un avenir ?*, 2011.

Composition : Facompo, Lisieux

Achevé d'imprimer en septembre 2012 sur rotative numérique Prosper
par l'Imprimerie Sagim à Nanterre (Hauts-de-Seine).

Dépôt légal : octobre 2012
N° d'édition : 7381-2861-X
N° d'impression : 12993

Imprimé en France

L'imprimerie Sagim est titulaire de la marque Imprim'vert® depuis 2004